KB075098

10대를 위한

직업의 세계

03 예술형(A)

스토리텔링연구소 지음

(주) 삼양미디어

CONTENTS

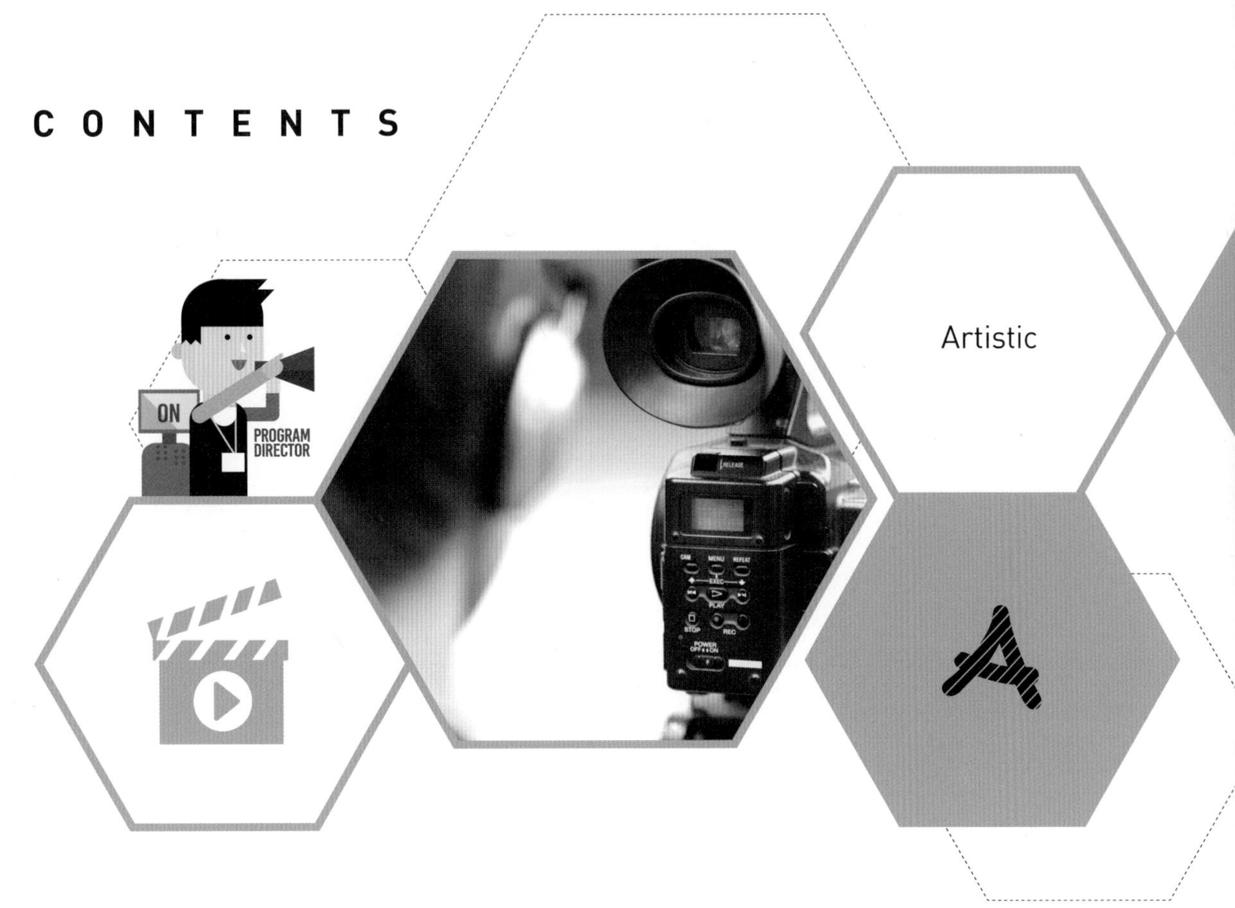

ARCHITECT • 건축가(예술형) •

MUSICIAN • 음악가(예술형) •

WRITER • 작가(예술형) •

COMICS ARTIST • 만화가(예술형) •

HOLLAND CODE CAREER

R I A S E C

01 홀랜드 검사란?

세상에는 수많은 직업이 있고, 사람들은 다양한 직업에 종사하며 살아갑니다. 그런데 직업을 가진 어른들 중에서 자신이 정말 원하는 직업을 갖고 있는 경우는 의외로 드물다고 합니다. 자신의 적성과 능력에 잘 맞는 직업을 선택하여 살아간다면 일이 즐겁고, 능력을 발휘할 기회도 많아져서 삶 자체가 더욱 행복해질 수 있겠지요. 그렇지만 자신의 적성과 흥미에 맞는 직업이 무엇인지 아는 일은 쉽지 않습니다. 이럴 때 적성 검사나 흥미 검사를 활용하면 도움이 됩니다. 이러한 검사를 통해 자신이 좋아하고 관심 있는 것과 잘할 수 있는 것을 알 수 있고, 자신의 성격과 장점을 보다 잘 파악할 수 있습니다.

오늘날 진로와 적성을 탐색하는 검사 방법이 많이 개발되어 있는데, 그 중에서 이 책에 소개하고자 하는 것은 홀랜드 검사 방법입니다.

홀랜드 검사는 미국의 저명한 심리학자 존 홀랜드가 사람의 직업적 성격 이론에 근거하여 만든 진로 및 적성 탐색 검사입니다. 홀랜드 검사에서는 이 세상에 존재하는 모든 직업을 특성이나 종사하는 사람들의 성격에 따라 6개의 유형으로 구분하고 있으며, 6가지 진로 유형을 'RIASEC 유형'이라고 합니다. RIASEC은 R형(Realistic, 실재형), I형(Investigative, 탐구형), A형(Artistic, 예술형), S형(Social, 사회형), E형(Enterprising, 기업형), C형(Conventional, 관습형)의 앞 글자를 딴 용어입니다.

• **존 홀랜드**(John L. Holland, 1919~2008) 미국 존스홉킨스 대학 심리학과 명예 교수로서 진로 발달 및 선택 이론인 홀랜드 직업 적성 검사를 개발했습니다. 그가 개발한 '직업적 성격 이론'은 개인의 성격과 직업적 환경과의 상호 연관성에 바탕을 두고 확립되었으며, 이 이론은 현재 전 세계의 진로 발달 및 상담 학계에서 가장 많이 이용되고 있습니다.

그의 저서 〈직업의 선택(Making Vocational Choices)〉은 진로 상담 부문에서 최고의 책으로 인정받고 있으며, 고트프레드슨과 함께 출간한 〈직업 코드 사전(DHOC)〉을 통하여 직업 사전에 있는 거의 모든 직업을 홀랜드 코드화하였습니다. 이러한 공로를 인정받아 1995년 미국 심리학회에서 수여하는 '저명한 학자로서의 학술상'을 받았습니다.

그의 검사 중 특히 홀랜드 SDS(Self Directed Search, 자기 탐색 검사)가 가장 널리 인정받고 있으며, 그 밖에 NEO 청소년 성격 검사, NEO 성인 성격 검사 등도 많이 이용되고 있습니다.

02 홀랜드 검사의 직업 유형 6가지

홀랜드 검사에서는 6가지 유형을 기본으로 하여 검사 결과에서 가장 많이 나타나는 두 가지 유형을 자신의 성격 유형 및 진로 코드로 정합니다(예 SC형). 왜냐하면 한 사람의 유형을 한 가지 유형으로 단정할 수 없기 때문입니다. 경우에 따라 세 가지 유형을 묶어서 표현할 수도 있습니다(예 SCA형). 검사 결과에서 가장 많은 유형을 제1유형, 그 다음으로 제2유형, 제3유형이 결정됩니다.

• 홀랜드의 RIASEC 유형 모형

실재형 (R)

성격 · 적성 말이 적고 운동을 좋아함 / 신체 활동을 좋아하고 소박하고 솔직함 / 성실하며 기계적 적성이 높음

대표 직업 항공기정비사, 항공기조종사, 비파괴검사원, 조리사, 제과제빵사, 칵테일 조주기능사, 소믈리에, 바리스타, 경찰관, 소방관, 안경사, 응급구조사, 연극영화 및 방송기술감독, 자동차기술자, 전기기술자, 치과기공사, 통신기술사

탐구형 (I)

성격 · 적성 탐구심이 많고 논리적이며 분석적임 / 합리적이며 지적 호기심이 많고 수학적 · 화학적 적성이 높음

대표 직업 미래직업트렌드 연구원, 비파괴검사원, 경영컨설턴트, 경제학 연구원, 마케팅 및 여론조사 전문가, 물리학 연구원, 생물학 연구원, 심리학 연구원, 언어치료사, 의사, 치과의사, 통역가, 화학 연구원

관습형 (C)

성격 · 적성 책임감이 강하고 빈틈이 없음 / 조심성이 있고 변화를 좋아하지 않음 / 계획성이 있으며 사무 능력과 계산 능력이 높음

대표 직업 공무원, 경리사무원, 공인회계사, 관세사, 보험계리사, 비서, 사서, 손해사정사, 안전관리사, 증권분석가, 출납창구사무원, 출판물 편집자, 컴퓨터보안전문가(프로그래머), 텔레마케터

R I C A E S

What's your DREAM?

A

예술형 (A)

성격 · 적성 상상력이 풍부하고 감수성이 풍부함 / 자유분방하며 개방적임 / 예술적 소질이 있으며 창의적 적성이 높음

대표 직업 헤어디자이너, 메이크업 아티스트, 피부관리사, 건축설계사, 게임그래픽디자이너, 만화가, 음악가, 방송연출가, 작가, 번역가, 사진기자, 안무가, 영화배우 및 탤런트, 인테리어 디자이너, 일러스트레이터, 카피라이터

기업형 (E)

성격 · 적성 지도력과 설득력이 있음 / 열성적이고 경쟁적이며 이상적임 / 외향적이고 통솔력이 있으며 언어 적성이 높음

대표 직업 검사, 광고기획자, 사업가(CEO), 방송기자, 변호사, 정치가, 영업사원, 외교관, 부동산중개인, 선박항해사, 세무사, 아나운서, 연예인 매니저, 행사기획자, 호텔관리자

사회형 (S)

성격 · 적성 다른 사람에게 친절하고 이해심이 많음 / 남을 잘 도와주고 봉사적임 / 인간관계 능력이 높으며 사람들을 좋아함

대표 직업 경찰, 항공기객실승무원, 이미지컨설턴트, 간호사, 레크레이션 강사, 물리치료사, 미용사, 사회복지사, 상담전문가, 영양사, 유치원 교사, 중고등학교 교사, 직업능력개발훈련 교사

03 홀랜드 검사 영역과 진행 순서

홀랜드 검사는 일선 초등학교와 중 · 고등학교에서 학교 차원에서 이루어지기도 하고, 지방 자치 단체에서 청소년들을 대상으로 시행하기도 하며, 한국심리적성검사연구소 등 사설 심리연구소에서도 시행하고 있습니다.

홀랜드 검사 영역은 크게 진로 탐색 검사, 적성 탐색 검사, 자기 탐색 검사(SDS)로 나뉩니다. 검사 주최나 기관에 따라 조금씩 차이가 있지만, 검사 질문지의 주요 내용은 활동적 흥미 66문항, 직업적 흥미 84문항, 성격 72문항, 적성 유능감 66문항, 자기 평정 12문항 등으로 구성됩니다. 그 밖에 가치관에 관한 문항이나 진로 코드의 전공 및 직업 찾기 문항은 검사 영역에 따라 문항 수에 차이가 납니다.

• 홀랜드 검사의 진행 순서

1. 홀랜드 직업적 성격 유형 6가지, 즉 RIASEC의 '기본적 설명과 직업 예'를 보고 자신이 생각하는 유형의 순위를 매깁니다.

▼

2. 자신이 좋아하고 자신에게 잘 맞을 것 같은 학과 및 직업을 〈간편 진로 코드 분류표〉를 이용하여 각각 3개씩 작성합니다.

▼

3. 흥미/가치/성격/능력(유능감)/자기 평정 등 스스로 자기를 점검한다는 생각으로 솔직하게 체크합니다.

▼

4. 검사 전과 검사 후의 코드를 비교하고, 진로 코드 및 유형 간의 일치도/변별도/일관도를 알아보고, 검사 후 밝혀진 객관적인 자기 유형을 알아봅니다.

▼

5. RIASEC 유형에 대해 진행자의 설명을 듣고 이해합니다. 이때 진행자는 '가치관 검사'를 병행할 수도 있습니다.

▼

6. 간편 진로 코드 분류표를 보고, 자신이 좋아하고 관심이 많이 가는 직업(자신의 진로 코드를 기준으로)을 20여 개 정도 알아봅니다.

▼

7. 진행자는 〈직업 정보 시스템〉과 〈직업 사전〉을 통해 직업 정보를 찾아보도록 합니다.

04 홀랜드 검사의 결과 활용

홀랜드 검사 결과로 나온 각 유형별 성격 및 특징, 직업 활동 선호도, 적성 유능감* 및 대표 직업은 다음과 같습니다.

유형	실재형(R형)	탐구형(I형)	예술형(A형)
성격 및 특징	• 남성적이고 솔직하며, 성실하고 검소하다. • 지구력이 있고, 신체적으로 건강하며, 소박하다. • 말수가 적으며 고집이 있고, 직선적이며 단순하다.	• 탐구심이 많고 논리적 · 분석적 · 합리적이다. • 정확하고 지적 호기심이 많으며, 비판적이다. • 내성적이고 수줍음을 잘 타며, 신중하다.	• 상상력과 감수성이 풍부하다. • 자유 분방하며 개방적이다. • 감정이 풍부하고 독창적이며, 개성이 강하다. • 협동성이 떨어진다.
직업 활동 선호도	• 분명하고 질서 정연하며, 체계적인 조작을 주로 하는 기술을 좋아한다. • 교육적이거나 치료적 활동은 좋아하지 않는다.	• 물리적 · 생물학적 · 문화적 현상의 창조적 활동에 흥미를 보인다. • 사회적이고 반복적인 활동에는 관심이 떨어진다.	• 변화와 다양성을 좋아한다. • 체계적이고 구조화된 활동에는 흥미가 없다.
적성 유능감	• 기계를 다루는 능력과 운동 능력은 있으나 대인 관계 능력은 부족하다.	• 연구 능력이 높다. • 학구적이며, 지적인 자부심이 있다. • 수학적 · 과학적 능력은 높으나 지도력이나 설득력은 부족하다.	• 미술적 · 음악적 능력은 있으나, 사무적 기술은 부족하다. • 상징적 · 자유적 · 비체계적인 능력은 있으나 체계적 · 순서적인 능력은 부족하다.
대표 직업	엔지니어, 운동선수, 농부, 요리사, 군인, 항공기 조종사, 항공기 정비사, 전기 기계 기사 등	과학자, 의사, 심리학자, 수학자, 교수, 인류학자, 지질학자, 의료기술자 등	음악가, 작가, 건축가, 방송연출가, 만화가, 무대감독, 배우, 미술가, 무용가, 디자이너 등

* **유능감** 개인이 감각과 운동 능력을 사용하고 발전시키려는 강한 내적 경향성

사회형(S형)	기업형(E형)	관습형(C형)
• 사람들을 좋아하고, 사람들과 어울리는 것을 즐겨한다. • 친절하고 이해심이 많으며, 남을 잘 도와주고, 봉사 정신이 강하다. • 감정적이고 이상주의적이다.	• 지배적이고 통솔력과 지도력이 있다. • 말을 잘하고 설득력이 있다. • 경쟁적이고 야심이 많다. • 외향적이고 낙관적이며, 열성적이다.	• 정확하고 빈틈이 없다. • 조심성이 있으며, 세밀하고 계획성이 있다. • 변화를 좋아하지 않으며 완고하다. • 책임감이 강하다.
• 타인의 문제를 듣고 이해하는데 흥미를 보이지만, 질서 정연하고 체계적 활동에는 흥미가 없다.	• 조직의 목적과 경제적 이익을 얻기 위해 타인을 이끌고 통제하는 것을 좋아한다. • 권위를 얻거나 남에게 인정받는 활동을 좋아한다. • 관찰적 · 체계적 활동에는 흥미가 없다.	• 정해진 원칙과 계획에 따라 자료를 정리 · 조작하는 일을 좋아한다. • 창의적 · 자율적 · 모험적인 활동에는 혼란을 느낀다.
• 사회적 · 교육적 지도력과 대인관계 능력은 있으나, 기계를 다루는 능력과 과학적 능력은 부족하다.	• 적극적이고 사회적이다. • 지도력과 언어 능력은 있으나 과학적인 능력은 부족하다. • 대인 관계 능력과 남을 설득하는 능력은 있으나 체계적 능력은 부족하다.	• 사무적이며 계산적이다. • 회계 정리 능력은 있지만 예술적인 면이나 상상하는 능력은 부족한 편이다. • 체계성 · 정확성은 있으나 탐구적 · 독창적 능력은 부족하다.
교육자, 사회복지사, 경찰, 항공기 객실승무원, 간호사, 종교지도자, 상담사, 임상치료사, 언어치료사 등	사업가(CEO), 정치가, 변호사, 영업사원, 외교관, 관리자 등	공인회계사, 행정공무원, 비서, 은행원, 컴퓨터보안전문가(프로그래머), 경제분석가, 세무사, 경리사원, 감사원, 안전관리사, 사서, 법무사 등

홀랜드 검사를 통해 자신의 적성과 흥미를 파악한 후, 미래에 종사하고 싶은 직업을 정했다면 이제 목표를 이루기 위해 꾸준히 노력해야 합니다. 이렇게 하고 싶은 일을 일찍 준비하여 능력을 가꾸어 나간다면 꿈을 이루는 순간이 더욱 빨리 찾아올 것입니다.

RELEASE
CAM
MENU
REPEAT
EXEC
PLAY
STOP
REC
POWER
OFF ON
A
방송연출가
예술형

PROGRAM DIRECTOR

방송연출가(예술형)

요즘 청소년들 사이에서 PD, 즉 방송연출가는 매우 인기 있는 직업입니다. 하는 일도 멋져 보이고, 좋아하는 연예인들을 만날 수 있다는 장점이 있기 때문입니다. 하지만 방송연출가는 사람들이 흔히 알고 있는 장점 말고도 힘들고 어려운 점이 많습니다. 미래의 직업으로 방송연출가가 되고 싶다면 방송연출가가 무슨 일을 하는지 제대로 알 필요가 있습니다.

01 방송연출가 이야기

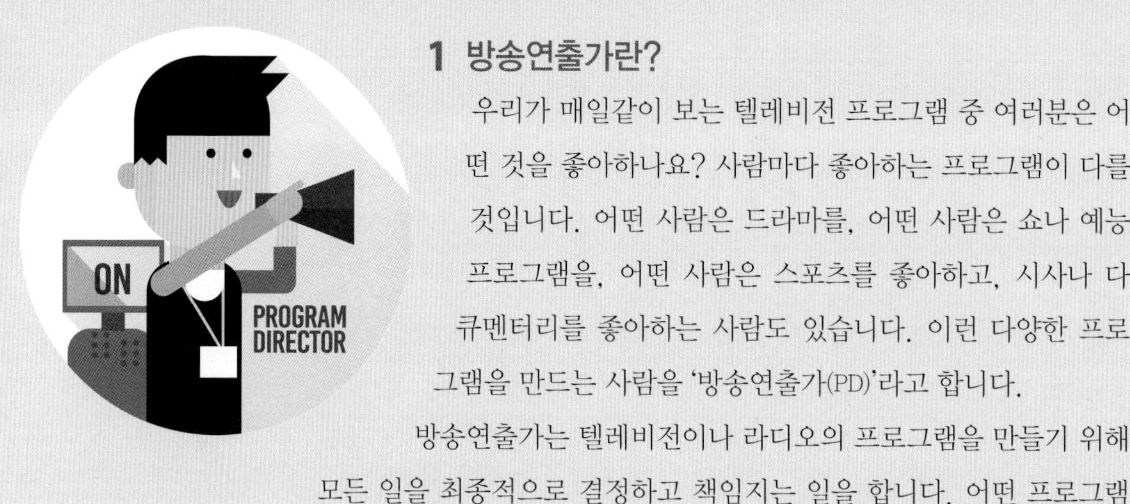

1 방송연출가란?

우리가 매일같이 보는 텔레비전 프로그램 중 여러분은 어떤 것을 좋아하나요? 사람마다 좋아하는 프로그램이 다를 것입니다. 어떤 사람은 드라마를, 어떤 사람은 쇼나 예능 프로그램을, 어떤 사람은 스포츠를 좋아하고, 시사나 다큐멘터리를 좋아하는 사람도 있습니다. 이런 다양한 프로그램을 만드는 사람을 '방송연출가(PD)'라고 합니다.

방송연출가는 텔레비전이나 라디오의 프로그램을 만들기 위해 모든 일을 최종적으로 결정하고 책임지는 일을 합니다. 어떤 프로그램을 만들면 좋을지 아이디어를 내는 일부터 누구를 출연시키고 어떤 이야기로 엮어 나갈지도 결정합니다. 그리고 촬영 장소를 알아보고, 프로그램에 어떤 음악을 넣을지, 촬영 카메라는 몇 대 동원할지, 언제 촬영할지 등 프로그램 제작에 필요한 모든 것을 제작진과 상의해서 최종적으로 결정합니다. 촬영이 끝나면 편집을 통해 촬영한 내용 중에 어떤 것을 버리고 어떤 것을 살릴지 결정합니다. 그 밖에 방송을 만들기 위해 필요한 돈을 계획하고 지출을 검토하는 것도 방송연출가의 몫입니다. 방송연출가는 연예인처럼 화려하게 주목을 받지는 않지만 정말 다양하고 많은 일을 합니다.

2 방송연출가의 종류

방송연출가(PD)들은 다양한 프로그램을 만듭니다. 드라마를 만드는 PD, 교양 프로그램이나 다큐멘터리를 제작하는 시사 · 교양 PD, 사람들에게 즐거움을 주는 음악 쇼나 개그 프로그램, 시트콤, 토크 쇼, 퀴즈 쇼와 같은 예능 프로그램을 만드는 예능 PD, 라디오 방송 프로그램을 만드는 라디오 PD, 스포츠와 관련된 프로그램을 만드는 스포츠 PD, 외국 영화나 드라마를 우리말로 바꾸어 다시 녹음하고, 영화 장면을 편집하는 영화 PD 등이 있습니다. 프로그램이 다양한 만큼 PD는 자신만의 전문 영역의 프로그램을 만들어 갑니다.

3 방송연출가가 되려면

방송연출가는 인기만큼 취업 경쟁률이 높아서 중 · 고등학교 시절부터 공부를 열심히 해야 합니다. 또한 새로운 프로그램을 만들기 위해서는 창의력과 상식이 풍부해야 합니다. 그러기 위해서는 다양한 책을 많이 읽어야 하고, 여행 등 풍부한 경험을 쌓아야 합니다. 많은 스태프들을 총괄해야 하므로 다양한 의견을 조율할 수 있는 열린 마음이 필요하고, 예기치 못한 상황이 벌어졌을 때 지혜롭게 헤쳐 나갈 수 있는 판단력과 순발력이 있어야 합니다. 무엇보다도 밤샘 작업을 해야 하는 경우도 많으니 튼튼하고 건강한 체력이 필수입니다. 방송연출가가 되려면 정말 많은 능력이 필요합니다.

KBS, MBC, SBS 등 지상파 방송사의 방송연출가가 되기 위해서는 각 방송사에서 실시하는 공개채용 시험에 합격해야 합니다. 그런데 공개채용 시험은 경쟁률이 굉장히 높아서 언론고시라 불릴 정도로 합격하기가 힘듭니다. 대학에서 언론정보학이나 신문방송학, 방송영상학 등을 전공하면 공개채용 시험에서 유리합니다.

4 직업 전망

최근 몇 년 동안 한류열풍 등으로 문화콘텐츠 산업이 주력 산업으로 떠오르면서 이에 대한 정부의 지원이 늘어나고 있습니다. 또 국내의 프로그램이 해외로 수출되는 경우도 증가하고 있습니다. 그리고 케이블 방송, 인터넷 방송, 디지털 방송 등 방송 채널이 다양해지고 활동 영역도 넓어지고 있어 방송연출가의 일자리 전망은 앞으로도 계속 늘어날 것으로 보입니다.

더구나 미디어 관련법의 개정으로 방송과 신문, 통신과 인터넷 등 미디어 영역 간의 경계가 허물어지고, 휴대전화, 인터넷 등 다양한 통신 수단으로 방송을 손쉽게 수신하게 됨에 따라 이에 적합한 방송 콘텐츠를 제작하는 것이 방송사의 중요한 현안이 되었습니다.

거기다가 주5일 근무제가 정착되면서 방송 프로그램이 다양해져 방송연출가의 신규인력 채용이 증가할 것으로 보입니다. 지상파 방송사에서는 외주 프로그램의 제작 비중이 높아지고, 채널이 다양화되면서 독립프로덕션이나 종합유선방송에서의 프로그램 제작 수요가 더욱 늘어날 것으로

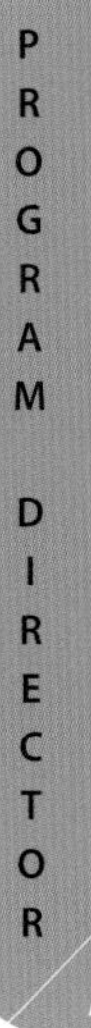

예상되어 앞으로 방송연출가를 필요로 하는 곳은 더욱 증가할 것입니다. 임금도 다른 직업에 비해 높고, 종사자들의 직업 만족도도 높은 편입니다.

그러나 업무량이 매우 많아 근무 시간이 길고 불규칙하며, 프로그램의 총괄적인 제작 · 감독 과정에서 받는 스트레스도 높은 편이므로 근무 여건이 그다지 좋은 편은 아닙니다. 그래서인지 방송연출가는 여자보다 남자가 월등히 많습니다. 아마도 밤샘 작업이 많아 체력적으로 강한 남자가 유리하기 때문으로 보입니다. 그러나 여성 PD도 꾸준히 늘고 있는 추세입니다.

02 방송 프로그램을 만드는 사람들

한 편의 방송 프로그램이 전파를 타고 시청자들에게 보이기 위해서는 방송연출가뿐 아니라 많은 사람들의 힘이 합해져야 합니다. 그 중에는 방송 기자, 아나운서, 방송 작가도 포함됩니다. 이들은 방송연출가만큼이나 중요한 역할을 합니다.

1 방송 기자

방송 기자는 방송국의 보도국에 소속되어 국내외에서 발생하는 사건과 사고, 정보를 취재하고, 기사를 작성한 후 방송으로 제작해 보도하는 일을 합니다. 화재나 교통사고가 발생한 곳, 시위가 벌어지는 곳, 문화 행사가 열리는 곳, 중요한 국가 행사가 열리는 곳, 스포츠 경기장 등 사람들이 궁금해 할 만한 현장을 찾아가 취재하여 빠르고 정확하게 소식을 알립니다.

이렇게 취재를 주로 하는 기자를 취재 기자라고 합니다. 특히 방송국 취재 기자는 취재 장비와 카메라 기자 등 취재진과 함께 현장에 도착하여 취재하고, 중요한 사건의 경우 생방송으로 방송을 내보내기도 합니다.

취재 기자 외에 사진 기자의 역할도 중요합니다. 취재 기자가 언어로써 사고 현장을 취재한다면, 사진 기자는 카메라로 생생한 현장감을 담아 시청자들에게 보여 줍니다. 훌륭한 방송을 내보내려면 취재 기자와 사진 기자의 협력이 잘 이루어져야 합니다.

기자에게는 사회 현상을 정확히 이해하고 객관적으로 분석할 수 있는 능력이 필요합니다. 훌륭한 기자가 되려면 평소에 시사나 상식에 관심을 두고 그와 관련된 책을 많이 읽어야 합니다. 또 특종이 될 수 있는 기삿거리를 찾아내기 위해서 이곳저곳 열심히 움직여야 합니다. 그러고 나서는 사람들이 이해하기 쉽도록 정확하고 논리적으로 글을 쓸 수 있어야 합니다.

Tip

'기자는 발로 기사를 쓴다.'는 말이 있습니다. 여기저기 찾아다니며 사람들의 이야기를 주의 깊게 듣고, 세상 돌아가는 일에 관심을 갖는다면 자신만의 특종을 발견할 수 있을 것입니다.

2 아나운서

아나운서는 텔레비전이나 라디오 방송에서 뉴스는 물론 교양이나 오락 프로그램, 대담 프로그램, 스포츠 중계 등 각종 프로그램을 진행합니다. 라디오 DJ도 아나운서에 속합니다.

아나운서의 꽃은 뉴스를 진행하는 앵커라고 할 수 있습니다. 그것도 저녁 9시 뉴스의 앵커는 모든 아나운서가 선망하는 대상입니다. 뉴스 캐스터라고도 불리는 앵커는 뉴스를 진행하는 중간에 취재 기자를 연결해서 현장 소식을 듣기도 하고, 특정 인물과 인터뷰도 합니다. 뉴스는 보통 생방송으로 진행됩니다.

교양이나 오락 프로그램의 사회자, 흔히 MC(Master of Ceremonies)라고 불리는 사람도 아나운서에 속합니다. MC는 재미와 지식 전달을 적절히 조절하여 프로그램을 막힘없이 진행할 수 있어야 합니다.

대담 프로그램의 아나운서는 주로 대담 프로그램을 진행하거나 토론 프로그램의 사회를 보기도 합니다. 또 특정한 사람을 만나서 인터뷰를 하기도 합니다. 대담 프로그램의 아나운서는 출연자들 사이의 의견을 조율하거나 상황에 맞는 적절한 질문을 하기 위해 평소 담당 분야에 대해 많은 공부를 해 두어야 합니다.

스포츠 캐스터는 스포츠 뉴스를 진행하거나 스포츠 경기를 중계합니다. 스포츠 중계는 대본 없이 경기의 흐름에 맞춰 진행하므로 순발력과 상황 판단이 중요합니다. 따라서 자신이 중계하는 스포츠에 대한 풍부한 지식을 갖추고 있어야 합니다.

Tip

아나운서가 자신이 맡은 프로그램을 원활하게 진행하기 위해서는 그 프로와 관련된 풍부한 상식과 지식을 갖춰야 합니다. 또한 생방송 도중 돌발 사고가 발생할 수도 있으니 거기에 대처할 수 있는 임기응변과 순발력도 갖추고 있다면 더욱 좋습니다. 즉 상황에 따라 재치 있는 애드리브(Ad lib, 대본 없이 즉석에서 하는 대사나 연기)를 할 수 있는 순간 대처 능력이 중요합니다.

마지막으로 라디오 DJ는 라디오 프로그램을 진행합니다. 음악과 청취자들이 보내온 사연을 소개하고, 초대 손님과 인터뷰를 하기도 합니다. 얼굴이 보이지 않고 소리만으로 전달해야 하기 때문에 발음이 정확해야 합니다. 하지만 분장을 하지 않아도 되므로 편한 점도 있습니다.

방송 프로그램이 다양해진 만큼 아나운서의 역할도 더욱 폭넓고 다양해져서 항상 새로운 지식을 공부하는 자세가 필요합니다.

3 방송 작가

방송 작가는 크게 드라마를 쓰는 드라마 작가와 드라마 이외의 프로그램을 만드는 구성 작가로 나뉩니다.

드라마 작가는 방송국과 집필 계약을 맺고 드라마 대본을 씁니다. 드라마 대본에는 연기자의 대사는 물론 동작 등도 자세히 표현되어 있습니다. 재미와 감동을 주는 작품을 쓰면서도 촬영 스케줄에 지장이 없도록 약속한 시간 안에 쓰는 것도 매우 중요합니다. 대본이 없으면 촬영 자체가 불가능하기 때문입니다.

구성 작가는 시사, 다큐멘터리, 쇼, 오락, 개그 등의 텔레비전 프로그램과 라디오 프로그램 등을 구성하고 대본을 쓰는 일을 합니다. 방송 연출가(PD)와 함께 프로그램 소재를 찾고, 방송 출연진은 누구로 할지, 내용은 어떻게 할지 등 프로그램의 전체적인 방향을 잡습니다. 그 밖에 장소 등을 섭외하고, 자막을 정하고, 소품을 준비하는 등 방송 제작 전 과정에 참여합니다.

구성 작가가 쓴 대본은 방송의 기본 틀이 됩니다. 예능 프로그램에서 연예인들이 재미있는 말을 하거나 도움이 되는 소식을 전해주는 것은 대부분 미리 쓰여진 대본에 의한 것입니다.

이처럼 많은 일을 하다 보니 하나의 프로그램에 3명 정도의 구성 작가가 참여합니다. 먼저 프로그램을 총괄하는 작가를 메인 작가라 합니다. 메인 작가는 부하 작가들을 관리하고 방송 연출가와 함께 기획부터 프로그램의 전체 일정을 구상하고 조정합니다. 메인 작가 밑에서 출연자를 섭외하거나 촬영장에 함께 가는 등 메인 작가를 받쳐주는 작가를 보조 작가라고 합니다. 그리고 그 밑에 리서치(자료조사원)라 불리는 막내 작가가 있습니다. 막내 작가는 방송 일을 처음 시작하는 새내기 작가로 자료를 조사하고, 복사나 전화 받기 등의 허드렛일을 합니다.

작가들은 방송국 직원이 아니라 프리랜서로 일합니다. 프로그램을 맡으면 그에 해당하는 원고료를 받지요. 그래서 프로 의식이 더더욱 필요합니다.

Tip

구성 작가로 성공하려면 책을 많이 읽어야 합니다. 그리고 프로그램을 함께 만들어 나가는 방송연출가 등 수많은 스태프들과도 잘 지내야 하지요. 또한 시청자가 좋아하는 걸 아는 감각도 필요합니다. 마지막으로 체력이 중요합니다. 일이 몰리면 며칠씩 밤을 새는 경우도 있기 때문입니다.

03 책과 영화 속에서 만나는 방송연출가

1 관련 책

1) 〈PD가 말하는 PD〉 김민식 외 지음. 부키. 2003

이 책에서는 20여 명의 화려한 이력을 갖춘 PD(방송연출가)들이 각자 방송 일을 하면서 겪은 일을 솔직담백하게 풀어놓고 있습니다. 이들은 PD라는 직업에 대한 자화자찬이나 자기비하 없이 PD들 스스로가 느끼는 그대로의 현실을 생생하게, 옆에서 들려주듯 친절하게 이야기합니다. PD는 청소년이나 대학생에게 선망의 대상이 되는 직업입니다. 그러나 이들이 솔직하게 털어놓은 PD의 현실은 결코 화려하지 않습니다.

드라마, 영화 등에 간혹 등장하는 PD의 모습은 많이 왜곡되어 있는 게 사실입니다. 톱 탤런트에게도 호령할 수 있는 화려한 직업이라 여겨지지만 현실은 결코 그렇지 않습니다. 그래서 PD에 대한 왜곡된 정보, 막연한 환상, 화려한 이미지를 버리고 직업으로서의 PD, 생활인으로서의 PD를 조명하고 있습니다.

그 밖에 PD가 되기 위해 필요한 덕목과 PD가 되기 위한 방법도 소개하고 있습니다. PD 지망생들에게, PD가 무엇인지 궁금해 하는 청소년 및 일반인들에게 PD라는 직업이 과연 무엇인지 효과적으로 정보를 제공하는 입문서로서 적합한 책입니다.

2) 〈PD, Who & How〉 홍경수 지음. 커뮤니케이션북스. 2012

이 책에는 37명의 현직 PD가 일터에서 겪은 경험담을 솔직담백하게 얘기하고 있습니다. 왜 PD라는 직업을 택했는지, PD가 되기 위한 현실적인 조건과 스터디 방법론, 방송 3사 신입 PD의 유쾌하고 눈물겨운 합격기 등 PD가 누구이고 어떻게 하면 PD가 될 수 있는지에 대한 모든 것을 담고 있어 PD 지망생이나 PD에 관심 있는 사람들의 욕구를 충족시켜 줄 수 있는 책입니다.

이 책의 대표 저자인 홍경수 PD는 1995년 KBS에 입사하여 〈열린 음악회〉, 〈이소라의 프러포즈〉, 〈가요무대〉, 〈연예가중계〉, 〈도올의 논어 이야기〉 등을 만들었고, 2004년에는 TV 문화지대 〈낭독의 발견〉으로 한국방송대상 우수작품상을 받았습니다. 그 밖에도 화려한 이력의 PD들이 자신들의 이야기를 풀어놓아 생생하고 현장감 있는 목소리를 접할 수 있습니다.

2 관련 영화나 드라마, 다큐멘터리

1) 〈아마존의 눈물〉

MBC 창사 특별기획 다큐멘터리로 2009년 12월부터 2010년 1월에 걸쳐 방영되었습니다. 김진만, 김현철 PD와 송인혁 촬영 감독 및 제작진이 250여 일의 대장정을 거쳐 만든 작품입니다.

이 다큐멘터리는 신비에 싸여 있던 아마존 원주민들과 야생동물들의 생생한 모습을 처음으로 보여 주어 많은 사람들에게 놀라움과 감동을 안겨 주었습니다. 또한 인간의 탐욕 때문에 아마존의 환경이 파괴되어 가는 불편한 진실을 알려 당시 우리 사회에 큰 파장을 일으켰습니다.

전부 5편으로 이루어져 있는데 프롤로그, 1~3부, 그리고 에필로그로 이루어져 있습니다. 프롤로그에는 다큐멘터리의 제작 과정과 주요 장면을 소개합니다.

1~3부에서는 아마존 이곳저곳에 흩어져 사는 원주민들의 삶의 모습과 희귀한 아마존 야생 동물을 소개합니다. 특히 문명과 단절된 채 태고의 원시성으로 살아가는 조에 족의 생활 모습은 인상적입니다. 그리고 파괴되어 가는 원주민들의 불안한 미래와 우리가 그들의 눈물을 닦아 주어야 한다는 메시지를 전합니다.

마지막 편인 에필로그에는 250일 동안의 제작진의 여정이 소개됩니다. 제작진들은 아마존 전역 20여 곳을 돌며 사라져 가는 밀림 속 환경 난민이 되어 가고 있는 7개 부족의 인디오들을 만났고, 그들과 함께 생활했습니다. 밀림과 원주민, 야생동물뿐만 아니라 제작진의 모습도 생생하게 보여 줍니다. 보이지 않는 벌레들과의 사투 속에서 온몸이 퉁퉁 부어오르는 가운데 무더위 속에서도 눈만 내놓은 채 촬영을 계속합니다. 식인 물고기들이 득실대는 아마존 강에서 약 30일 간 수중 촬영을 하는 등 아마존의 원시 모습을 담아내기 위한 목숨을 건 촬영 과정과 눈물겨운 제작 기록이 소개됩니다.

2) 〈PD 수첩〉

MBC 시사 프로그램으로 사회적 이슈가 되는 주제를 단순히 보도된 내용에서 그치지 않고 프로듀서들이 후속 보도하거나 직접 심층 취재하는 탐사보도 프로그램입니다. 1990년 5월에 첫 방송된 뒤 25년 동안 진실과 정의, 상식과 민주주의를 위해 우리 사회 구석구석을 누벼 왔습니다.

그동안 행한 주요 방송 내용은 5 · 18 광주 민주화 운동, 종교 문제, 미군 장갑차 여중생 압사 사건, 병원 위생 문제, 교육 문제, 부동산 문제, 황우석 사건, 한 · 미 FTA, 광우병 보도, 군납 비리, 검사와 스폰서, 총리실의 민간인 사찰 사건, 4대강 사업 의혹, 무릎 기도 사건 등 주로 정치 · 사회 문제를 많이 다루었습니다. 그러다 보니 해당 보도 대상자로부터의 항의 때문에, 때로는 정부의 정지 요청으로 방송 중단이나 방송에 차질을 빚은 적이 여러 번 있습니다.

대표적인 보도로 황우석 사건과 광우병 보도가 있습니다.

황우석 사건은 2005년 11월 22일 〈황우석 신화의 난자 의혹〉 편에서 황우석 교수의 줄기세포 연구와 관련하여 비판적인 보도(실험용 난자 매매 의혹)를 했습니다. 황우석을 비판하는 것이 국익에 반하는 것이라 여겨 〈PD 수첩〉을 비난하는 여론이 있었고, 당시 14개 광고주가 계약을 취소해서 문화방송은 광고 없이 방영해야 했습니다. 결국 의혹은 모두 사실로 밝혀졌고 황우석 교수는 기자회견을 통해 '인위적 실수'라는 표현으로 논문 조작을 사실상 시인하면서 〈PD 수첩〉의 보도는 사실로 입증되었습니다.

광우병 보도는 미국산 쇠고기와 관련된 내용입니다.

2008년 4월 29일 '미국산 쇠고기, 과연 광우병에서 안전한가?' 편에서 이명박 정부의 미국산 쇠고기 수입협상의 오류를 지적하고 광우병의 위험성을 주장했습니다. 그러나 정부 여당과 보수 신문(조선, 중앙, 동아)들은 광우병 위험이 과장 왜곡되었다고 주장했고, 야당과 진보 신문(한겨레, 경향, 오마이뉴스)들은 사소한 실수가 있었을 뿐 정부가 협상을 잘못한 본질은 변하지 않았다고 주장하며 논란이 되었습니다.

결국 재판까지 갔고, 몇 차례 열린 재판 끝에 2010년 12월 3일 검찰의 항소로 진행된 2심 공판에서 법원은 〈PD 수첩〉 제작진에 대해 무죄 판결을 내렸습니다. 재판부는 "'다우너 소(주저앉는 소)'가 광우병에 걸렸다는 부분, 미국인 아레사 빈슨의 사망 원인이 광우병이라는 부분 등 일부 허위 사실이 인정되나, 명예를 훼손하거나 업무를 방해하려는 고의가 있었다고 보긴 어렵고, 언론의 자유를 폭넓게 보장한 우리 헌법에 비춰볼 때 형사처벌 대상이 아니다"라고 판단했습니다.

이와 같은 많은 어려움을 겪으면서도 〈PD 수첩〉은 'PD의 눈을 통해 세상을 보는 시사 교양 프로그램'이라는 취지와 목적을 잃지 않고, 사회 정의를 위한 프로그램이 되고자 모든 제작진들이 힘을 모아 열심히 뛰고 있습니다.

04 방송연출가의 종류와 직급

1 방송연출가의 종류

1) 드라마 PD

텔레비전 드라마를 기획, 구성, 제작하는 일을 합니다. 드라마 PD가 하는 일을 구체적으로 살펴보면, 먼저 드라마의 주제와 소재를 정하고, 작가를 선정합니다. 아니면 작가를 먼저 선정하고 작가와 함께 드라마의 주제와 소재를 정하기도 합니다.

작가가 대본을 쓰면 그 내용을 검토하여 어울리는 배역을 선정하고, 배우를 섭외하고, 연기 지도도 합니다. 그리고 야외 촬영지를 선정하고, 앞으로의 일정 등도 계획하는데 이러한 일련의 과정을 작가와 의논하여 결정하는 경우가 많습니다.

촬영을 시작하면 수많은 제작진이 스케줄에 따라 원활히 움직일 수 있도록 지휘합니다. 특히 야외 촬영의 경우 간혹 예기치 않은 변수가 생기기도 하는데, 이럴 때 촬영을 계속할 수 있도록 순발력과 판단력, 민첩성을 발휘해야 합니다. 촬영이 끝나면 마지막으로 편집을 합니다.

Tip

드라마 PD는 드라마 제작의 전 과정을 총지휘하므로 카메라와 조명, 편집 등 모든 분야를 잘 알아야 합니다. 드라마의 성격에 따라 방송 전 준비 기간만 몇 년이 걸리는 경우도 있습니다.

2) 시사 · 교양 · 다큐멘터리 PD

사람들에게 새로운 사실을 알려 주거나, 이미 알려진 사실을 다른 시각에서 볼 수 있도록 도와주는 프로그램을 만듭니다. 시사 · 교양 · 다큐멘터리 PD가 프로그램에서 다루는 주제는 뉴스보다 훨씬 자세하기 때문에 시청자들에게 생각할 거리를 제공해 줍니다. 이런 종류의 프로그램은 재미보다는 의미에 중점을 둡니다. 그렇더라도 너무 지루하면 시청자들의 외면을 받기 때문에 사람들이 지루해 하지 않고 흥미있게 볼 수 있는 다양한 아이디어를 생각해 내야 합니다.

Tip

시사 · 교양 · 다큐멘터리 PD는 진실을 전달한다는 사명감과 함께 객관적이고 공정한 태도가 필요합니다.

3) 예능 PD

음악 쇼, 개그 프로그램, 시트콤, 토크 쇼, 퀴즈 쇼와 같은 예능 프로그램을 만듭니다. 이런 프로그램들은 늘 새롭고 신선한 아이디어로 사람들의 흥미를 끌고 즐거움을 주어야 합니다. 따라서 PD 역시 끼가 많고 반짝반짝 빛나는 아이디어가 풍부해야 합니다.

프로그램을 만들 때는 사람들이 재미있어 하는 것이 무엇인지 기획하고, 작가와 협의하여 구성한 후, 출연자를 섭외해서 촬영합니다. 쇼에 필요한 세트를 만들거나 야외 촬영을 계획하는 것도 예능 PD의 일입니다.

4) 라디오 PD

음악뿐만 아니라 시사, 정보, 뉴스 등 다양한 라디오 프로그램의 기획부터 편집, 방송까지 책임지는 총지휘관입니다. 텔레비전보다 제작과정은 단순하지만 오직 소리로만 프로그램의 모든 것을 담아야 하기 때문에 보다 섬세한 감성과 글을 보는 안목이 있어야 합니다. 그러자면 평소에 풍부한 지식과 감성을 기르고, 음악과 대중문화에 대해 열심히 공부해 두어야 합니다.

또 라디오는 생방송으로 진행되는 프로그램이 많기 때문에 한 순간도 긴장을 놓아서는 안 됩니다.

5) 스포츠 PD

스포츠 프로그램에서 가장 중요한 것은 경기장의 생생함을 전달하는 일입니다. 스포츠 PD는 세계 각지에서 일어나는 생생한 스포츠 현장을 시청자들이 볼 수 있도록 합니다. 위성 중계가 가능한 요즘은 해외에서 하는 스포츠 프로그램을 선별하여 방송으로 내보내기도 합니다. 또한 스포츠와 관련된 프로그램을 만들기도 하지요.

6) 외국영화 번역 PD

외국영화나 드라마에 나오는 배우의 대사를 우리말로 바꾸어 다시 녹음하고, 또 영화 장면을 편집해 우리가 더 재미있게 볼 수 있도록 합니다. 외국영화에 우리말 목소리를 입히는 작업은 단순하고 쉬울 것 같지만 실제로는 매우 섬세한 작업입니다. PD의 더빙 연출에 따라 전혀 다른 느낌의 영화가 되기도 합니다. 따라서 외국영화 번역 PD에게는 뛰어난 외국어 실력도 필요합니다. 일의 성격상 번역 작가와 성우, 녹음실 직원들과 일하는 시간이 많습니다.

2 방송연출가의 직급

1) CP(Chief Producer)

한 프로그램을 책임지는 프로듀서입니다. 방송연출가로 10여 년 이상 일한 이후에 맡을 수 있는 직책으로 'PD의 꽃'이라 불립니다. 주로 기획과 예산을 담당하며, 후배 PD들을 조율하고 관리하는 일을 합니다.

2) PD(Producer, Program Director)

연출가(Producer) 혹은 운영자(Program Director)의 줄임말입니다. 흔히 모든 방송연출가를 가리키는 말로 쓰이며, 그만큼 중심 역할을 합니다. 외국의 경우 CP가 기획을 하고, PD가 프로그램을 제작하는 경우가 많지만, 우리나라는 기획과 제작이 분리되어 있지 않아 PD가 두 가지 일을 다 하는 경우가 많습니다. 프로그램을 기획하고, 예산을 짜고, 출연자를 섭외하고, 방송 내용을 구성하는 등 프로그램을 만드는 데 필요한 모든 제작 관련 업무를 총괄합니다. 거기다 카메라, 조명, 미술 등 각 분야의 제작진과 협력하여 프로그램을 만들어야 하므로 다양한 이들의 의견을 조율하는 능력도 필요합니다.

3) AD(Assistant Director)

PD가 되기 전 단계로 '조연출'이라고도 합니다. PD가 프로그램 연출에 전념할 수 있도록 모든 준비를 도우며, 이 과정에서 연출 능력을 배웁니다. PD의 명령에 따라 출연자와 장소를 섭외하고, 출연자와 제작진의 일정을 확인해서 촬영 스케줄과 편집 스케줄을 잡습니다. 대부분의 드라마 PD는 5~7년, 시사 · 교양 PD는 3년, 예능 PD는 4년 정도의 AD 생활을 마쳐야만 PD로서 자신의 프로그램을 만들 수 있습니다.

4) FD(Floor Director)

PD와 AD를 도와 촬영 현장을 정리하고 촬영을 원활하게 진행시키는 역할을 합니다. '연출 보조'라고도 부릅니다. FD는 자료 정리, 소품 챙기기 등 자질구레한 업무를 처리하며, 촬영 중에는 스튜디오의 방청객을 통솔하고 박수를 유도하거나 촬영 전 분위기를 띄우는 일 등을 합니다.

05 방송 프로그램은 어떻게 만들어질까?

방송연출가들은 제작 과정에 따라 하루하루의 일정이 달라집니다. 방송 프로그램을 만드는 첫 단추는 기획입니다. 프로그램을 만드는 초반에는 기획 회의가 계속됩니다. 기획안이 통과되어 프로그램의 방향성이 잡히면 출연자를 섭외하고 제작진 회의를 자주 열어 프로그램을 구체적으로 만들어 갑니다. 그러고 나서 촬영 단계에 들어가면 카메라 예행연습을 거친 뒤, 야외 촬영과 스튜디오 녹화가 이어집니다. 야외 촬영이 있으면 전 스태프가 버스를 타고 촬영 장소로 이동합니다. 촬영이 계속되는 동안 PD는 현장에서 즉석으로 여러 가지 결정을 내리기도 합니다. 촬영이 끝나면 사전 편집과 종합 편집을 거쳐 프로그램을 완성합니다.

그럼 지금부터 한 편의 방송 프로그램이 만드는 과정을 단계별로 살펴보기로 합니다.

1 프로그램 기획

모든 텔레비전 프로그램에는 크게 기획, 촬영, 그리고 편집 단계가 있습니다. 기획은 시청자들에게 어떤 이야기를 들려줄 것인가를 연구하는 단계입니다. 기획 회의는 PD만 모여서 할 때도 있고, 구성 작가도 참석하는 경우가 있습니다. 기획 회의에서 PD와 구성 작가는 시청자들의 관심 사항은 무엇이며, 같은 시간대의 다른 방송사 프로그램과 어떻게 차별화할 것인가를 깊이 고민합니다.

기획 회의를 할 때는 다음의 7가지를 고려해야 합니다.

> **Tip**
> '기획이 좋으면 프로그램의 절반은 성공한 것이다.'라는 말이 있습니다. 방송에서 기획은 건축에서 설계도와 같은 역할을 할 정도로 매우 중요합니다.

1) 누가 방송을 진행할 것인가? (사회자, 출연자)
2) 언제 방송할 것인가? (방송 날짜, 시간)
3) 어디에서 방송할 것인가? (스튜디오, 야외)
4) 누구에게 보여줄 것인가? (주요 시청자층)
5) 무엇을 보여줄 것인가? (방송 내용)
6) 왜 이 프로그램을 기획했는가? (기획 목표)
7) 어떻게 표현할 것인가? (표현 방식)

그렇지만 힘들게 만든 기획안이 전부 프로그램으로 만들어지는 것은 아닙니다. PD와 작가가 머리를 맞대고 만든 기획안은 부서 국장에서부터 사장까지 검토한 뒤에 프로그램으로 만들 것인지 말 것인지를 결정합니다. 기획안이 통과되는 것도 힘든 일입니다.

2 출연자 섭외

힘들게 만든 기획안이 드디어 위에서 통과되었습니다. 이제 출연자를 섭외해야 합니다. 아무리 좋은 기획안이라도 적당한 출연자를 섭외하지 못하면 성공할 수 없습니다. '출연자 모시기 전쟁'이란 말이 있을 정도로 인기 있는 연예인을 섭외하기란 하늘의 별따기입니다. PD와 작가는 자신의 인맥을 총동원하여 출연자를 섭외합니다. 아니면 출연자 섭외를 전문으로 하는 캐스팅 디렉터에게 맡기기도 합니다. 캐스팅 디렉터는 마당발이라 할 정도로 많은 연예인들을 알고 있고, 연예인들에 대한 정보력도 대단한 경우가 많습니다.

3 제작진 회의

출연진 섭외가 완료되면 PD와 작가, 기타 제작진이 모여 제작진 회의를 합니다. 프로그램 하나를 만드는 데는 수많은 제작진이 필요합니다. 담당 PD는 방송국 여기저기에 흩어져 있는 제작진들을 한자리에 모이게 하여 회의를 통해 프로그램 제작에 대한 진행 방향을 정합니다. 이 회의에서는 촬영 장소, 의상 및 소품, 촬영 장비, 조명, 음악, 카메라 작업, 촬영 일정 등을 각 분야의 담당자들과 협의하여 결정합니다. 이 모든 일을 담당 PD가 총지휘하며, PD는 주어진 예산 한도 내에서 프로그램을 제작하기 위해 예산과 지출을 검토, 조정합니다.

4 대본 쓰기

구성 작가는 프로그램 출연자들이 할 이야기를 대본으로 씁니다. PD는 작가가 쓴 대본을 검토, 평가하고, 대본에 따른 배역을 정합니다.

5 리허설

출연자들은 대본 연습을 하고, 제작진들은 음향, 조명, 소품, 의상, 카메라 등을 꼼꼼히 체크합니다. 리허설이지만 실제 촬영하는 것처럼 합니다.

6 녹화(촬영)

녹화는 야외와 스튜디오에서 번갈아 가며 이루어집니다.

1) 야외 녹화(촬영)

야외 녹화에 앞서 PD는 촬영 장소에 미리 가서 주변 환경을 살피고, 해가 몇 시에 뜨고 몇 시에 지는지, 어떤 조명 장치를 사용할 것인지 생각해 두어야 합니다. 또 어떤 지점에서 촬영할지, 카메라 앵글은 어떻게 잡을지, 출연자들을 어디에서 어떻게 움직이게 할지도 미리 계획해 두어야 촬영을 성공적으로 마칠 수 있습니다.

드디어 녹화 날짜가 되면 수많은 제작진이 촬영 장소로 이동합니다. 야외 촬영에 참여하는 제작진의 수는 보통 70여 명에 이릅니다. 제작진이 탄 버스 두 대와 조명과 카메라를 실은 장비 차량 두 대가 촬영 장소에 도착합니다.

이제 바쁘게 움직여야 합니다. 곳곳에 조명 기기를 세우고, 음향 제작진은 촬영에 앞서 장비들을 점검합니다. 카메라 감독들은 각자의 촬영 위치에 자리를 잡고, PD와 중심이 되는 카메라 감독은 어떻게 촬영할지 상의합니다. 화장과 코디네이션을 담당한 제작진은 출연자의 화장을 고치거나 머리를 만지느라 여념이 없습니다.

일단 촬영이 시작되면 밤새 계속될 때도 있습니다. 밤샘 촬영을 했다고 해서 다음 날 쉴 수는 없습니다. 다음 날에는 또 다른 촬영이 기다리고 있으니까요.

야외 녹화는 간혹 해외에서 이루어지도 합니다. 우리나라에서 볼 수 없는 자연환경이 필요하거나 외국을 배경으로 하는 이야기가 전개될 때 이루어집니다.

Tip

해외 촬영에 많은 수의 제작진이 움직이려면 비행기 요금과 숙박 요금 등 돈이 많이 듭니다. 따라서 정해진 기간 안에 촬영을 마쳐야 하므로 철저한 준비가 필요합니다.

2) 스튜디오 녹화(촬영)

스튜디오 녹화는 방송국 안에 만들어진 세트에서 촬영이 이루어집니다. 스튜디오에서 하는 촬영은 야외에 비해 훨씬 수월합니다.

녹화 시간이 다가오면 스튜디오 안은 출연자와 제작진으로 북적거리기 시작합니다. 조명 팀은 스튜디오 천장에 달린 조명 기기를 점검하고, 음향 팀은 출연자들에게 달아 줄 무선 마이크가 제대로 작동하는지 살펴봅니다. 녹화에 들어가기 전에는 리허설을 하며, 리허설이 끝나면 PD는 부조정실로 갑니다.

부조정실은 스튜디오마다 하나씩 있는데, 스튜디오에서 촬영하는 프로그램의 영상과 음향을 전체적으로 조정하는 곳입니다. 6~7명의 기술 담당자가 그곳에서 프로그램의 화질을 수정하고, 음향을 조정하고, 조명을 조절하는 등의 일을 합니다.

부조정실에서 PD의 큐 사인이 나면, 최우수 조연출이 스튜디오의 모든 사람에게 '녹화를 시작하겠다!'라는 말을 큰 소리로 외치고 녹화가 시작됩니다. PD는 부조정실에서 기계에 연결된 마이크에 대고 이것저것 지시를 합니다.

7 편집

녹화가 모두 끝났으면 PD와 조연출들은 그동안 촬영한 테이프를 한 아름씩 들고 편집실로 내려갑니다. 수십 개의 녹화 테이프에서 좋은 영상만을 추리고, 순서를 바꿔 새로운 영상을 만듭니다. 이 과정에서 어떤 내용을 살리고 어떤 내용을 잘라낼 것인가, 자막은 어떤 내용으로 넣을 것인가를 결정합니다. 그 밖에 컴퓨터 그래픽으로 작업한 화면을 미리 정한 장면에 끼워 넣기도 합니다. 컴퓨터 그래픽은 야외 촬영과 스튜디오 녹화로 얻을 수 없는 화면을 제공해 줍니다. 그리고 자막도 적절히 넣는데 이러한 일련의 작업을 가편집이라고 합니다.

가편집이 끝나면 편집된 녹화 영상에 필요한 소리를 입힙니다. 외국어 대사를 성우가 우리말로 다시 녹음하거나 방송 해설을 녹음합니다. 그리고 화면 분위기에 맞는 효과음 등 다양한 소리를 입히지요.

마지막으로 종합 편집을 거쳐 방송용 테이프를 완성합니다. 각종 특수 효과, 자막, 음향, 편집 등을 정리합니다.

8 방송

편집이 완성되면 정해진 순서와 시간에 맞춰 주조정실에서 방송 프로그램을 내보냅니다. 그러면 중앙회선조정실에서 보내는 방송 신호가 전파를 타고 드디어 텔레비전으로 방영됩니다.

이제 PD의 할 일은 모두 끝났지만 마음은 프로그램을 만들 때보다 더 긴장됩니다. 시청자들의 평가를 기다려야 하기 때문입니다. PD가 가장 행복한 순간은 시청자들의 반응이 좋을 때입니다. 그동안 쌓인 피로가 한순간에 사라지고, 기분이 날아갈 것 같습니다. 때로는 기분이 좋아 회식을 하기도 합니다.

그렇다면 PD를 긴장시키는 시청률은 무엇이며, 어떻게 집계되는 것일까요?

시청률은 같은 시간대에 방송되는 여러 방송국의 프로그램 가운데 시청자들이 어떤 프로그램을 얼마나 많이 보느냐를 수치로 나타낸 것입니다. 시청률 집계는 일정 수의 가구를 선정한 뒤에 그 가구의 텔레비전에 시청률 조사기를 설치해서 이루어집니다. 이 기계는 하루 동안 텔레비전의 채널이 어떻게 변화되는지, 그 가구의 사람들이 어떤 방송국의 무슨 프로그램을 보는지 조사해서 조사 기관에 알려 줍니다. 이렇게 모인 결과가 방송 관계자들을 울고 웃게 하는 시청률입니다.

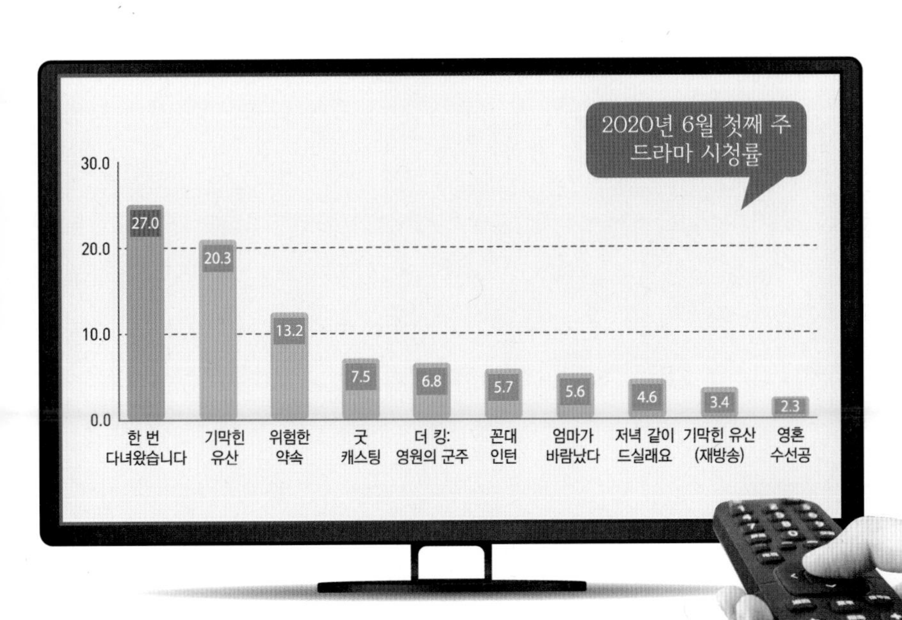

06 방송연출가가 되기 위해 필요한 능력

1 창의력

> **Tip**
> PD라는 직업이 늘 바쁘지만 짬이 날 때면 독서와 여행, 새로운 사람을 만나는 것을 주저하지 말아야 합니다.

PD가 새로운 프로그램을 만들려면 독창적인 아이디어가 필요합니다. 반짝이는 아이디어의 원천은 창의력입니다. 창의력은 타고나는 부분도 있지만 끊임없는 노력이 뒷받침되어야 합니다.

창의력을 키우는 데 가장 좋은 방법은 독서입니다. 여러 방면의 책을 읽으면서 다양한 지식을 쌓고 간접 경험을 하다 보면 생각의 폭이 넓어집니다.

그리고 또 한 가지는 다양한 계층의 사람들과 만나 이야기를 나누어 보는 것입니다. 그러기 위해서는 방송국에만 머물 것이 아니라 우리 삶 속, 예를 들어 재래시장이나 건설공사 현장 등을 돌아다니며 상인이나 노동자들과 이야기를 나누어 보거나, 이곳저곳 여행을 다니면서 현지인들과 대화를 나누는 것이 좋습니다.

2 리더십

> **Tip**
> PD는 제작진들을 능력에 맞게 적재적소에 배치할 수 있어야 하고, 다양한 사람들의 요구에 적절히 대응할 수 있어야 합니다. 더 나아가 사람들의 마음이나 행동을 변화시키기 위한 설득력도 필요합니다. 그러자면 사람들의 행동, 성격, 흥미, 동기 등에 관한 지식도 필요합니다.

PD는 상사, 동료, 아랫사람, 출연자 등 많은 사람을 상대해야 하는 직업입니다. 하나의 프로그램을 만들기 위해서는 수많은 제작진이 참여하는데 이들을 총지휘하는 사람이 PD입니다. 나이, 성별, 맡은 일 등이 각기 다른 이들을 통솔하려면 판단력과 인내심이 필요합니다. 다른 사람의 행동을 통솔하는 것도 중요하지만 자신의 감정을 다스리고 조율할 줄 아는 능력이 더욱 요구됩니다. 즉 힘든 상황에서도 공격적 행동을 보이지 않고 분노를 통제하며 심리적 평정을 유지할 수 있어야 합니다.

3 열린 마음

PD는 다양한 정보에 대해 폭넓게 수용하려는 태도를 지녀야 합니다. 즉 열린 마음으로 모든 사물과 현상, 사람들을 대해야 합니다. 고정관념이나 편견으로 마음의 빗장을 걸고 있으면 어떠한 이야기도 귀에 들어오지 않고, 좋은 프로그램을 만들 수도 없습니다. 따라서 늘 열린 마음으로 상대방의 의견에 귀를 기울이고, 그 의견이 자신의 생각과 다르더라도 포용하려는 자세를 지녀야 합니다. 변화와 가지각색의 다양성에 대하여 개방적인 태도를 지니고, 새로움에 대해 기꺼이 받아들이고, 도전하려는 삶의 태도를 지녀야 합니다.

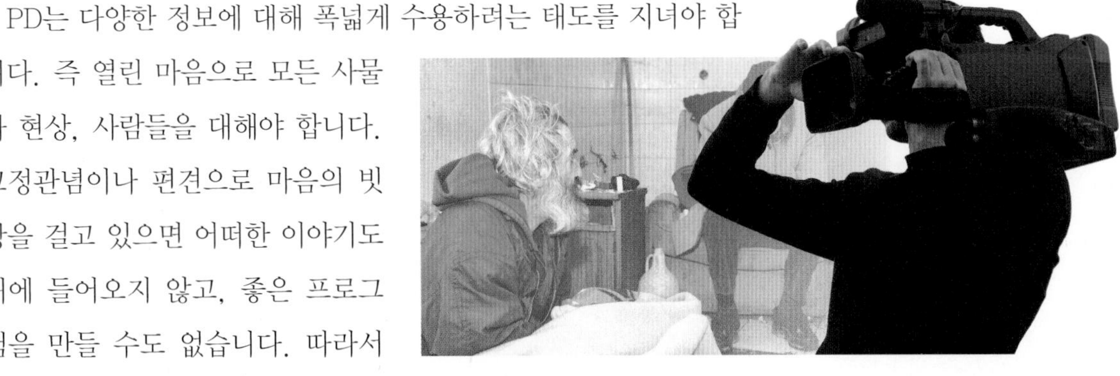

4 인내심과 끈기

방송연출가로 입사하면 연출 보조인 FD, 조연출인 AD를 거쳐야 PD가 될 수 있습니다. AD는 PD를 도우면서 연출 능력을 배우는데, 그 기간이 3~7년으로 꽤 깁니다.

방송에 대한 아름다운 환상을 가지고 입사했다가 온갖 자질구레한 일을 하면서 잠도 제대로 못 자고 돈도 많이 못 버는 날이 계속되면 회의가 들기도 합니다. 그래서 PD가 되기 전에 이 과정을 못 견디고 그만두는 사람들도 꽤 있습니다.

그렇지만 자신이 좋아해서 선택한 직업이라면 힘들어도 포기하지 말아야 합니다. 인내심과 끈기를 가지고 꾸준히 하다 보면 어느 새 자신의 전문 영역이 생기게 되고 멋진 PD가 될 수 있습니다.

5 전문성

텔레비전 프로그램은 드라마, 쇼, 오락, 시사, 교양, 다큐멘터리 등 정말 다양합니다. 따라서 방송국에 입사했다면 자신이 관심 있고 잘하는 분야를 선택해야 합니다. 평소에 남을 웃기는 것을 좋아하고, 즐거움을 찾는 성향이 있다면 쇼나 오락 프로그램을 선택해야 하고, 이야기꾼으로서의 재능이 있다면 드라마 프로그램을 선택하고, 사회 문제에 관심이 많고 진지한 성격이라면 시사 · 교양 프로그램이 적합합니다. 물론 도중에 분야를 바꿀 수도 있지만 처음부터 자신에게 맞는 분야를 선택하면 훨씬 즐겁게 일할 수 있고, 성공적인 PD가 될 가능성도 더 높습니다.

6 위기 대처 능력

방송을 진행하다 보면 예상하지 못한 일들이 종종 일어날 수 있는데, 갑자기 카메라가 작동이 안 된다거나 배우가 다치거나 하는 일 등입니다. 특히 생방송일 때는 더하겠지요. 이럴 때 총 책임자인 PD는 당황하지 말고 침착하게 새로운 대안을 찾을 수 있어야 합니다. 위기 대처 능력은 순발력과 판단력에서 나오는데, 이런 능력은 타고난 부분도 있지만 다방면에서 많은 경험을 쌓으면서 키울 수 있습니다.

7 기술적인 능력

PD는 기획 단계에서 작가의 대본을 검토하고, 촬영할 때는 카메라 기자와 조명 기사 등과 촬영 방법을 의논합니다. 촬영이 끝나면 컴퓨터를 이용해 편집을 해야 하고요. 따라서 작품을 보는 눈, 카메라나 조명에 관한 기술적 지식, 편집할 때 컴퓨터를 능숙하게 다루는 기술적인 능력이 필요합니다. 한 마디로 팔방미인이 되어야 합니다.

또한 PD는 제작비 관리도 해야 합니다. 주어진 제작비 안에서 프로그램을 완성해야 하므로 재정을 효율적으로 관리해야 하고, 그러기 위해선 필요한 비용을 파악하고 세세한 사용 내역을 산출해야 합니다.

8 강인한 체력

프로그램 제작에 들어가면 맘에 드는 장면이 나올 때까지 되풀이하여 촬영합니다. 야외 촬영이나 스튜디오 촬영 시 며칠 밤을 꼬박 새우는 일도 흔하지요. 또한 주말이나 휴일에도 쉬지 못하고 일하는 경우가 많아 체력적으로 힘이 듭니다. 또 촬영이 끝나고 편집을 하려면 몇 날 며칠을 집중해서 일해야 합니다. 이렇게 밤

낮 구별 없이 일을 하려면 강한 체력이 필수적입니다. 그러자면 틈틈이 운동을 하고, 식사를 규칙적으로 해야 합니다.

9 좋은 방송을 위한 사명감

오늘날 대중매체는 사람들에게 매우 큰 영향력을 주고 있습니다. 인기 있는 프로그램 하나가 우리 사회에 미치는 파급력은 어마어마하다고 할 수 있습니다. 한 예로 MBC 〈PD 수첩〉의 광우병 보도는 미국산 소고기에 대한 경각심을 갖게 했습니다. 몇 년이 지났지만 사람들은 지금도 미국산 소고기에 대한 불신을 버리지 못하고 있습니다.

이렇듯 방송연출가는 사람들에게 정보와 즐거움을 준다는 만족감·성취감과 함께 좋은 방송을 만들겠다는 사명감을 가져야 합니다. 어떤 프로그램을 만들어야 사람들에게 도움이 될지 고민하면서 호기심과 창의력으로 새로운 아이디어를 끝없이 생각해야 합니다.

07 방송연출가의 장단점

1 장점

방송연출가는 무(無)에서 유(有)를 창조하는 직업입니다. 새로운 프로그램을 기획하고, 출연자를 섭외하고, 녹화하고, 편집하는 등 눈앞에 늘어선 숙제들을 하나하나 해결하다 보면 어느새 세상에 존재하지 않았던 프로그램이 완성되어 있습니다. 거기다 시청자들의 반응까지 좋다면 그 기쁨은 이루 말할 수 없이 큽니다.

방송연출가는 프로그램을 통해 사람들에게 위안과 기쁨, 즐거움을 주기도 하고, 감동의 눈물을 흘리게 하기도 합니다. 때로는 깨달음을 주어 좋은 일에 나서도록 동기를 부여하기도 합니다. 또한 잘 만든 드라마 한 편이 한류열풍을 일으키듯이 우리나라 문화 발전에 중요한 역할을 합니다.

이렇게 힘들게 일해서 하나의 프로그램이 완성되면 잠시의 휴식 시간이 주어집니다. 그럴 땐 여행도 가고, 그동안 만나지 못했던 친구들과 어울리기도 합니다. 놀 때는 확실히, 열심히 놀아야 합니다. 간혹 놀다가 경험한 사건이나 만났던 사람들, 놀이 등이 다음 프로그램에 반영되기도 합니다. 즉 그냥 노는 게 아니라 노는 가운데서도 프로그램 아이템을 찾고, 연구하는 것입니다.

Tip

방송연출가들 사이에서 자주 쓰는 말로 '놀다가 방송하고 방송하다 논다'는 말이 있습니다. 이런 분위기는 예능 프로그램에서 더합니다.

방송연출가의 연봉은 다른 직업에 비해 높고, 사회적인 인식과 대우가 좋은 편입니다. 또한 남들이 만나고 싶어 하는 인기 연예인들을 접촉할 수 있는 기회가 많고, 다양한 사람들을 만나면서 세상을 좀 더 폭넓고 적극적으로 살 수 있게 됩니다.

2 단점

화려해 보이는 직업인 방송연출가에게는 힘든 점이 많습니다. 그 중 첫 번째는 시청률에 대한 압박감이 매우 크다는 점입니다. 힘들게 준비해서 만든 프로그램의 시청률이 좋다면 다행이지만 시청자들로부터 외면을 받으면 의기소침해집니다. 그래서 프로그램을 만드는 내내 시청률이라는 압박감으로 등에 돌덩어리를 메고 다니는 느낌이 들 정도입니다.

두 번째는 근무 시간이 일정치 않다는 점입니다. 수십, 수백 명이 함께하는 작업이기 때문에 촬영 일정이 잡히면 밤낮을 가리지 않고 강행군이 계속되어 가족 모임이나 친구 결혼식 등 중요한 행사에도 참석하지 못할 때가 부지기수입니다. 교양 PD는 오지나 해외로 촬영을 가면 그곳에서 1년씩 머물기도 합니다.

이처럼 방송연출가는 머리를 많이 쓸 것 같지만 실제로는 몸을 더 많이 쓰는 직업입니다. 이런 생활이 6개월을 넘고 1년 이상 이어지면 '내가 원하던 삶은 이게 아닌데…….' 하는 생각이 들곤 합니다. 그만큼 노동 강도가 세기 때문에 여자보다는 남자 PD가 훨씬 많습니다.

세 번째는 인기 연예인들의 섭외가 힘들다는 점입니다. 드라마의 경우 자유출연제가 실시되면서 일부 톱스타가 거액의 출연료를 요구하는 바람에 PD들이 애를 먹고 있습니다. 제작비는 정해져 있는데, 주연에게 거액의 출연료를 지불하면 다른 조연이나 무명 출연자들에게는 낮은 출연료를 줄 수밖에 없습니다. 이렇게 되면 드라마의 질이 떨어질 수밖에 없지요. 이런 사정은 예능 프로그램 역시 마찬가지입니다. 담당 PD들과 작가들은 인기 연예인들을 쫓아다닌다고 합니다. 연예인의 집, 촬영 장소, 소속사 사무실, 심지어 헬스클럽까지 찾아가 사정합니다. PD들이 이렇게 하는 까닭은 결국 시청률 경쟁 때문입니다.

Tip

MBC의 〈아마존의 눈물〉이라는 프로그램에서 PD와 카메라 기자들이 벌레에 물려 퉁퉁 부은 몸으로 몇 달 간 그곳에서 생활했던 장면이 공개되기도 했습니다.

3 훌륭한 방송연출가가 되려면?

방송연출가는 자신의 프로그램을 책임지는 사람입니다. 그러니 프로그램 제작이 끝날 때까지 단 한순간도 마음을 놓아서는 안 됩니다. 또 수많은 스태프들을 이끄는 위치에 있으므로 일방적으로 자신의 생각만 강요할 것이 아니라 다른 사람의 생각을 존중할 줄 알아야 합니다. 그래야만 자신의 생각도 존중받을 수 있습니다. 또 스태프들 간의 의견을 조율할 줄 알아야 합니다. 여러 가지 의견을 들어보고 최종 판단은 방송연출가가 합니다. 그러다가 어려움에 부딪혔을 땐 스스로 책임지는 자세를 지녀야 합니다.

방송연출가라는 직업은 많은 사람들이 하고 싶어 하지만 아무나 할 수 없는 직업입니다. 세상의 흐름을 읽어야 하고, 타인의 삶에 무한한 애정을 가지고 있어야 합니다. 또 항상 새로운 생각을 해야 합니다. 삐딱한 생각도 괜찮습니다. 그러자면 책을 많이 읽고, 다양한 경험을 하고, 세상을 따뜻한 마음으로 바라봐야 합니다. 매일매일 일기를 쓰는 것도 좋습니다.

08 방송연출가가 되기 위한 과정

1 중 · 고등학교 시절

방송연출가가 되려면 중 · 고등학교 시절부터 공부를 열심히 해야 합니다. 방송연출가가 되는 데 도움이 되는 과목은 국어, 사회, 음악, 영어, 국사 등으로 인문계열입니다. 또 기회가 된다면 방송국을 탐방하거나 직업 체험 학습을 경험하는 것도 좋습니다. 아니면 교내 방송국에서 일하거나 방송 관련 동아리 활동을 해 보는 것도 도움이 됩니다.

2 대학교 시절

방송연출가가 되기 위해서 필요한 학력 제한은 없으나 4년제 대학을 졸업한 사람이 하는 것이 일반적입니다. 전공 역시 제한은 없으나 신문방송학, 연극영화학, 영상예술학, 방송영상학 등 방송의 특성과 이론을 배울 수 있는 학과를 전공하면 취업하는 데 유리합니다. 이 중 신문방송학과에서는 커뮤니케이션에 대한 이해와 미디어 활용 및 실무 능력을 익힐 수 있습니다.

또한 방송 관련 동아리 활동을 하는 것도 좋고, 기회가 되면 프로그램을 직접 연출하여 입사 시험 때 자료로 제출하거나 다큐멘터리 대회 등에 참가해 보는 것도 좋습니다.

Tip

방송연출가가 되려면 대학 시절에 국어, 영어, 그리고 상식이나 논술시험을 잘 볼 수 있도록 꾸준히 공부해야 합니다.

3 취업 준비와 시험

방송연출가는 크게 두 가지 방법으로 뽑습니다. 첫 번째는 방송국에서 공개 채용 시험을 통해 직접 선발하는 방법이 있고, 두 번째는 프로그램을 만들어서 방송국에 공급하는 프로덕션에 입사하여 방송연출가가 되는 방법이 있습니다. 이울러 방송국의 사정에 따라 계약직으로 방송연출가를 뽑는 경우도 있습니다.

방송국의 공개채용을 통해 방송연출가가 되려면 보통 4년제 대학 이상을 졸업해야 하고, 높은 어학 성적이 있다면 유리합니다.

또 연령 제한이 없으며, 남자와 여자를 구분하지 않습니다. 그렇지만 노동 강도가 높아서 여자보다는 남자들이 응시를 많이 합니다.

KBS, MBC, SBS 등 지상파 방송사의 경우 1년에 한 차례 공개채용을 하는데, 경쟁률이 수백 대 일에 달할 정도로 치열합니다. 언론고시라 불릴 정도로 합격하기가 어렵습니다.

방송국 공채 시험에 합격하려면 서류 전형에서부터 최종 면접에 이르기까지 무려 5차에 걸친 관문을 통과해야 합니다. 1차는 서류 전형, 2차는 필기시험(작문 및 기획안), 3차는 1차 면접, 4차는 2차 면접, 5차는 최종 면접입니다.

특별히 요구되는 국가공인자격증은 없지만, TOEIC 공인영어성적 제출을 요구하는 경우가 많습니다. TOEIC(Test of English for International Communication)은 미국 ETS가 상업 및 국제적 공용어로서의 영어 숙달

Tip

방송연출가를 보다 확실히 준비하고 싶다면 방송아카데미 등 사설 학원에서 프로그램 제작에 대한 전문적인 교육을 받는 것이 유리합니다. 이런 교육을 받으면 취업뿐만 아니라 방송국에 들어가서 일을 하는 데도 많은 도움이 됩니다.

정도를 측정하기 위해 개발한 시험 제도입니다.

또 KBS(한국방송공사)에 지원할 경우 KBS한국어능력시험 성적을 필수로 제출해야 합니다. 이 시험은 KBS가 우리 국민들의 국어사용 능력을 높이고 문화를 발전시키는 데 기여하기 위해 실시하고 있습니다.

4 입사 후 방송국 생활

수많은 경쟁자와의 치열한 경합을 뚫고 드디어 합격이 되면 드라마, 예능, 교양, 라디오 등의 편성 부서로 발령이 납니다. 부서 간 이동은 매우 드물기 때문에 처음에 자신의 전문 분야를 잘 선택해야 합니다.

신입 방송연출가는 연출 보조인 FD를 거쳐 조연출인 AD를 맡게 되는데, 선배 PD(보통 '사수'라 부름)와 한 조를 이루어 일을 하게 됩니다. 짧게는 2~3년, 길게는 7~8년 정도 AD로 있다가, PD로 데뷔('입봉'이라고도 함)를 합니다.

꼭 지상파 방송국이 아니더라도 PD 생활을 할 수 있습니다. 케이블 방송, 인터넷 방송, 디지털 방송 등에서도 PD를 뽑고 있으며, 광고를 제작하거나 영화감독, 연극 연출자로 활동하기도 합니다.

09 방송연출가의 마인드맵

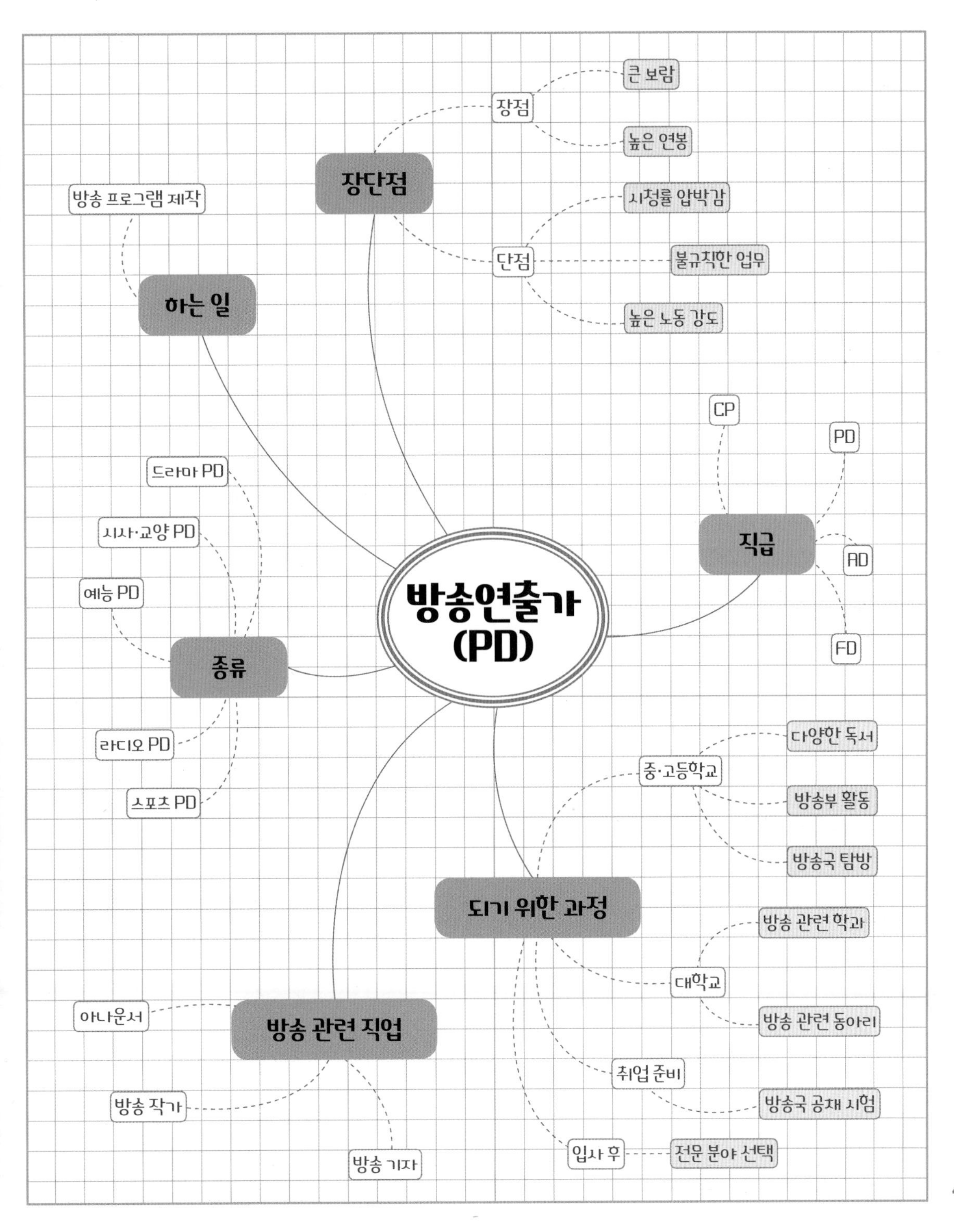

10 방송연출가와 관련하여 도움 받을 곳

1 직업 정보를 얻을 수 있는 기관

● **방송아카데미** 방송국 입사를 목표로 준비하는 사람들은 대학을 나온 후 방송아카데미에 입학하여 이곳에서 필요한 정보나 방송 기술, 그리고 전문 지식을 쌓습니다. KBS, MBC, SBS 등 유명 방송국에서는 방송아카데미를 운영하고 있으며, 이곳을 통해 방송국에 입사하는 경우도 있습니다. 대부분이 6개월 과정이고, 정식 학력으로 인정받지는 못합니다.

● **한국방송예술진흥원**(http://www.kbatv.org) 4년제 학사학위를 받을 수 있는 학점은행제 교육기관입니다. 따라서 4년제 대학과 똑같이 학사학위를 취득할 수 있고, 국내외 대학에 편입하거나 대학원에 진학할 수도 있고, 취업할 때는 대학교 졸업자와 동등한 혜택을 받을 수 있습니다. 이곳은 서류전형과 면접, 실기로 신입생을 선발합니다. 현재 진행 중인 일반전형에서는 수능 및 내신이 반영되지 않으며, 전형요소와 반영비율은 과마다 차이가 있습니다.

● **고용노동부 워크넷**(https://www.work.go.kr) 한국고용정보원에서 운영하는 사이트로 무료로 직업 심리 검사를 이용할 수 있습니다. 직업 정보 검색, 직업 · 진로 자료실, 학과 정보 검색 등의 정보를 제공하며 직업 · 학과 동영상, 이색 직업, 테마별 직업 여행, 직업인 인터뷰 자료를 볼 수 있습니다. 온라인 진로 상담 서비스도 제공합니다.

●진로정보망 커리어넷(https://www.career.go.kr) 한국직업능력개발원이 운영하는 사이트로 초등학생부터 성인, 교사에 이르기까지 대상별로 진로 및 직업 정보를 제공하며 온라인 상담도 할 수 있습니다. 심리 검사를 무료로 이용할 수 있으며, 학생들이 만든 UCC 자료도 무료로 볼 수 있습니다.

2 방송국 견학 · 체험 기관

●KBS 온(견학홀)(http://office.kbs.co.kr/kbson) KBS 온은 국내 최초의 방송 전시관입니다. 미니 박물관, 가상 스튜디오, 9시 뉴스 앵커 체험 코너, 입체 영상 체험관 등이 마련되어 있습니다. 라디오 오픈 스튜디오가 있어 라디오 진행 현장을 직접 볼 수도 있습니다.

●시청자미디어재단 광주시청자미디어센터(https://kcmf.or.kr/comc/gwangju) 시청자를 위한, 시청자에 의한 열린 공간인 광주 시청자 미디어 센터는 누구나 쉽게 미디어에 접근할 수 있도록 시청자 방송 제작 지원과 미디어 교육, 다양한 체험 프로그램을 운영하고 있습니다.

뉴스를 직접 만들어 보는 '파랑 뉴스 센터', 화면 해설 방송과 자막 방송이 어떻게 만들어지는지 알아보고 직접 만들어 보는 '자막 방송 만나기', 직접 라디오 프로그램의 PD, 아나운서, 엔지니어가 되어 보는 'DJ 체험' 등 다양한 프로그램이 준비되어 있습니다.

11 유명한 방송연출가

1 이병훈(1944~)

〈허준〉, 〈상도〉, 〈대장금〉, 〈서동요〉, 〈이산〉 등을 제작한 사극 PD의 대가입니다. 서울대 임학과를 졸업한 후에 한양대학교 대학원에서 방송학 석사를 받았습니다. 1970년 MBC PD 공채 2기로 입사해 드라마 PD로 활동했고, 〈113 수사본부〉와 〈제3교실〉을 연출하며 연출가로서 자신감을 키워 갔습니다. 〈암행어사〉를 연출하면서부터 차츰 사극에 대한 애정이 생기기 시작했고, 1990년부터 장장 8년에 걸쳐 〈조선왕조 5백년 시리즈〉를 연출하면서 사극의 매력에 깊이 빠져들었습니다.

이병훈 PD는 모든 국민이 공감하는 사극, 특히 청소년들의 사랑을 받을 수 있는 사극을 만들기 위해 많이 고민했습니다. 그러기 위해 흰색과 검은색 일색인 색채를 화려한 파스텔 톤으로 바꾸기, 속도감 있게 극을 전개하기, 국악과 클래식 위주의 음악을 뉴에이지 풍으로 전환하기, 그리고 무엇보다도 기존의 형식을 깨뜨릴 수 있는 새로운 작가를 발굴하는 것을 최우선 과제로 삼았습니다.

드디어 1999년 56세의 적지 않은 나이에 우리나라 사극의 큰 이정표를 세운 〈허준〉을 연출하여 국민 드라마 감독으로 자리매김하게 되었습니다. 이후 〈상도〉, 〈대장금〉, 〈서동요〉, 〈이산〉 등을 제작하였고, 특히 2003년에 만들어진 〈대장금〉은 한국 드라마를 세계인의 의식 속에 깊이 심는 한류 문화의 대명사가 되었습니다.

이병훈 PD의 인생 키워드는 '열정'입니다. 그는 재능과 전공보다는 자신의 분야에 대한 '승부욕'을 무기로 삼았습니다. 여느 사람들과 마찬가지로 그 역시 숱하게 슬럼프를 겪었지만 불굴의 열정과 승부욕으로 침체에서 벗어났고, 그 결과 '슬럼프란 자신이 극복할 수 있을 만큼만 온다.'는 교훈을 얻었습니다.

70세가 넘은 나이에도 열심히 일하고 있는 이병훈 PD의 삶은 PD를 꿈꾸는 청소년과 젊은이들에게 많은 가르침과 자신감을 가져다 줄 것입니다.

2 나영석(1976~)

KBS 〈해피 선데이 1박 2일〉, 〈출발 드림팀〉, 〈인간의 조건〉, tvN의 〈꽃보다 할배〉, 〈삼시세끼〉 등을 제작한 예능 프로그램의 대가입니다. 연세대학교 행정학과를 졸업한 후에 2001년 KBS 27기 공채 프로듀서로 입사하면서 PD 생활을 시작했습니다.

그가 PD를 하게 된 건 대학 시절 우연히 들어간 연극반에서 활동했던 경험 덕분입니다. 연극반에서 엑스트라, 조연, 주연, 극작, 연출 등을 두루 경험했습니다. 그리고 생애 처음으로 '뭔가가 하고 싶다'라는 생각을 갖게 되었습니다. 재미있는 코미디 대본을 쓰는 작가가 되고 싶어서 공모전에 출품했으나 떨어졌고, 뒤이어 들어간 영화사는 망했습니다. 간신히 PD 시험에 합격해서 〈출발 드림팀〉, 〈산장미팅 장미의 전쟁〉 등에서 조연출을 하고 〈여걸 파이브〉, 〈여걸 식스〉, 〈1박 2일〉을 연출했습니다. 특히 〈1박 2일〉은 나영석 PD가 5년간 함께한 프로그램입니다. 처음에는 조연출로 활동하다 바통을 이어받았고, 그 후 국민 프로그램이라 불리며 높은 시청률과 함께 여기저기서 상을 휩쓸었습니다. 덕분에 2012년 KBS 예능국 차장이 되었습니다.

하지만 그가 유명해지는 동안 어린 딸은 집에 잘 들어오지 않는 아빠를 서먹해 하였고, 아내는 길거리에서 사인 요청을 받는 남편을 창피하다고 모른 체하며 아이를 안고 멀찍이 떨어져 가기 일쑤였습니다. 30대의 5년간을 〈1박 2일〉에 쏟아 붓고 정신을 차려 보니 차츰 회의가 밀려왔습니다. 몸도 마음도 지쳤고, 새로운 프로그램을 다시 시작한다 해도 또 욕심에 겨워 다른 사람을 쥐어짜고 자기 자신을 쥐어짤 것이 분명했습니다. 이러다간 앞으로의 삶에 대한 진지한 고민은커녕 일에 빠져 헤어 나오지 못할 것 같았습니다. 결국 KBS를 그만두고 배낭을 꾸려 낯선 나라로 휴가를 떠났습니다. 그것도 웬만해선 사람들이 잘 가지 않는 아이슬란드로 말이지요.

여행을 다녀온 뒤로 CJ E&M으로 자리를 옮겨 2013년에 〈꽃보다 할배〉

를 제작하여 큰 인기를 끌었습니다. 그 뒤로 〈꽃보다 누나〉, 〈꽃보다 청춘〉 등 '꽃보다' 시리즈를 만들었으며, 〈삼시세끼〉를 제작하여 큰 인기를 끌었습니다.

아이슬란드 여행을 다녀온 후에 펴낸 그의 책 〈어차피 레이스는 길다〉에는 〈1박 2일〉 프로그램에 대한 소회와 마음속에 꼭꼭 담아 두었던 사연과 고민을 모두 풀어놓고 있습니다. 〈1박 2일〉을 사랑했던 시청자뿐 아니라 인생 혹은 진로에 대해 고민하는 사람들이 읽어 보면 좋은 책입니다.

12 방송국 구석구석 살피기

하나의 방송 프로그램을 만들려면 수많은 과정을 거쳐야 합니다. 그러다 보니 방송국에는 각각의 과정에 필요한 시설과 방들이 셀 수 없이 많습니다.

1 주조정실, 부조정실

주조정실은 방송 전체를 총괄하는 공간입니다. 방송에 필요한 모든 신호를 주고받고, 조정하는 방송국의 심장입니다. 방송 송출에 대한 편성, 방송 모니터링 등도 행해집니다. 녹화 방송이든 생방송이든 간에 모든 프로그램은 이 곳을 통해야만 방송될 수 있습니다. 부조정실은 스튜디오와 연결되어 있는 공간으로, 녹화가 진행되는 동안 PD가 머물며 필요한 일들을 지시하고 조정하는 곳입니다.

2 회의실, 자료실, 연습실

회의실에서는 프로그램을 기획하거나 구성하고, 자료를 조사합니다. 이 밖에도 출연자 섭외나 대본 쓰기 등이 이루어지기도 합니다. 자료실에는 과거에 방영했던 드라마나 편집하기 전의 녹화본 등이 보관되어 있습니다. 그리고 배우나 가수들이 연습하는 공간인 연습실이 있습니다. 가수들이 연습하는 곳은 커다란 거울이 갖춰져 있기도 합니다.

3 스튜디오

사람들이 가장 궁금해 하는 공간입니다. 드라마, 쇼나 오락 프로그램, 음악 프로그램 등의 각종 세트가 지어져 있습니다. 드라마의 집안 배경이나 쇼 프로그램의 무대 등이 모두 이곳에 만들어집니다. 목공소에서처럼 나무를 자르고, 못을 박고, 장식하면 아주 멋진 세트가 완성됩니다. 하지만 촬영이 끝나면 다시 허물고, 새로운 촬영을 위한 세트가 세워집니다. 프로그램의 필요에 따라 하루에도 몇 번씩 지어졌다 허물어졌다를 반복합니다. 라디오 스튜디오도 있는데, 이곳은 라디오 방송을 녹화하거나 생방송으로 진행하는 장소입니다.

4 소품실, 의상실, 분장실, 조리실

스튜디오 가까이에는 촬영에 쓰일 여러 가지 물건을 보관하고 있는 소품실, 출연자들이 입을 옷을 준비하는 의상실, 출연자들이 분장을 하는 분장실, 프로그램에 필요한 음식을 만드는 조리실 등이 있습니다.

소품실은 없는 게 없는 만물상이자 보물 창고입니다. 옛날 돈에서 조선 시대 도자기까지 없는 게 없습니다. 만약 제작진이 소품실에 없는 물건을 주문하면 소품실 직원들은 전국 방방곡곡을 헤매서라도 촬영 전까지 물건을 구해야 합니다.

의상실은 출연자들이 입을 옷을 보관하는 곳입니다. 고대 국가의 의상에서부터 세계 여러 나라의 민속의상, 모자, 신발 등 없는 게 없을 정도로 많은 의상이 준비되어 있습니다. 새로운 디자인의 옷이 필요할 때는 의상실 직원들이 직접 만들기도 합니다.

분장실은 촬영 전에 프로그램의 특징과 역할에 맞는 분장을 하는 공간입니다. 대부분 화장을 하거나 머리 모양을 만지지만 특이한 역할을 맡은 사람은 특수 분장을 하기도 합니다. 분장실에서는 분장사의 현란한 손놀림을 구경할 수 있습니다.

조리실은 드라마나 오락 프로그램에서 출연자들이 음식을 먹는 장면을 찍을 때 필요한 음식을 만드는 곳입니다. 이곳에서는 촬영 내용에 필요한 음식이 무엇인지 미리 점검하고 준비합니다.

5 편집실, 녹음실

녹화가 끝났으면 이제 편집실로 향해야 합니다. 편집실에서는 컴퓨터를 이용해 녹화한 테이프를 자르고 붙여 방송용 테이프로 만듭니다.

그런 다음 녹음실에서는 편집된 프로그램의 소리를 다듬고, 효과 음악을 곁들이는 작업이 이루어집니다.

6 공개홀

관객들이 앉을 수 있는 좌석과 출연자들이 공연하는 무대가 마련되어 있는 곳입니다. 이곳에서는 주로 음악 프로그램이나 개그 프로그램과 같이 관객들의 반응이 필요한 프로그램을 촬영합니다. 극장과 비슷한 곳이라 할 수 있습니다.

13 이 직업을 가진 사람에게 듣는다

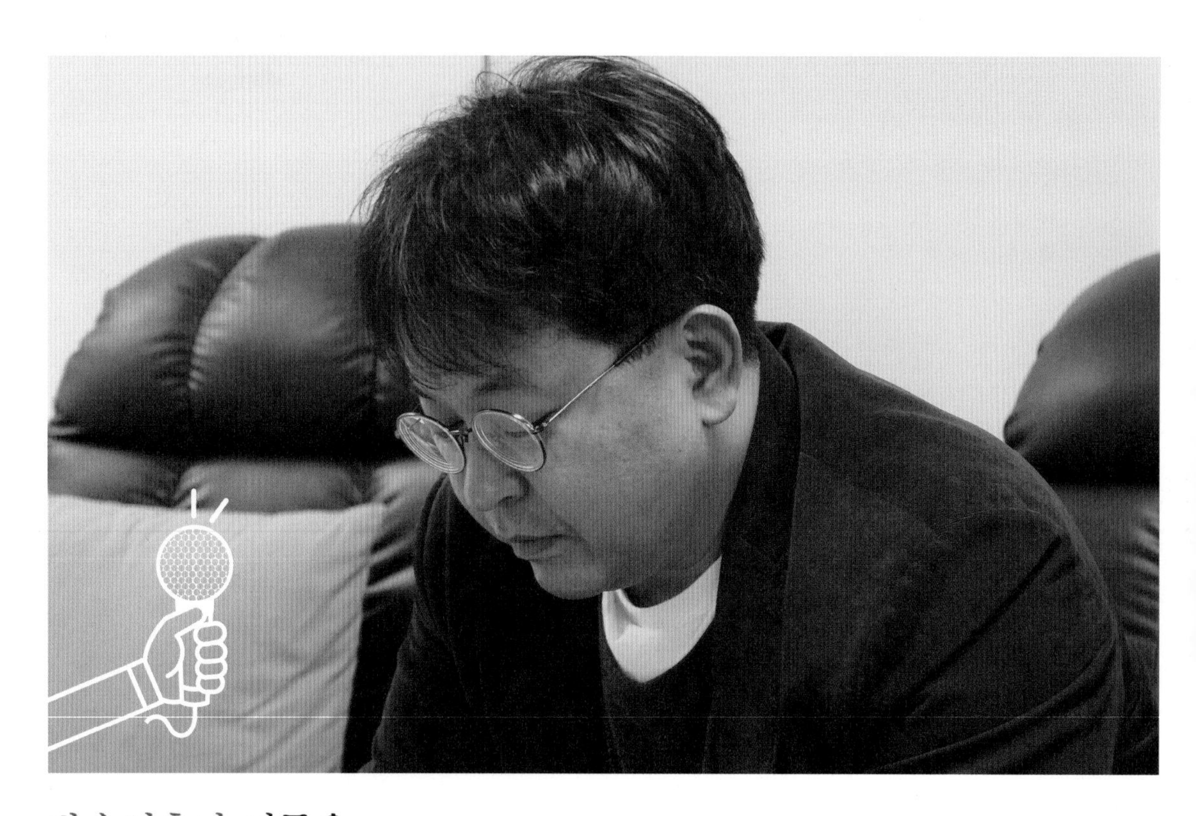

방송연출가 김동운 | (주)MBC 플러스미디어 기획본부팀장

'이산가족 찾기' 프로그램을 보고 PD가 되기로 결심한 소년
시간과의 싸움을 벌이는 방송 현장에서 뛰는 김동운 PD가 말하는
스포츠와 방송의 공통점

Q1 청소년 시절을 어떻게 보냈는지 궁금합니다.

저는 운동과 노는 것을 좋아했고 남들만큼 공부도 열심히 하는 학생이었습니다. 특히 청소년 시절에 운동한 것들이 지금의 일에 도움이 많이 됩니다. 저는 스포츠와 방송 제작이 비슷하다고 생각합니다. 둘 다 관계와 커뮤니케이션이 중요하거든요.

프로그램 제작에는 출연자, 작가, 스태프 등 많은 사람들이 참여합니다. 프로그램을 만들 때 공정한 룰을 따르지 않고, 어떤 사람의 편의만 봐주면 문제가 생깁니다. 스포츠도 마찬가지입니다. 모든 경기는 공정한 룰에 따라 진행되고, 규칙에서 벗어나면 벌칙을 받게 됩니다. 방송 제작은 사람과의 관계가 가장 중요합니다. 상대방을 배려하고 넘지 말아야 할 선을 지켜야 하므로 넓게 봐서 방송과 스포츠는 비슷합니다. 제가 청소년 시절에 익힌 스포츠맨십이 PD 일에 좋은 영향을 줬습니다.

Q2 PD를 선택하게 된 배경이 궁금합니다.

중학교 때 이산가족 찾기 방송을 봤습니다. 어렸을 때지만 새벽까지 보면서 '방송의 힘이 참 멋지다. 방송과 관련된 일을 하면 멋진 일을 할 수 있겠구나.' 하는 생각이 들었습니다. 매력적으로 느껴져서 PD가 되겠다고 결심했습니다. 그때부터 PD가 되기 위한 공부를 따로 하지는 않았지만 항상 마음속에 담고 있었습니다. 그전에는 사업가가 꿈이었거든요.

Q3 방송사에서 PD는 어떻게 뽑나요?

일반적으로 국어, 영어, 상식 시험을 봅니다. 최근에는 서류전형을 통과하고 최종시험에 올라온 사람들을 대상으로 논문시험을 보는 방송사도 있습니다.

면접에서는 면접관들에게 내가 왜 이 방송국의 PD가 되고 싶고, 나의 강점은 무엇인지 강력하게 어필하고, 방송국에 꼭 필요한 사람이라는 믿음을 줘야 합니다. 면접관들은 지원자가 일에 대해 얼마만큼 열정이 있고, 회사에 얼마나 들어오고 싶어 하고, 얼마나 준비를 했는지 파악해서 뽑기 때문입니다.

그런데 요즘은 방송국 시험의 트렌드가 좀 달라졌습니다. 보통 PD를 준비하는 사람들은 공중파 3사 시험을 준비해서 그곳에서 PD를 하는 것이 꿈이었습니다. 하지만 요즘은 워낙 많은 방송국들이 생겼고, 딱딱한 공중파 방송국보다 좀 더 자유로운 분위기의 방송국들이 많아지면서 PD를 준비하는 사람들의 선호도가 달라지고 있습니다.

그래서 PD를 준비하는 사람들은 자기가 원하는 방송국에서 어떤 것을 원하고, 어떤 기준으로 사람을 뽑는지 유심히 살펴보고 그에 맞게 준비해야 합니다. 공중파 방송사는 서류 전형에서부터 최종 면접까지 여러 단계를 거쳐 뽑는데, CJ나 케이블 방송국 등은 서류 전형 후에 바로 면접을 보거나 또는 필기시험을 보는 등 각 회사마다 뽑는 방법이 다릅니다. 이 때문에 방송국에 아는 분이 있다면 직접 물어보거나 따로 정보를 수집하여 준비해야 합니다.

Q4 어떤 프로그램을 만들었고, 어떤 프로그램을 즐겨 보세요?

어렸을 때는 '인간극장' 같은 휴먼 다큐멘터리 프로그램을 만들고 싶었는데, 입사해서 만든 프로그램은 생각과는 달랐습니다. 저는 케이블 TV에서 음악방송과 게임방송을 만들었고, 위성 채널에서 게임 프로그램을 제작하다가 2010년부터는 예능 프로그램을 제작했습니다. 자신이 원하는 일을 하게 되면 좋지만, 그렇게 되는 건 쉽지 않습니다. 하지만 저는 어떤 일이든 방송과 관련된 일을 하고 싶었기 때문에 모두 재미있게 했습니다.

현재 예능 채널에서 근무하기 때문에 〈무한도전〉, 〈삼시세끼〉 같은 예능 프로그램을 즐겨 봅니다. 재미도 있지만, 다른 프로그램은 어떻게 시청자들에게 즐거움을 주는지 공부도 됩니다.

〈무한도전〉은 출연자들이 엉뚱한 도전을 하는 것이 재미있고, 〈삼시세끼〉는 나영석 PD의 전매특허인 낯선 상황을 던져주고 낯선 일에 반응하는 사람들을 호기심 있게 지켜보는 즐거움이 있습니다. 제가 좋아하는 프로그램들은 기본적으로 시청률이 높은 프로그램들입니다. 사람들이 어떤 이유에서 좋아하는지 궁금하거든요.

Q5 출근해서 하루 일과를 말씀해 주세요.

제작 일선에 있을 때는 매주 프로그램을 만들어야 하므로 출근하면 매일 작가들과 제작 회의를 합니다. 회의를 통해 아이템을 정한 후 대본 작업도 하고 소품도 찾습니다. 필요하면 무대도 새로 만들지요. 고정 패널 외에 특별 게스트를 섭외하기 위해 연예소속사의 매니저를 만나기도 합니다. 기존에 하는 프로그램 외에 다음에 어떤 프로그램을 만들지 기획하고 준비하기도 합니다.

Q6 교양, 예능, 드라마 등의 파트는 본인이 지원할 수 있나요? 또 분야마다 갖춰야 할 실력이 다른가요?

공중파 방송국 같은 경우 처음에 뽑을 때 아예 교양, 예능, 드라마 등을 분류해서 뽑지만 케이블 방송국은 좀 다릅니다. 회사마다 다르기 때문에 단정할 수는 없지만 케이블 방송국의 경우는 크게 분류하지 않고 뽑습니다. 입사 후에 원하는 파트에 자리가 나면 지원할 수 있지요. 지원한다고 100% 되는 것은 아니지만, 가능성이 매우 높습니다.

분야가 달라진다고 해도 방송을 만드는 원리나 방식은 비슷하기 때문에 큰 어려움은 없습니다. 물론 차이는 분명히 있지요. 예를 들어 음악 PD로서 잘한다는 칭찬을 듣기 위해서는 조연출로서 긴 시간을 수련해야 합니다. 드라마는 이보다 더 깁니다. 자기 이름을 걸고 방송을 만드는 것을 '입봉'한다고 말하는데, 각 분야별로 트레이닝을 하는 기간에는 차이가 있습니다. 음악 방송은 보통 5~6년이 걸립니다.

Q7 조연출과 연출이 하는 일은 많이 다른가요?

보통 방송 제작에는 연출(PD), 조연출(AD), 연출 보조(FD)가 참여합니다. 연출, 즉 메인 PD는 주로 작가와 회의를 많이 하고 섭외도 하고 방송의 전체적인 틀을 짭니다. 조연출도 회의에 참여하지만 더 현실적인 일을 하게 되지요. 소품, 조명, 세팅 등 프로그램 제작을 위한 사전 준비를 합니다. 녹화 전날 조명감독을 만나서 세팅도 하고, 출연자에게 확인 전화도 하고, 소품을 사오는 일도 합니다. 녹화가 끝난 후엔 편집을 하게 되는데, 방송에 따라 다르지만 보통 메인 PD는 직접 편집하지 않고 검수하는 일을 합니다.

조연출을 거쳐 입봉하는 데 걸리는 기간은 방송 프로그램의 특성에 따라 다릅니다. 교양은 1~2년 안에 입봉하기도 하고, 예능이나 음악은 5년 이상 걸리기도 하고, 드라마는 7~8년 정도가 걸립니다.

이렇게 방송 PD는 도제식으로 선임들 옆에서 배우고 경험이 쌓여서 연출 일을 하게 됩니다. 따라서 어떤 선임을 만나서 어떤 것을 배우느냐에 따라 실력이 달라집니다. 저는 5년 정도의 조연출 기간을 거쳤는데, 좋은 선임들을 만나서 많은 것을 배울 수 있었습니다.

Q8 프로그램 아이디어는 어디에서 얻나요?

아이디어는 일상생활 어디에서나 얻을 수 있습니다. 사람들이 관심 갖는 모든 것이 해당됩니다. 인터넷으로 '핫이슈'를 검색하면 사람들의 관심 분야를 알 수 있고, 명동같이 사람들이 많이 모이는 곳에 나가서 사람들을 관찰하면서 아이디어를 얻기도 합니다. 예를 들어 명동에서 사람들이 케밥에 관심을 보이는 것도 아이디어로 연결될 수 있습니다. 그리고 프로그램이 결정되면 프로그램에 맞게 아이템을 끌고 옵니다.

Q9 프로그램을 만들 때 어디에 중점을 두나요? 또 제작할 때 어떤 점이 어렵나요?

저는 MBC에브리원에서 근무하므로 건강한 즐거움과 감동이 녹아 있는 프로그램을 만드는 데 중점을 둡니다.

방송을 만들 때 가장 힘든 점은 시간과의 싸움입니다. 정해진 시간 안에 프로그램을 만들어야 하는데, 예상치 못한 상황 때문에 녹화나 편집이 지연될 수 있습니다. 방송은 약속이기 때문에 지연되면 회사에도 누를 끼치게 되고, 본인에게도 손해입니다. 정해진 시간 안에 적합한 출연자를 섭외하고 좋은 프로그램을 만들어야 하는 것이 제일 큰 어려움이지만 개인적으로는 재미있습니다.

제작비의 경우에는 지금까지 한 번도 마음대로 써본 적이 없습니다. 하지만 이건 어떤 방송국이든, 아무리 유명한 PD라도 다 비슷합니다. 인기 프로그램의 PD도 부족한 예산 때문에 똑같은 고민을 하는 경우가 많습니다.

Q10 대중과의 소통을 위해 또는 대중의 반응을 알기 위해 어떻게 노력하나요?

홍대나 가로수길처럼 젊은 사람들이 많이 모이는 곳에 가기도 하고, 중고등학교 근처에 가서 학생들을 관찰하거나 대화를 나누어 보기도 합니다. 아니면 스마트폰에 유행하는 어플들을 깔아 참조하기도 합니다.

방송국 내부에서는 피드백이 좀 힘듭니다. 같은 PD들끼리는 서로 조심하고 말을 아끼기 때문입니다. 또 저는 선임 PD이기 때문에 다른 프로그램에 대해 이야기를 해도, 제 프로그램에 대해 이야기해 주는 사람은 거의 없습니다. 서로 자연스럽게 이야기해 주는 것이 좋은데, 이런 점은 아쉽습니다.

저는 홈페이지 게시판이나 인터넷에 관련된 기사의 댓글을 유심히 살펴봅니다. 사람들이 느끼는 것을 파악하여 다음 프로그램에 반영하려고 노력합니다. 요즘은 인터넷상에서 막말이나 심한 말도 많은데, 저는 그런 것에 크게 신경 쓰지는 않습니다. 다만 본의 아니게 다른 사람들에게 실수한 것이나 예의에 벗어난 행동, 혹은 방송에 내보내지 말아야 할 것을 내보내지는 않았는지 등을 유심히 살펴봅니다.

Q11 PD에 적합한 성격이 있을까요?

아무래도 사람과 사회에 대해 호기심이 많은 사람이 PD와 잘 맞습니다. 저는 성격이 급한 편이라서 기다리는 것을 안 좋아하는데, 방송은 시청자의 반응이나 시청률 등 결과가 바로바로 나와서 저와 잘 맞는 것 같습니다.

사실 PD에 적합한 성격이란 없습니다. 누구나 가능성이 있고, 누구나 할 수 있는 일입니다. 낯선 것에 대한 도전을 많이 하고 다양한 경험을 많이 쌓는 것이, 훗날 PD가 되었을 때 프로그램을 풍부하게 만들 수 있는 밑바탕이 되어줍니다. 여행을 많이 하면 PD가 되어 여행 프로그램을 만들 때 도움이 되고, 스키를 잘 배운 친구는 스키에 관련된 방송을 하게 되면 도움을 많이 받을 수 있습니다.

PD는 많은 사람을 만나야 하므로 사람 만나는 것을 일로 느끼거나 스트레스를 받으면 힘들기는 합니다. 사람 만나는 일이 편하고 재미있을 수도 있지만, 부탁하는 상황이 되면 힘들 수도 있고 낯선 사람을 만나는 일 자체에 스트레스를 받을 수도 있거든요. 그러나 스트레스를 받기보다는 즐기려고 노력해야 합니다. 이야기하다 보면 통하는 것도 있기 때문에 너무 두려워하지 않기를 바랍니다. 두려워하면 넓게 볼 수 없어서 경험을 많이 쌓을 수 없습니다. 또 일하다 보면 훈련이 돼서 사람 만나는 것도 점점 자연스러워집니다.

그럼에도 불구하고 사람 만나는 일을 너무 힘들어하는 후배들이 종종 있기는 합니다. 이럴 경우엔 일선 PD가 아니라 사람을 좀 적게 만나는 소규모 일을 할 수 있는 분야를 선택하면 되므로 크게 문제가 되지는 않습니다.

Q12 시청률을 올리기 위해 어떤 노력을 하시나요?

예전에 '세상에 단 하나뿐인 강의'라는 프로그램을 만들었습니다. 한번은 프로그램의 시청률이 너무 낮아서, 대중적으로 유명한 강사의 집에 며칠씩 가서 설득한 적이 있습니다. 결국 프로그램의 강사로 섭외하는 데 성공했지요. 하지만 시청률과 제 만족도가 꼭 일치하는 건 아닙니다. 시청률은 분명 하나의 잣대이지만, 100퍼센트 완벽한 기준이 될 수는 없다고 생각합니다. 시청률이 높아도 제 마음에 안 드는 방송도 있고, 반대의 경우도 있습니다. 참고는 하지만 절대적일 수는 없습니다.

Q13 PD로서 가장 힘들 때와 즐거울 때는 언제인가요?

힘들 때는 시간이나 다른 이유로 원하는 방송을 만들지 못한 때입니다. 출연자나 다른 일정 때문에 녹화를 힘들게 하고, 편집 역시 마음에 들지 않는 상태에서 방송에 내보낼 때 괴롭습니다. 즐거울 때는 불가능해 보이던 일들이 내가 애를 써서 현실화되거나, 황석영 작가처럼 섭외하기 힘든 분을 섭외했을 때 즐겁습니다.

Q14 PD의 매력은 뭘까요?

PD의 매력이라기보다는 방송이 사람과 사회를 바꿀 수 있는 힘이 있다는 것이 매력입니다. 방송에는 좋은 방향이든 나쁜 방향이든 분명 힘이 있거든요. 최근에는 인터넷이나 SNS를 통해서 시청자들의 즉각적인 반응을 알 수 있고, 시청자들과 교감할 수 있습니다. 예전에 〈무한도전〉에서 아이돌을 출연시켜 우리나라 역사와 관련한 문제를 풀게 한 것은 단순히 오락을 위해서가 아니었다고 생각합니다. PD의 마음속에는 역사를 너무 모르고 대수롭지 않게 여기는 사회에 대해 경종을 울리고 싶다는 생각이 있었을 것입니다. 이렇게 방송은 미약하나마 세상을 바꿀 수 있는 힘이 있기 때문에 매력적이라고 생각합니다.

Q15 PD를 꿈꾸는 청소년들이 어떤 경험을 쌓으면 좋을까요?

정신적인 경험과 육체적인 경험 모두 쌓기를 권합니다. 축구, 배구, 농구 등의 운동을 통해서 육체적인 경험을 쌓고, 음악 감상이나 독서 등 정신적 경험을 쌓을 것을 권장합니다. 또 낯선 일에 대한 도전을 겁내지 않고 여러 가지 일을 해보는 것도 도움이 됩니다. 위험하거나 법에 저촉되는 일을 말하는 게 아니라, 사회에서 허용된 일은 가능하면 많이 해 보는 것이 좋습니다. 신문 배달을 하거나 편의점이나 공장에서 아르바이트 등을 해 보는 것도 도움이 됩니다.

Q16 PD를 꿈꾸는 청소년들에게 조언 한마디 해주세요.

다양한 친구를 사귀고, 주변 사람들과 좋은 관계를 맺는 것이 중요합니다. PD라는 직업은 사람과 사회에 대한 따뜻한 애정이 없으면 오래 하기 힘든 직업입니다. 따라서 어렸을 때 가족을 포함한 주위 사람들과 좋은 관계를 맺도록 노력하길 바랍니다.

또 호기심을 키워 나가길 바랍니다. 사물이나 사람들 주변의 것들을 관찰하는 능력도 좋은 덕목 중 하나입니다. '저 사람은 왜 저렇게 말할까?' 또는 '저 동물은 왜 저런 행동을 할까?' 생각해 보는 것도 많은 도움이 됩니다.

10,200
2,900
620
A
건축가
예술형

Program directer

ARCHITECT

Musician

Writer

Comics Artist

ARCHITECT

건축가(예술형)

사람들은 언제나 새롭고 개성 있는 건축물을 원합니다. 집이든 공공건물이든 더욱 아름답고 편리한 건축물을 짓고 싶어 하지요. 그래서 자신만의 독특한 감성과 철학을 담아 세상에 하나뿐인 건축물을 지으려는 건축가의 노력은 계속되고 있습니다. 또한 건축물은 외관의 아름다움도 중요하지만 완공된 건물에서 생활하는 사람들이 편안하고 능률적으로 일할 수 있도록 설계해야 합니다. 그리고 안전하게 지어야 합니다. 그러므로 건축가는 여러 사람과 협력해야 할 부분이 많습니다.

01 건축가 이야기

1 건축가란?

건축가는 우리가 생활하는 집, 학교, 병원, 극장, 지하철역, 공항 등 수많은 종류의 건축물을 어떻게 지을지 구상해서 이를 설계하고 짓는 일을 합니다. 또 중요한 사건이나 특정 인물을 기념하기 위한 기념관이나 기념물을 세우기도 하지요. 이러한 건축물의 수준에 따라 한 도시의 아름다움이 결정되므로 건축가의 역할은 매우 중요합니다.

또한 건축가는 안전한 건물을 지어야 합니다. 특히 초고층 빌딩을 지을 때는 위에서부터 내리누르는 무거운 무게와 압력에 견딜 수 있게 설계해야 하고 그에 맞는 재료를 사용해야 합니다. 강한 바람과 지진이 자주 발생하는 지역에서는 이러한 요소를 고려하여 어떤 상황에도 끄떡없도록 지어야 합니다.

그리고 건물을 설계하는 모든 과정에서 건축주와 긴밀한 협의를 합니다. 건축주가 요구하는 것이 무엇인지 잘 듣고 그것을 충족시키는 최선의 방법이 무엇인지 결정한 후에 거기에 맞는 합당한 비용에 대해 조언을 합니다. 또한 건물이 완성되었을 때 어떤 모양이 될지 미리 보여주는 도면과 모형을 제작합니다. 그러고 나서 실제로 건물의 각 부분을 맡아 일을 하는 수많은 건설업자들과 함께 작업을 합니다.

2 건축가가 되려면

건축물은 예술과 과학이 접목된 종합예술이라고 할 수 있습니다. 따라서 건축 설계를 하려면 미적 감각과 과학적 사고력, 창의력이 필요합니다.

다른 직업에 비해 특히 건축가에게 필요한 것은 공간 지각력입니다. 건축가는 건물 외관뿐 아니라 건물 안의 공간을 효율적으로 구성해야 하는데, 이를 위해서는 공간 활용과 시설물 배치에 대한 이미지를 머릿속에 그리고 표현할 수 있는 공간 지각력이 반드시 필요합니다.

또한 자신만의 독특한 생각으로 건물을 디자인하는 창의력도 매우 중요합니다. 창의력은 타고난 것도 있지만 많이 보고, 경험하고, 다양한 책을 많이 읽다 보면 생겨납니다.

하나의 건축물이 완성되기 위해서는 건축가뿐만 아니라 많은 사람들의 노력이 필요합니다. 건축가는 그 중심에서 공사 기술자와 인부들에게 작업을 지시하고 그들의 협조와 도움을 받아야 하기에 리더십이 요구됩니다. 그러자면 공사 현장을 자주 방문하여 일하는 사람들과 대화하고 소통할 수 있어야 합니다.

어떤 건축물이든 완공하려면 많은 비용과 노력이 들어갑니다. 따라서 건축가는 강한 책임감을 갖고 일해야 합니다. 혹시라도 공사가 잘못되어 중단되면 건축주뿐만 아니라 공사장에서 일하던 사람들도 일한 대가를 받지 못해 곤란해질 수 있습니다. 그러므로 건축가는 설계부터 완성까지 책임감을 갖고 작업에 임해야 합니다.

Tip

흔히 건축을 예술이라고도 하지만 건축가는 혼자서 작업을 하는 작가나 화가, 음악가와 달리 여러 사람과 협력해야 할 부분이 많습니다. 건축가는 자기 소유의 건축물을 지을 때를 제외하고는 건물을 지어 달라고 부탁하는 사람, 즉 건축주(클라이언트)의 요구에 맞춰서 일을 해야 합니다. 건축주의 바람과 요구를 들은 다음 그것을 건축물에 반영하기 때문에 건축물의 예술성은 건축주의 요구가 수용된 다음에 생각할 수 있습니다.

3 건축가가 되는 과정

건축가가 되려면 고등학교에 진학할 때 특목고인 과학 고등학교에 입학하거나 일반고나 자사고에 입학했을 경우에는 이과 계열로 진학해야 합니다. 이과 계열에서는 수학과 과학탐구를 위주로 공부합니다.

대학교는 건축학과나 건축공학과에 입학해야 합니다. 건축학과는 4년제인 다른 학과와 달리 5년 과정입니다. 건축학과에서는 건축설계, 건축과 사회, 건축조경, 건축미학, 건축설비, 도시계획 등 건축과 관련한 과목과 예술, 과학, 공학 등 다양한 학문을 배웁니다. 또한 설계 활동을 통하여 기능적이고 아름다운 건축물을 창작하는 능력도 키웁니다.

졸업 후에는 건축사 사무소에서 건축사보로 경력을 쌓습니다. 건축사보는 건축사의 업무를 보조하는 사람입니다. 건축사보로 일을 하면서 건축사 예비시험에 합격하고, 회사에서 5년 이상 실무 경력을 쌓으면 국토교통부에서 시행하는 건축사 자격시험을 볼 수 있습니다. 건축사 자격시험에 합격하면 건축사 사무소를 열 수 있고, 취업을 하더라도 이전보다 훨씬 좋은 조건에서 일할 수 있습니다.

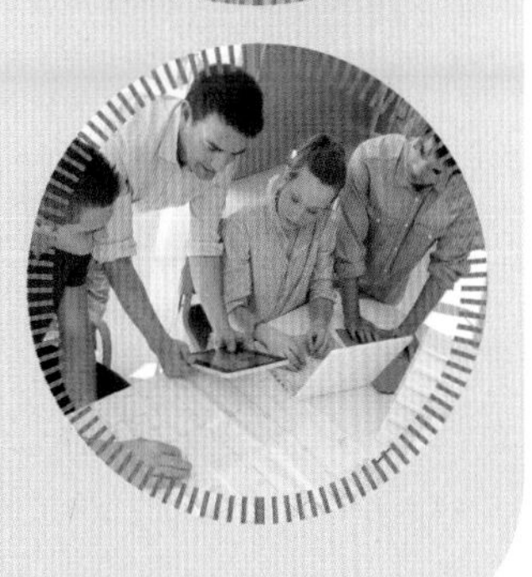

4 건축사 사무소

건축사 자격증을 딴 후에는 많은 사람들이 건축사 사무소 개업을 생각합니다. 건축사 사무소는 건축가가 자신의 이름을 걸고 사무실을 열어 고객의 의뢰를 받은 건축물을 설계하거나 공사가 잘 되었는지 감독하고 관리하는 업무를 하는 곳입니다. 건축사 사무소에서는 설계 업무 외에도 경영 및 인사 관리, 건축 허가 대행, 건축 기술에 대한 상담과 자문 등의 업무도 하게 됩니다. 따라서 건축가로서의 실력도 중요하지만 경영 마인드를 제대로 갖춰야 합니다. 대학에서 건축학 외에도 경영학 등을 함께 공부해서 미리미리 준비해 두는 것이 유리합니다.

5 직업 전망

최근에는 건축사 사무소 간의 경쟁이 치열해지면서 건축사 자격을 취득하더라도 건축사 사무소를 곧바로 개설하지 않고, 경력과 경영 능력을 더 키운 후에 사무소를 개설하는 경우가 많습니다.

또한 건축업은 경기가 좋고 나쁨에 따라 기복이 심하기 때문에 경력 및 실적 관리를 어떻게 할 것인지 고민하고, 나름대로의 장점을 제대로 살려 나가야 성공할 수 있습니다.

02 하나의 건축물이 완공되는 과정

하나의 건축물이 완공되려면 건축가뿐만 아니라 전기, 수도, 가스, 조경 전문가 등 수많은 사람들이 몇 달, 또는 몇 년 동안 서로 협력하며 일을 해야 합니다. 건축가는 건축물의 설계부터 완공까지 모든 과정에 참여하며, 각 분야의 담당자들과 협의하여 작업을 이끌어 갑니다.

지금부터 하나의 건축물이 완공되기까지 어떤 과정을 거쳐야 하는지 살펴봅시다.

1 건축주와의 만남

건축가가 집이나 건물 등을 짓기 위한 첫 과정은 건축물을 지어 달라고 일을 맡기는 건축주(클라이언트)를 만나는 일부터 시작합니다. 건축가는 건축주가 어떤 용도나 목적을 위해 건물을 지으려고 하는지 세심하게 들어야 합니다. 그런 다음 건축물이 들어설 땅을 답사하여 사진을 찍고, 주변의 상황을 분석합니다. 그리고 건축물이 들어설 땅과 고객의 요구 등을 고려해 건물의 크기와 디자인, 비용 등 기본 방향을 정합니다.

2 설계도 작성

기본 방향이 정해졌다면 이제 기본 설계도를 작성할 차례입니다. 설계도를 작성할 때는 건축주가 원하는 건물이 어떠한 것인지 염두에 두어야 하고, 아름다움, 경제성, 안정성, 기능성 등을 모두 고려해야 합니다. 만약 집을 짓는다면 방을 몇 개 만들지, 거실은 얼마나 크게 할지, 부엌과 화장실은 어디에 둘지 등을 판단해야 합니다. 그리고 전기와 수도, 가스 등 생활에 꼭 필요한 시설들의 배치도 생각해야 합니다.

대형 건축물인 경우엔 혼자서 하지 않고 팀을 이루어 기본 설계를 하고 건물 축소 모형도 제작합니다. 최근에는 손으로 직접 그리기보다는 컴퓨터 설계 프로그램(CAD)을 이용해서 머릿속으로 구상한 건축물을 3차원 영상으로 만들어 봅니다. 예를 들어 주택 설계도를 그릴 때 캐드

Tip

건축물의 설계 기간은 건물 규모에 따라 짧게는 한 달, 길게는 몇 년이 소요되는데, 건축주가 만족할 때까지 여러 차례 수정이 필요할 수도 있습니다. 건축주의 요청이 끝없이 이어지는 듯해도 반드시 거쳐야 할 과정이니 성실하게 의논하고 판단해 나가야 합니다. 그리고 건축주가 오케이 하면 드디어 실제 공사에 들어갈 수 있습니다.

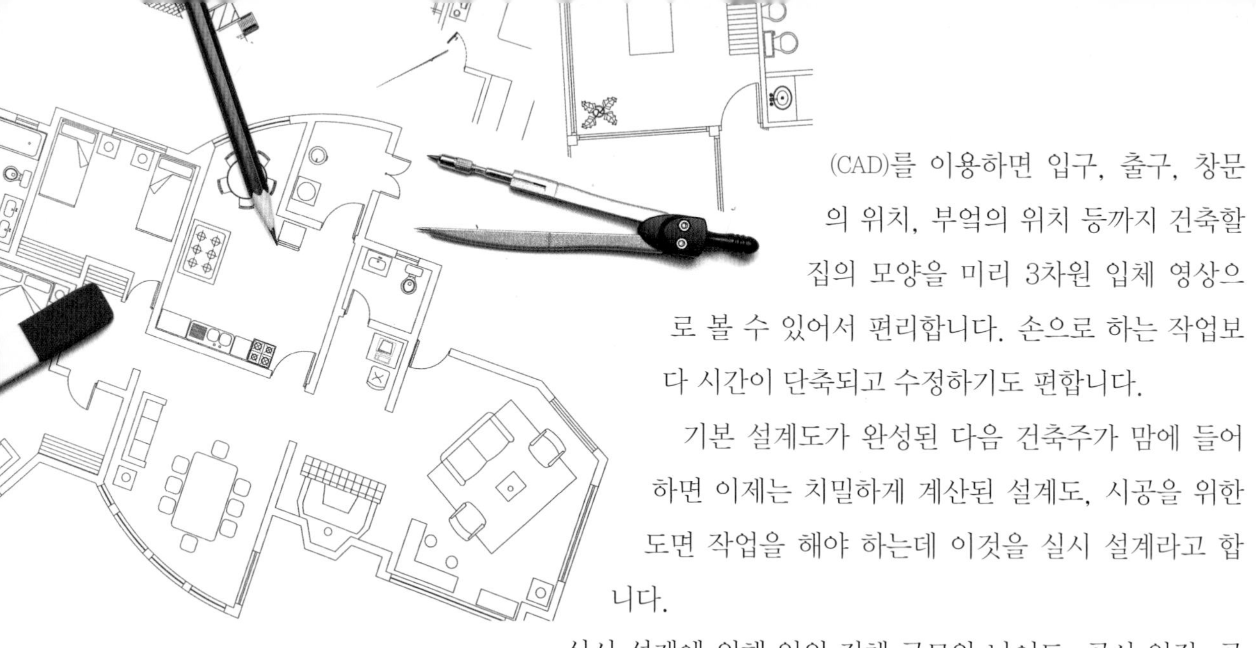

(CAD)를 이용하면 입구, 출구, 창문의 위치, 부엌의 위치 등까지 건축할 집의 모양을 미리 3차원 입체 영상으로 볼 수 있어서 편리합니다. 손으로 하는 작업보다 시간이 단축되고 수정하기도 편합니다.

기본 설계도가 완성된 다음 건축주가 맘에 들어 하면 이제는 치밀하게 계산된 설계도, 시공을 위한 도면 작업을 해야 하는데 이것을 실시 설계라고 합니다.

실시 설계에 의해 일의 전체 규모와 난이도, 공사 일정, 공사비 등을 감안해 전체 일정을 잡고, 이 과정에서 기계, 조경, 토목, 전기, 구조 등의 전문가를 섭외하여 함께 일을 해 나갈 수 있도록 합니다.

3 건축물 시공

건축물을 짓기 전에 설계를 통해 나온 건물 도면이 구조적으로 안전한지 구조 계산을 통해 확인해야 합니다. 그런 다음 관청의 허락을 받고 시공 업체와 함께 공사를 시작합니다.

공사를 시작하기 전에 건축가는 공사의 방법과 건설 자재는 물론 공사에 참여하는 인부의 숫자까지 파악하고 있어야 합니다. 건축물이 지어지고 있는 동안에도 건축가는 현장 기술자들이 설계도에 맞게 잘 짓고 있는지 수시로 방문해서 감독해야 하며, 설계 내용이 건물을 짓는 과정에 정확히 반영되는지 확인하며, 필요한 조언을 하고 기술을 지도합니다. 전기 · 수도 · 난방 등의 기술자와 조경 기술자 등 다양한 전문가와 의논하고 협력해야 합니다. 이때 공사장에서 일하는 사람들과 가깝게 지내며 서로 편하게 대화할 수 있다면 일이 훨씬 수월합니다.

시간이 오래 걸리는 대형 공사에는 보통 환경, 안전, 품질 등 각 분야의 전문가들이 함께 일을 합니다. 이렇게 해서 고객과 약속한 시간 안에 건물이 완공되면 비로소 건축가의 일이 끝납니다.

Tip

공사 기간 중에 공사장 근처에 사는 사람들에게 피해가 가지 않도록 공사 현장을 관리하는 것도 건축가의 역할 중 하나입니다. 공사가 시작되면 소음이나 먼지 때문에 주민들의 불만이 생길 수 있습니다.

03 역사, 책, 영화 속에서 만나는 건축가

1 건축의 역사

초기의 인류는 동굴이나 바위 그늘 같은 곳을 주거지로 이용하다가 점차 자연 재료를 이용한 건축물을 만들기 시작했습니다. 구석기 시대의 막집이나 신석기 시대의 움집은 나무와 풀을 묶어서 만든 형태로 지붕과 벽의 구분이 없었습니다. 하지만 이런 집도 당시 사람들에게는 아늑한 보금자리였을 것입니다.

그러나 오늘날의 관점에서 바라보는 건축물, 즉 신전, 목욕탕, 왕궁 등 뚜렷한 목적을 지니고 수레, 도르래 등 기계 설비를 이용하여 대규모 건축물을 만드는 현대적 의미의 건축은 청동기 시대에 이르러 시작되었습니다. 현재 남아 있는 세계에서 가장 오래된 건축물은 지중해 몰타의 하가르 킴입니다. 하가르 킴은 기원전 3,800년경 청동기 시대의 유적으로, 거대한 돌로 만든 신전입니다.

오른쪽은 그리스 수도 아테네에 있는 파르테논 신전입니다.

▲ 파르테논 신전
지혜와 전쟁의 여신 아테나를 모신 신전으로 그리스 수도 아테네의 아크로폴리스 언덕에 있다. 곡선을 이용한 치밀한 설계와 뛰어난 조각품은 고대 건축물 중 최고로 뽑히며, 전체적으로 중후한 도리스 양식을 사용하고 있지만 부분적으로 우아한 이오니아 양식을 도입하고 있다. 8개의 원주로 이루어진 직사각형 건물인 이 신전은 아크로폴리스 여러 신전 중의 최대 규모로 동쪽으로 전실과 본전을, 서쪽 후실에 보물 창고를 두었다. 신전의 각 부분이 정확한 비율을 이루고 있어 세계에서 가장 균형 잡힌 건축물로 평가된다.

우리나라의 경우 계급에 따라 집의 크기도 다르고, 집을 짓는 재료도 달랐습니다.

평민들이 사는 집은 크기가 작고 지붕을 짚으로 이는 초가집이었고, 양반들은 집의 규모

▲노트르담 성당

가 크고 지붕을 기와로 이은 기와집에서 살았습니다.

서양의 건축은 성과 성당(교회) 건축이 중요시되었는데 주로 돌과 벽돌을 재료로 사용했습니다. 그리고 서민들이 사는 주택은 나무와 벽돌을 이용해 지었습니다. 서양의 건축은 18세기 산업혁명 이후 큰 변화를 겪게 되었습니다. 강철이나 철로 만든 높은 건물을 짓기 시작했고, 콘크리트가 보편적인 건축 재료가 되었습니다. 또한 기존의 건축물이었던 성, 성당, 주택 외에도 공장, 전시장 같은 새로운 건축물을 짓게 되었지요. 그 결과 오늘날 현대의 건축가들은 아주 다양한 건축 공법, 건축 재료, 건축 양식을 선택할 수 있게 되었습니다.

2 관련 책

1) 〈김석철의 세계건축기행〉 김석철 지음. 창비. 2000

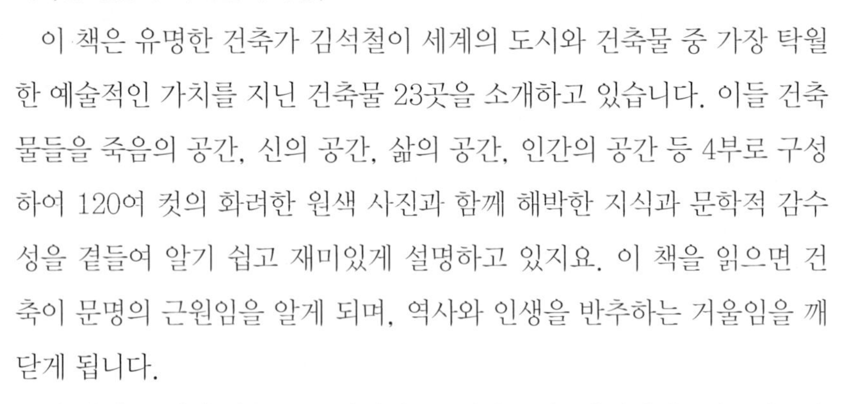

이 책은 유명한 건축가 김석철이 세계의 도시와 건축물 중 가장 탁월한 예술적인 가치를 지닌 건축물 23곳을 소개하고 있습니다. 이들 건축물들을 죽음의 공간, 신의 공간, 삶의 공간, 인간의 공간 등 4부로 구성하여 120여 컷의 화려한 원색 사진과 함께 해박한 지식과 문학적 감수성을 곁들여 알기 쉽고 재미있게 설명하고 있지요. 이 책을 읽으면 건축이 문명의 근원임을 알게 되며, 역사와 인생을 반추하는 거울임을 깨닫게 됩니다.

이 책에 소개된 건축물은 피라미드, 까따꼼베, 타지마할, 떼오띠우아깐, 싼 까딸도 묘지, 아끄로뽈리스, 빤테온, 이세 신궁, 성묘 교회, 아야 쏘피아, 반석위의 돔, 천단, 성 바씰리 사원, 포로 로마노, 가르 다리, 싼 마르꼬 광장, 한 알 할릴리, 구겐하임 미술관, 메가리데 성, 자금성, 싼 지미냐노, 싼도리니, 유니뜨 다비따씨옹 등입니다.

세계적인 건축물의 사진과 더불어 알기 쉽고 친절한 설명을 접하다 보면 건축에 대한 새로운 사실을 많이 알게 되고, 건축가라는 직업에 대한 호기심도 키울 수 있을 것입니다.

2) 〈행복의 건축〉 알랭 드 보통 지음. 청미래. 2011

이 책은 국제적인 베스트셀러 저자인 알랭 드 보통이 바라본 건축 이

야기를 담고 있습니다. '장소가 달라지면 나쁜 쪽이든 좋은 쪽이든 사람도 달라진다.'는 가치관을 바탕으로, 건물의 재료나 형태, 색채를 사람들 사이의 우정, 친절, 섬세함, 힘 등의 긍정적 특징과 관련지어 설명하고 있습니다. 언제나 가까이에 있어서 가끔 잊고 사는 건축의 일상성에 대해 발견함으로써 건축을 우리가 즐겁게 향유하고 감상하는 예술작품의 위치로 끌어당겨 줍니다.

이 책에서 알랭 드 보통은 건축이 나름의 방식으로 우리의 행복에 기여하고 있으며, 영향을 끼치고 있다는 것을 얘기합니다. 건축물에서 '이야기'와 '미덕'을 끌어내어 설명함으로써, 딱딱하고 생동감 없게 느껴지던 건축에 인간적 활기와 친화력을 불어넣었습니다. 건축은 실용적이면서도 예술적이라는 독특한 위치로 말미암아 건축을 이야기하는 것은 행복과 외부 세계와의 관계에 대해 새롭게 살펴보는 기회가 되기도 합니다.

이 책의 내용이 청소년들에게는 조금 어렵게 느껴질 수 있을 것입니다. 그렇지만 건축가가 좋은 건축물을 만들어 인간의 행복에 기여할 수 있다는 자부심을 가지고 있다면, 그것으로 인해 마을 전체를, 더 나아가 도시 전체도 변화시킬 수 있다는 것을 느끼게 해주는 책입니다.

3) 〈건축의 세계〉 조나단 글랜시 지음. 21세기북스. 2009

건축은 인류의 발자취가 남긴 상징물입니다. 이 책은 건축이라는 주제를 통해 동서고금의 방대한 역사와 문화를 깊이 있게 통찰하고 있습니다. 고대인들의 삶을 보여주는 지구라트에서 출발해 문명의 꽃을 피우며 강력한 국가를 탄생시킨 이집트의 피라미드를 거쳐 그리스와 로마, 중세 그리고 근대와 최첨단 시스템인 공항과 현대적인 건축물 등 5,000년 인류 역사의 건축 설계와 건축 양식, 건축물들을 소개하고 있습니다.

그 범위 또한 서양 세계의 건축물로부터 중동, 인도, 중국, 한국, 일본의 위대한 건축물을 답사하듯 엿볼 수 있어 세계 곳곳을 여행하듯 책을 읽을 수 있습니다. 더불어 건축물이 만들어지기까지 어떤 재료와 기술이 동원되었는지, 각 건축 양식의 주요 요소와 장식적 특징도 살펴볼

수 있습니다. 고대부터 현대에 이르는 전 시대라는 날실을 주축으로 유럽, 아시아, 아메리카에 이르는 전 세계라는 씨실을 빠짐없이 끼워 넣은 것이지요. 씨실과 날실이 촘촘히 교차해 하나의 직물을 완성하듯 건축을 매개로 전 시대, 전 세계 인류의 역사와 문화를 충실히 담아내고 있습니다.

특히 이 책에서 재미있는 부분은 현대 건축 편입니다. 과학의 발전과 함께 시작된 건축 재료의 비약적 발전, 가우디나 코르뷔지에 등 위대한 건축가의 탄생, 포스트모더니즘을 비롯한 다양한 건축 양식이 화려하게 꽃피운 사건 등이 거침없이 펼쳐집니다. 그 어떤 책에서도 쉽게 볼 수 없는 흥미로운 건축의 세계가 이 책 한 권에 모두 담겨 있으니 청소년들에게 많은 도움이 될 것입니다.

3 관련 영화

1) 〈건축학 개론〉

2012년 우리나라에서 개봉된 영화로 1990년대를 배경으로 한 20대 초반의 순수한 청춘남녀의 사랑을 담고 있습니다.

생기 넘치지만 숫기 없던 스무 살, 건축학과 승민은 '건축학개론' 수업에서 처음 만난 음대생 서연에게 반하게 됩니다. 함께 숙제를 하게 되면서 차츰 마음을 열고 친해지지만, 자신의 마음을 표현하는 데 서툰 순진한 승민은 입 밖에 낼 수 없었던 고백을 마음속에 품은 채 작은 오해로 인해 서연과 멀어지게 됩니다.

그렇게 각자의 삶을 살아가던 두 사람은 15년 만에 다시 만나게 됩니다. 서른다섯 살의 건축가가 된 승민 앞에 서연이 불쑥 나타나 자신을 위한 집을 설계해 달라고 부탁하지요. 서연은 남편과 이혼하고 위자료로 받은 돈으로 제주도에 집을 지어 달라고 하고, 승민은 자신의 이름을 건 첫 작품으로 서연의 집을 짓게 됩니다. 함께 집을 완성해 가는 동안 어쩌면 사랑이었을지 모를 그때의 기억이 되살아나 두 사람 사이에 새로운 감정이 쌓이기 시작합니다. 하지만 승민에게는 이미 함께 유학을 떠나기로 한 약혼녀가 있습니다. 결국 서연의 집이 완성됨과 동시에 두 사람은 이별을 고하고 다시 각자의 길로 향해 갑니다.

이 영화는 누적 관객 수 321만 명을 동원하며 우리나라 멜로 영화 역대 흥행 1위를 차지했으며, '과거 서연' 역으로 출연했던 수지는 백상예술대상에서 여자 신인상을 수상했습니다.

이 영화에 전람회의 '기억의 습작', 공일오비의 '신인류의 사랑', 마로니에의 '칵테일 사랑' 등이 배경음악으로 나오고 삐삐, 무스, CD 플레이어 등이 나오는데, 이는 1990년대를 추억하는 기성세대의 감성을 자극하여 영화의 흥행에 큰 기여를 했다고 합니다.

2) 〈레이크 하우스〉

2006년 미국에서 제작된 영화로 우리나라 영화 〈시월애〉를 리메이크한 작품입니다.

2006년 겨울 아침, 호수 위의 집에 살던 의사 케이트 포레스터는 시카고의 병원 생활을 위해 집을 떠나야 하는 것이 못내 아쉽습니다. 다음 세입자에게 자기 앞으로 오는 우편물을 챙겨달라는 것과 현관 앞의 강아지 발자국은 이사오기 전부터 있었다는 설명을 적어 우편함에 넣습니다.

뒤이어 호수 위의 집으로 오게 된 건축가 알렉스 와일러는 케이트의 편지와는 달리 오랫동안 사람이 살지 않아 잡풀이 무성하고, 강아지 발자국은 어디를 찾아봐도 보이지 않아 당황합니다. 그런데 며칠 후, 페인트칠을 하고 있을 때 집 잃은 강아지가 현관을 밟고 지나가 그 자리에 발자국이 남자 알렉스는 우편함으로 주고받은 편지를 통해 케이트가 2004년에 살고 있는 자신과 2년이나 떨어진 시간에 있음을 알게 됩니다. 어느 새 서로에게 특별한 감정을 느끼게 된 그들은 다른 시간의 차이를 극복해 보기로 합니다.

이 영화에서는 건축가로 나오는 남자 주인공의 생활이 잘 묘사되어 있어서 건축가를 꿈꾸는 청소년들이 보면 건축가의 생활을 미리 엿볼 수 있을 것입니다.

3) 〈말하는 건축가〉

건축가 정기용이 대장암 판정을 받은 후 자신의 생활을 그린 내용을 다큐멘터리로 만든 것입니다. 정기용은 투병 생활을 하면서도 건축 세계를 담은 일민미술관 전시회를 준비하고 후배들을 양성하면서 여전히 바쁘게 시간을 보냅니다. 그리고 무주 공공 프로젝트, 기적의 도서관 등 나눔의 미덕을 실천합니다.

정기용이 할머니들에게 어떤 건물을 지어드리면 좋겠냐고 묻자 할머니들은 목욕탕이 있었으면 좋겠다고 이야기하고, 정기용은 그 말에 화답하여 할머니들에게 꼭 필요한 목욕탕을 지어 드립니다. 그리고 그 목욕탕에 가서 직접 목욕을 해 보이는 등 인간적이고 소박한 모습을 보입니다.

정기용은 마지막까지 사람과 자연을 향하는 건축을 알리고자 하지만 시간은 얼마 남지 않았습니다. 이 다큐멘터리에는 지금은 고인이 된 정기용의 마지막 감동의 여정이 펼쳐져 있어서 진정한 건축가의 모습이란 어떤 것인지 깨닫게 해 줍니다.

04 건축가는 무슨 일을 할까?

Tip

공학계의 예술 분야라고 할 수 있는 건축가들의 일상은 정답이 없는 창작의 분야이기 때문에 야근을 하거나 밤을 새는 경우가 허다합니다. 그래도 건축가들은 일에 한 번 빠지면 몰입하기 때문에 힘든 줄도 모릅니다.

1 건축가의 하루

건축가는 정해진 하루 일과가 없는 편입니다. 건축가의 일상은 개인의 능력과 속해 있는 조직에 따라 많이 다를 수 있습니다. 취업 후 5년간은 여러 상황을 겪으며 다양한 경험을 쌓는 데 주력해야 하고, 건축사 자격증을 따면 비로소 자신만의 세계를 펼쳐 갈 수 있습니다.

대부분의 건축가들은 건축사 사무소에서 일하고 있는데, 건축사 사무소에는 건축사를 중심으로 직원인 건축기사, 사무원 등이 일합니다. 건축기사는 건축사의 업무를 보조하는 전문가를 말합니다. 건축사 사무소를 운영하는 경우에는 설계 업무 외에 경영 및 인사 관리, 사업 수주, 건축 허가 대행, 건축 기술 자문 등의 업무를 수행합니다.

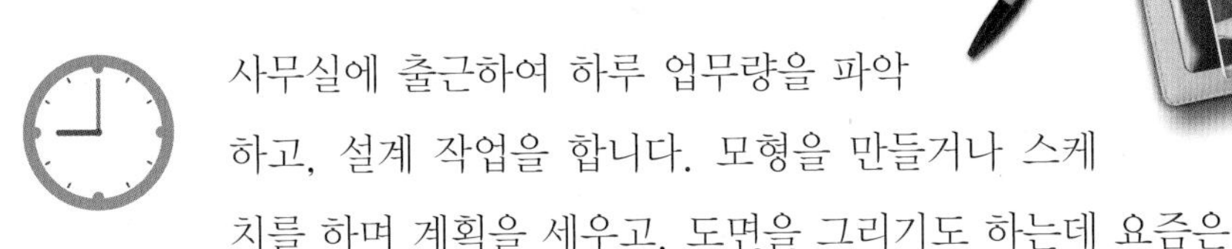

사무실에 출근하여 하루 업무량을 파악하고, 설계 작업을 합니다. 모형을 만들거나 스케치를 하며 계획을 세우고, 도면을 그리기도 하는데 요즘은 컴퓨터를 많이 이용합니다. 설계 작업은 건축사의 업무 중 가장 중요하면서도 많은 시간을 필요로 하는 과정입니다.

점심시간에는 특별한 일이 없으면 직원들과 함께 식사를 하고, 건물 공사를 맡겨 준 건축주와 약속을 잡기도 합니다.

건축주와는 의뢰를 받은 날로부터 수시로 만나 의논을 해야 합니다. 건축주에게 도면이나 축소 모형을 보여 주면서 설명을 하고, 맘에 들어 하지 않으면 만족할 때까지 여러 차례 수정을 합니다. 그리고 공사비와 건축 기간 등을 산정하여 의논하기도 합니다. 이렇게 공사비와 건축 기간을 미리 산정해 놓음으로써 좀 더 합리적이고 경제적으로 건축물을 지을 수 있습니다. 이 과정에서 건축주의 요구를 수용하기도 하고, 때로는 설득하기도 하면서 서로의 생각을 맞춰 나갑니다.

건축주가 오케이하여 설계도가 결정되었다면 건축물을 지을 때 필요한 기계, 조경, 토목, 전기, 소방 등의 협력업체의 담당자들에게 연락을 해서 만날 약속을 잡습니다. 공사 담당자들과는 기술적인 부분을 많이 논의하는데, 이들과 긴밀한 협조가 이루어져야 합니다.

건축주나 협력업체 사람들과 저녁식사 약속을 잡아 식사를 함께 하거나 때로는 모임을 마련하여 친분을 쌓습니다. 아니면 컨디션이 좋지 않거나 개인적인 약속이 있으면 일찍 퇴근을 합니다. 그러나 특별한 약속이 없으면 대체로 일이 많은 편이기 때문에 사무실에 남아 일을 합니다.

Tip

바쁘게 생활하다 보면 건축 분야에서 인정받을 기회가 많아지고, 인정을 받아 유명해지면 자신의 이름을 건 독특하고 아름다운 건축물을 세울 기회가 늘어납니다.

드디어 공사가 시작되면 공사 현장 담당자들이 설계도에 맞게 잘 짓고 있는지 현장을 방문해서 감독하고 조언을 합니다. 그리고 현장 기술자들과 함께 건설, 수도, 가스, 전기, 조경 등의 세심한 부분을 의논하여 하나하나 해결해 나갑니다. 그리고 공사 현장의 안전, 환경, 건축물의 품질, 공사를 위한 재료나 인력 등도 관리, 감독합니다.

규모가 있는 건축사 사무소의 경우 한 가지 건축물만 맡아서 하는 것이 아니라 여러 가지 프로젝트를 동시에 진행합니다. 즉 건축주를 처음 만나는 과정에 있기도 하고, 설계도를 만드는 과정에 있는 건축물도 있습니다. 또 어떤 건축물은 건물 공사가 진행되고 있기도 하고요. 이런 식으로 여러 프로젝트를 동시에 진행하고 있는 경우 건축가의 하루하루는 더욱 바빠집니다.

05 건축가가 되기 위해 필요한 능력

1 창의력과 상상력

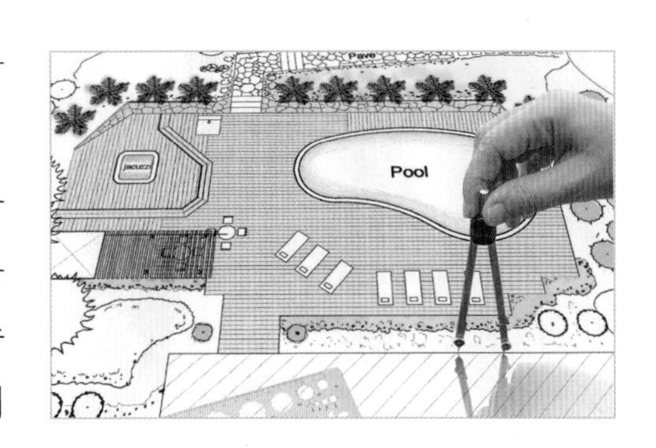

모든 건축가들의 꿈은 자신의 이름을 걸고 아름답고 독창적인 건축물을 만들어 건축 예술가로서 인정받는 것입니다. 그러자면 무엇보다 독창적인 사고를 할 수 있는 창의력이 필요합니다. 창의력은 타고나는 부분도 있지만 다양한 경험과 독서를 통해 강화될 수 있습니다. 또한 익숙한 것에 안주하기보다는 계속 새로운 생각을 하도록 노력하는 가운데 생깁니다.

그리고 건축가는 건축물을 설계할 때 그곳에서 생활하는 사람들의 모습을 상상하면서 작업을 해야 합니다. 예를 들어 주택을 의뢰받았다면 그곳에서 생활할 가족 구성원은 어떻게 되고, 그 가족들이 미래에 어떻게 지낼지 예측하고 상상하며 일을 하는 것이지요.

2 공간 지각 능력

건축가는 건물의 겉모습을 보기 좋게 만들 뿐 아니라 건물 안의 공간을 효율적으로 구성할 수 있어야 합니다. 이를 위해서는 공간 활용과 시설물 배치에 대한 이미지를 머릿속에 그리고 표현할 수 있는 공간 지각 능력이 필요합니다.

건축사 자격증을 따면 인테리어까지 할 수 있으므로 요즘에는 건축가가 실내 인테리어까지 설계하는 경우도 많습니다. 실내 공간을 건축한다는 것은 기능적인 편리함뿐만 아니라 사람의 예술적 · 정서적 욕구까지 만족시켜야 하는 일입니다. 특히 요즘에 지어지는 건축물의 대부분은 설계 단계에서부터 필요한 가구를 건축물에 포함시킵니다. 세탁기나 장식장, 옷장 등이 벽면에 설비되어 있는데, 이런 공법을 '빌트인'이라고 합니다.

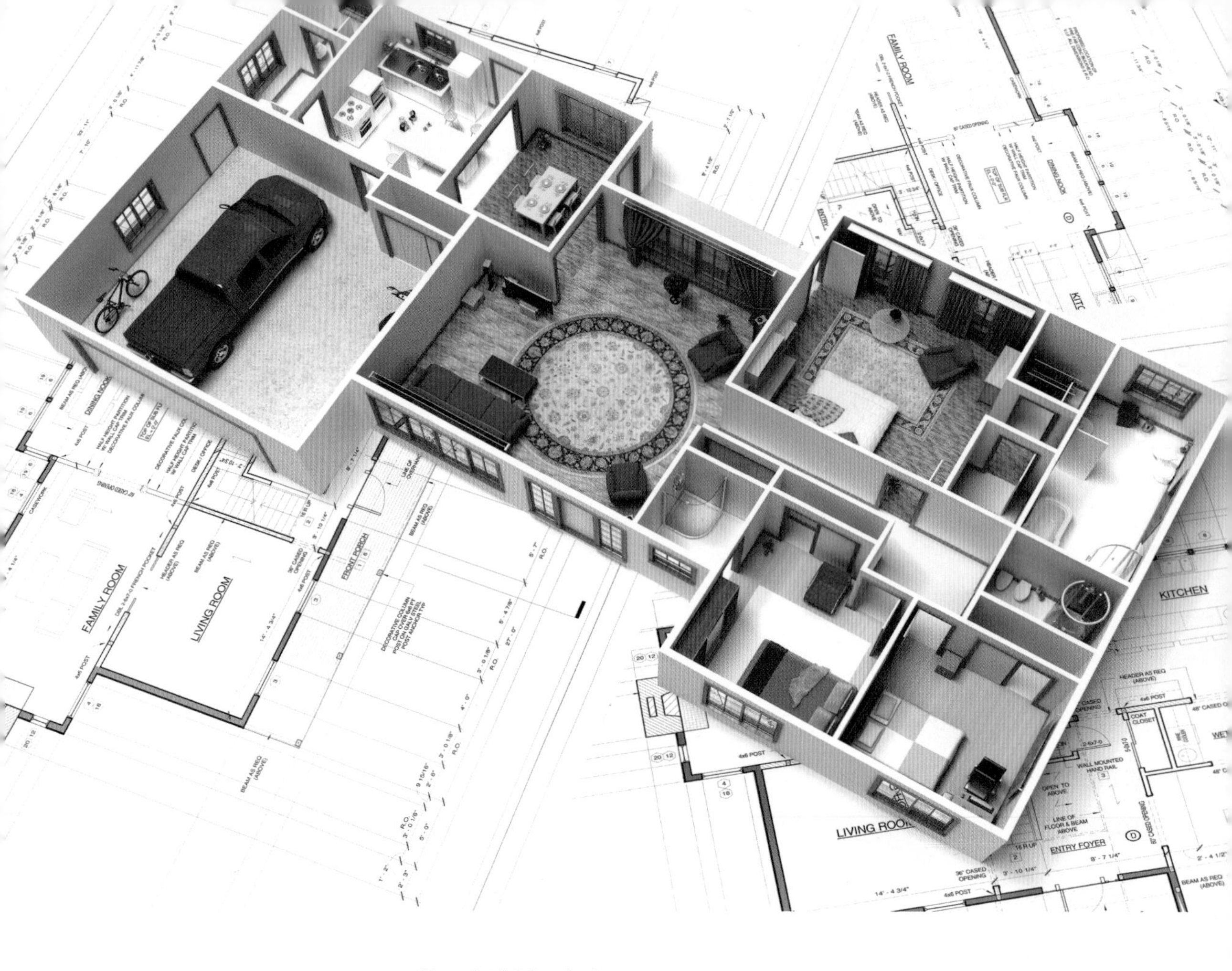

3 미적인 감각

건축가가 건물의 외관과 실내를 아름답게 꾸미려면 미적인 감각이 필요합니다. 건축가는 건물에서 생활하는 사람들을 염두에 두고 공간 배치나 디자인, 실용성 등을 고려하여 건축물을 설계해야 합니다. 이렇게 설계한 건축물은 주변 자연을 해치지 않으면서도 조화롭게 어울리는 아름다움이 있어야 하지요. 이렇게 하면 주변 자연과 조화를 이루면서도 안에서 생활하는 사람들이 행복해지는 이상적인 건축물이 될 수 있습니다.

4 수학적 능력과 공학적 지식

건축가는 건축 설계부터 건물이 완성된 후 검사에 이르기까지 전 과정에 대해서 잘 알아야 합니다. 특히 건물이 무너지지 않도록 견고하게 지어야 하는데, 이때 필요한 것이 수학적 능력과 공학적 지식입니다. 어느 위치에 기둥을 세워야 건물을 지탱할 수 있는지, 층별 높이를 얼마로 잡아야 하는지 등을 정확하게 계산할 수 있어야 합니다.

5 강인한 체력

건축가는 멋지고 편리한 건축물을 설계하여 짓는다는 점에서 보람이 있지만 그만큼 힘든 직업입니다. 설계 도면을 만들 때면 며칠씩 작업에 몰두하며, 밤을 꼴딱 새는 경우도 있습니다. 온갖 고생을 다해 설계도를 그려도 건축주가 다른 디자인을 요구하면 설계도는 휴지조각이 됩니다. 그러면 처음부터 다시 시작해야 합니다. 뛰어난 건축가가 되려면 이런 강도 높은 노동력을 견딜 수 있는 체력이 필요하므로 평소에 건강 관리와 체력 관리에 신경 써야 합니다.

6 원만한 성격

하나의 건축물을 완성하기 위해서는 건축가 혼자서는 불가능합니다. 건축가는 창의적인 일을 하지만 다른 예술가들과는 달리 다양한 사람들과 접촉하면서 일을 해야 합니다. 건축주를 만나 대화할 때는 건축주의 마음을 잘 읽고 때로는 설득할 수 있어야 하며, 협력업체나 해당 공무원과 만났을 때도 관계를 잘 풀어나갈 수 있어야 합니다. 또한 공사 현장을 감독할 때도 다양한 사람들과 의견을 조율하려면 원만한 성격이 필수입니다. 거기다 현장에서 일어나는 문제들을 그때그때 해결할 수 있는 순발력도 필요합니다.

7 책임감

건축가가 건축주로부터 일을 맡을 때는 자신이 설계하고 짓는 건축물에 대해 법적 책임을 진다는 것을 뜻합니다. 설계부터 완성까지 책임감을 갖고 작업을 맡아야 합니다.

건축은 대개 상당한 비용과 노력이 들어가는 일입니다. 그만큼 공사가 잘못되어 중단되면 손해가 큽니다. 건축주에 대한 손해도 크지만 함께 일하던 사람들도 일한 대가를 받지 못해 곤란해질 수 있습니다. 따라서 건축가에게는 확고한 사명감과 책임감, 인간애가 요구됩니다.

8 자부심

아름다운 건축물은 하나의 예술 작품이 될 수도 있지만 그보다 중요한 것은 사람이 살기 위한 공간으로서의 건축물입니다. 아무리 멋진 건물도 불편하면 소용이 없지요. 그러므로 건축가의 목표는 안전하고 살기 좋고 보기에도 좋은 건물을 짓는 것입니다.

그렇게 지어진 건축물이 사람들과 함께 오랫동안 남을 수 있도록 건축가는 열과 성을 다합니다. 따라서 건축가는 건축물의 공공성과 사회적 가치, 공간이 가지고 있는 숭고함을 구현해 내기 위해 노력해야 하며 직업에 대한 자부심을 지녀야 합니다.

9 외국어 능력

예전에는 건축 관련 서적이 번역본도 있었지만 지금은 거의 대부분의 서적이 외국어 원서로 되어 있습니다. 또한 건축 관련 사이트나 잡지 등도 영어로 되어 있는 경우가 많아서 건축 공부를 하려면 외국어, 특히 영어를 잘해야 합니다.

최근에는 우리나라 건축 기술이 세계에 많이 알려져서 해외 건축물을 설계하는 일도 늘어나고 있습니다. 따라서 외국어를 잘하면 해외 건축물을 수주하는 데 큰 도움이 됩니다.

06 건축가의 장단점

1 장점

1) 보람과 자부심이 큽니다

건축은 단순히 건물을 짓는 게 아니라 그 안에서 사람들이 어떻게 살게 될지 고민하고 연구하는 과정입니다. 자신의 생각을 담아 작품을 완성하듯 건축물을 짓는 것이지요.

따라서 자신이 설계한 대로 건물이 세워지고 사람들이 만족해 하면서 생활하는 것을 보면 큰 자부심을 느끼게 됩니다. 건물을 사용하는 사람들에게 편리하고 실용적이라는 말을 듣고, 건물을 보는 사람들에게서 아름답고 멋지다는 칭찬을 듣는다면, 건축가에게 그보다 더 큰 보람은 없을 것입니다.

2) 좋아하는 일을 하며 살 수 있습니다

대부분의 건축가들은 어렸을 때 꿈꿔 왔던 일을 직업으로 삼아서 하는 경우가 많습니다. 처음 건축물을 의뢰받았을 때는 '내가 과연 멋진 건축물을 세울 수 있을까?' 하는 두려움을 갖지만 그런 두려움 속에서도 설계를 하고 건축물을 완성시키면 뿌듯합니다. 그리고 자신이 설계한 건축물이 사람들에게 기쁨과 만족감을 줄 때는 건축가가 되길 잘했다는 생각이 듭니다.

3) 돈과 명예를 얻을 수 있습니다

건축가로서 성공하면 돈을 많이 벌고, 명예도 얻을 수 있습니다. 물론 모든 건축가가 돈을 많이 버는 건 아니며, 건축가에 따라 돈을 버는 수준이 천차만별입니다. 유명 건축가가 되면 개인 주택은 물론이고 경기장이나 미술관 등 대형 건축물이나 초고층 빌딩 같은 거대한 건축물도 설계할 기회가 생기는데, 그런 건축물을 성공적으로 완공하면 돈과 명예를 동시에 얻을 수 있습니다.

4) 역사에 이름을 남길 수 있습니다

건축물은 건축가의 혼이 담긴 예술품이라 할 수 있습니다. 그리고 건축물은 하루아침에 사라지지 않는 만큼 수백 년 동안 한 자리를 지키고 있는 경우가 많습니다. '호랑이는 죽어서 가죽을 남기고, 사람은 죽어서 이름을 남긴다.'라는 말처럼 건축가는 죽더라도 그의 작품은 사람들과 함께하면서 역사에 오랫동안 남을 수 있습니다.

2 단점

1) 생활이 불규칙하고 노동 강도가 높습니다

건축가는 건축주에게 정해진 날짜까지 건물을 완공하겠다는 약속을 합니다. 그런데 공사 기간이 충분하지 못할 때도 있고, 생각지 못한 사고와 문제로 공사가 지연될 수도 있습니다. 이럴 때는 설계 마감일에 쫓겨 초과 근무나 야간 근무를 밥 먹듯이 하고, 밤을 새는 경우도 허다합니다. 또한 수시로 현장에 나가야 해서 육체적으로 힘들 때도 있습니다. 거기다 현장 근로자나 건설 책임자와 의견을 조율하기 위해서는 원만한 대인관계가 필요한데, 그렇지 못할 경우에는 스트레스를 받기도 합니다.

2) 많은 노력을 해야 합니다

하나의 건축물이 완공될 때까지 건축가는 많은 노력을 해야 합니다.

건축주가 일을 맡기면 건물이 세워질 장소를 찾아가 둘러보면서 주변과의 조화를 생각하면서 머릿속으로 설계를 구상합니다. 그리고 설계를 시작하면 그때부터 치밀하게 구상합니다. 이렇게 어렵게 만든 설계 도면이 건축주의 마음에 들면 다행이지만 그렇지 않은 경우에는 건축주의 마음에 들 때까지 계속 수정 작업을 해야 합니다.

또한 건축 설계라는 것은 과학과 예술이 결합된 학문이기 때문에 자신의 설계가 사람들에게 선택받기 위해 꾸준히 자기계발을 해야 합니다.

3) 수입이 일정하지 않습니다

건축가들은 건축주로부터 일감을 받아서 돈을 벌기 때문에 일이 없을 때는 돈을 벌 수 없습니다. 유명한 건축가들이야 건축물을 지어 달라는 사람들이 줄을 서지만 아직 이름이 알려지지 않은 건축가들은 누군가에게 의뢰를 받아야 일을 할 수 있기 때문에 일이 들쭉날쭉하고 수입 역시 들쭉날쭉하여 안정된 생활을 하기가 힘듭니다.

또한 건축사 사무실에 취업하여 일하는 경우도 업무량에 비해 월급이 적은 편입니다. 신입사원일 때는 일반 직장인보다 근무는 배로 하면서 월급은 더 적게 받는 경우도 많습니다. 그렇지만 경력을 쌓고 자기의 입지를 굳히고 사무실을 개설하면 정년이 없는 직업이기도 하고, 수입도 기대 이상일 수 있습니다.

4) 건축물에 대한 사람들의 반응이 좋지 않을 때는 속상합니다

애써서 완공한 건축물에 대해 건축주나 사람들이 맘에 들어 하면 다행이지만 반응이 좋지 않을 때는 속상합니다. 그래서 건축가는 건축물을 완공할 때마다 기대감과 함께 두려움도 느낍니다.

07 건축가가 되기 위한 과정

1 중 · 고등학교 시절

건축을 하려면 수학을 잘해야 하고 과학 지식이 필요합니다. 대학의 건축학과에서 신입생을 뽑을 때도 수학과 과학 성적을 많이 보기 때문에 고등학교는 특목고인 과학 고등학교에 입학하거나 일반계 고등학교나 자율형 고등학교에 입학하더라도 이과를 선택해야 합니다.

또한 다양한 책을 읽어야 합니다. 건축이나 과학과 관련된 책은 물론, 사람을 위한 건축물을 만들려면 인간에 대한 깊은 이해도 필요하므로 문학이나 사회학, 인류학 등 다양하고 폭넓은 독서가 필요합니다.

그리고 건축이나 과학 관련 동아리 활동을 하면 좋습니다. 과학 연구반(물리)이나 무주택 서민을 위해 집을 지어주는 해비타트 봉사 활

동 또는 과학의 날 행사 도우미 활동, 시설 관리 및 환경 정화 봉사 활동 등을 하면 대학에 입학할 때 도움이 됩니다.

2 대학교 시절

건축가가 되려면 건축학과에 입학하는 것이 유리합니다. 일반 학과와 달리 건축학과는 대부분 5년제입니다. 건축학과가 아닌 다른 학과를 졸업했다면 건축 전문 대학원을 마쳐야 합니다.

건축학과에서는 건축의 계획, 설계, 시공, 유지에 이르기까지 전 과정의 지식을 배웁니다. 그러고 나서 실질적인 설계 활동을 통하여 기능적이고 아름다운 건축물을 창작하는 능력을 키웁니다. 건축학과에서 공부하는 주요 교과목은 다음과 같습니다.

1) **건축설계** 건축 계획의 기본 요소인 안전성, 편리성, 아름다움 등의 개념을 이해하고 구체화하는 방법에 대해 배웁니다.

2) **건축과 사회** 건축주의 요구를 분석하는 과정 및 디자인 의사 결정, 인간의 행동과 건축 형태와의 관계 등 사회적 행태가 건축 설계에 미치는 영향과 설계 과정에서 이를 어떻게 적용할지 배웁니다.

3) **건축 조경** 조경 설계의 관련 이론과 기법을 터득하고, 조경 소재인 각종 시설물과 꽃과 나무의 종류를 배우고, 꽃과 나무를 심는 방법과 기르는 방법에 대해서도 배웁니다. 조경이란 건축물 주변의 토지를 아름답고 유용하게 조성하는 것을 말합니다. 따라서 건축 설계를 할 때는 반드시 조경을 염두에 두어야 합니다.

4) **건축 미학** 예술로서의 건축과 예술 사조에 따른 건축의 업적과 영향을 배웁니다. 그리고 미래의 건축이 추구해야 할 방향과 그것을 실현할 수 있는 방법에 대해 연구합니다.

5) **건축 설비** 건축가로서의 기본 소양을 쌓을 수 있도록 건축 설비의 중요성과 관련된 사항의 적용 범위, 설비 기술에 대해 배웁니다.

6) **도시 계획** 도시를 개발하고 유지, 관리하기 위한 설계 기법을 배웁니다.

건축가가 되기 위해 반드시 대학을 졸업해야 하는 건 아닙니다. 고등학교나 전문대학만 졸업했더라도 건축설계 사무소 등에서 몇 년간 경력을 쌓으면서 건축사 예비시험에 합격하는 길이 있습니다.

3 취업

건축학과를 졸업한 후에는 건축 설계를 하는 건축사 사무소나 엔지니어링 회사, 건설 회사 등에 취업합니다. 공개 채용이 일반적이지만 소규모 회사의 경우 수시로 채용하므로 항상 채용 정보를 입수하도록 노력해야 합니다.

건축사 사무소에 취업하면 처음에는 건축사보로 일하면서 경력을 쌓습니다. 건축사보란 건축사의 업무를 보조하는 사람으로 아직 건축사는 아니지요. 건축사보로 일을 하면서 건축사 예비시험에 합격하고, 회사에서 5년 이상 실무 경력을 쌓으면 건축사 자격시험을 볼 수 있습니다. 그래서 건축사 자격시험에 합격하면 더 나은 대우를 받으면서 직장 생활을 할 수도 있고, 자신의 이름을 건 건축사 사무소를 열 수도 있습니다.

4 건축사 자격시험

건축사에 관련된 자격시험은 건축사 예비시험과 건축사 시험 두 가지입니다. 두 시험 모두 국토교통부에서 주관하며 합격 후에는 시험 합격증이 교부됩니다.

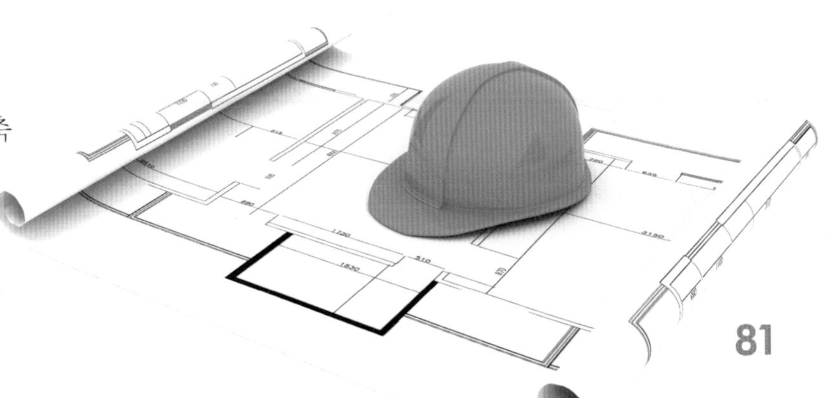

1) 건축사 예비시험

대학의 5년제 건축학과 또는 건축 전문 대학원을 졸업하면 건축사 예비시험이 면제됩니다.

예비시험을 볼 수 있는 자격은 대학에서 4년 동안 건축 관련 학문을 전공했거나 전문대에서 건축 전공을 하고 실무 경력이 2년 이상인 사람, 고등학교에서 건축 과정을 이수하고 4년 이상 실무를 한 사람, 관련 공부를 하지 않은 사람은 9년 이상의 실무 경력이 있어야 합니다.

건축사 예비시험은 객관식으로 출제됩니다.

2) 건축사 시험

건축사 자격시험을 보려면 5년제 건축학과를 졸업하고, 3년 이상(비인증 4년) 건축사에게 실무 수련을 거쳐야 합니다. 아니면 건축사 예비시험에 합격한 사람 중 5년 이상의 현장 경력을 가진 사람만이 건축사 시험에 지원할 수 있습니다.

건축사 자격시험은 주관식으로 출제되며, 대지 계획 및 건축 설계를 시험 봅니다. 오전 9시부터 오후 7시 30분까지 하루 종일 시험을 보는데, 시험이 꽤 까다롭고 뽑는 인원이 정해져 있습니다.

이렇게 어렵게 본 시험에 합격하면 건축사 자격증이 나오는데, 자격증을 취득했다고 해서 바로 건축사가 되는 것은 아닙니다. 국토교통부 장관에게 면허를 받아야 합니다.

5 건축사 면허증 취득 이후

건축사 면허증을 받게 되면 대형 건축사에 취업해 좋은 조건에서 일할 수 있고, 자신의 이름을 단 건축사 사무소를 개업할 수도 있습니다. 대부분 개업을 생각하게 되는데, 개업을 하려면 실력도 중요하지만 경영 마인드를 갖춰야 합니다. 대학에서 건축학 외에도 경영학 등을 함께 공부해서 미리미리 준비해 두는 것도 좋은 방법입니다.

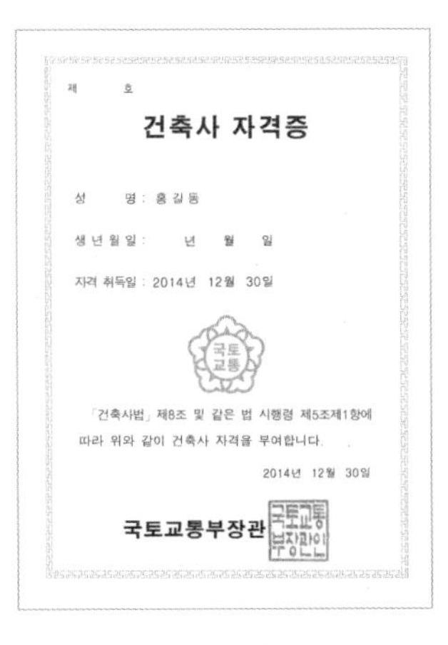

제 호

건축사 자격증

성 명 : 홍길동

생년월일 : 년 월 일

자격 취득일 : 2014년 12월 30일

국토교통

「건축사법」 제8조 및 같은 법 시행령 제5조제1항에 따라 위와 같이 건축사 자격을 부여합니다.

2014년 12월 30일

국토교통부장관 국토교통부장관인

실력 있는 건축가가 되려면 예술적인 감각을 키울 수 있도록 노력해야 할 뿐만 아니라 합리적이고 과학적으로 사고할 수 있도록 관련 서적을 읽고 경험을 쌓는 것이 무엇보다 중요합니다.

공모전에 나가 상을 받으면 여기저기서 설계 의뢰가 들어옵니다. 이때 입소문을 탈 정도로 아름답고 독창적인 건물을 지으면 건축 전문 잡지에 소개되고 예술성을 인정받기도 합니다.

08 건축가의 마인드맵

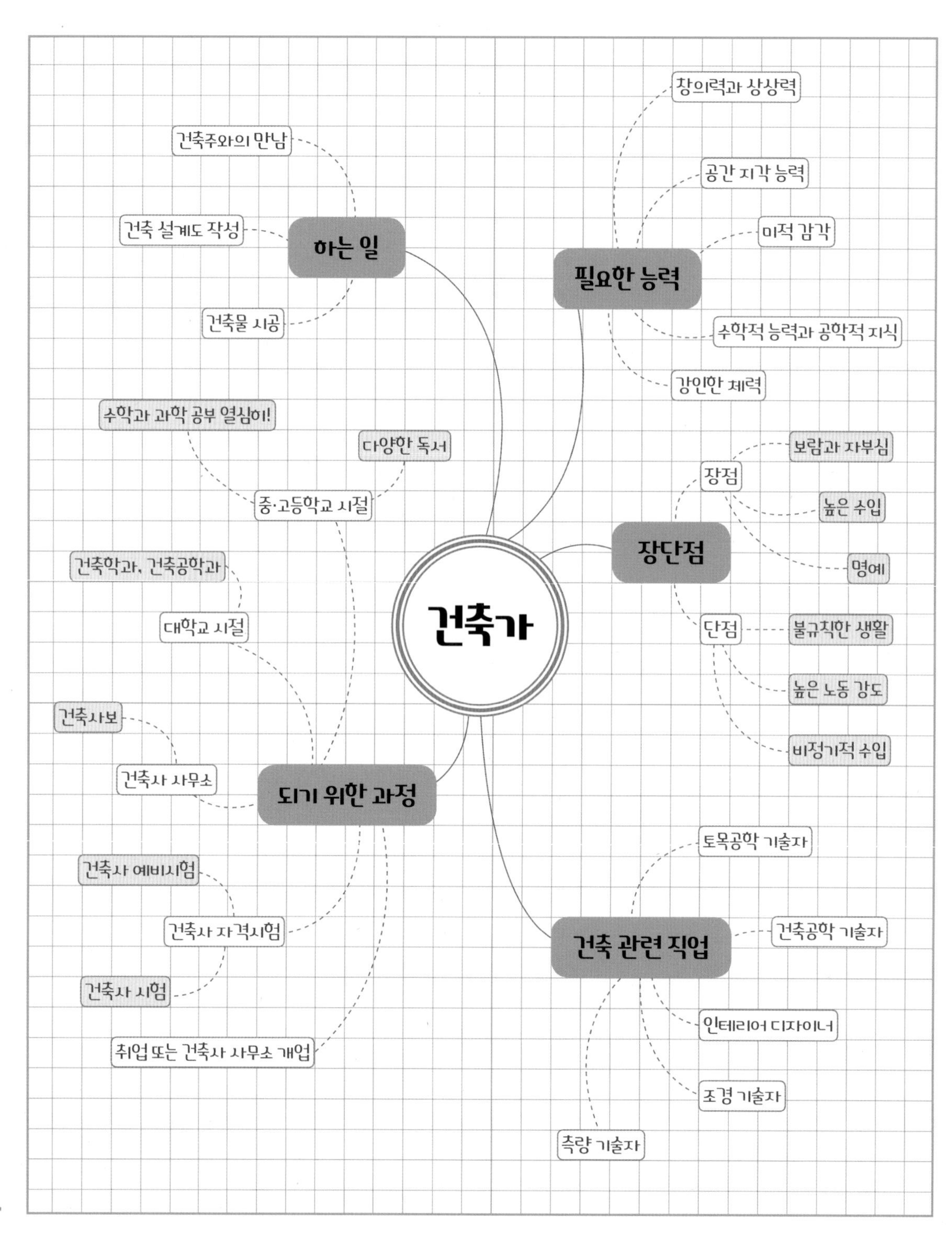
건축가
하는 일
건축주와의 만남
건축 설계도 작성
건축물 시공
필요한 능력
창의력과 상상력
공간 지각 능력
미적 감각
수학적 능력과 공학적 지식
강인한 체력
장단점
장점
보람과 자부심
높은 수입
명예
단점
불규칙한 생활
높은 노동 강도
비정기적 수입
되기 위한 과정
수학과 과학 공부 열심히!
다양한 독서
중·고등학교 시절
건축학과, 건축공학과
대학교 시절
건축사보
건축사 사무소
건축사 예비시험
건축사 자격시험
건축사 시험
취업 또는 건축사 사무소 개업
건축 관련 직업
토목공학 기술자
건축공학 기술자
인테리어 디자이너
조경 기술자
측량 기술자

09 건축가와 관련하여 도움받을 곳

1 직업 정보를 얻을 수 있는 기관

● 한국고건축박물관(http://www.ktam.or.kr) 우리나라 최고의 장인 중 한 명인 전흥수 대목장이 사재를 털어 1998년 충남 예산에 문을 연 박물관으로, 우리나라 전통 건축의 아름다움과 그 안에 담긴 우리 문화를 체험해 볼 수 있습니다. 10분의 1 크기로 정밀하게 복원한 숭례문 모형을 비롯하여 20여 국보급 옛 건축물들을 크기만 작게 줄여 놓았습니다.

주요 전시물로는 강릉 객사문, 송광사 국사전, 부석사 무량수전, 봉정사 극락전, 수덕사 대웅전, 숭례문, 광릉사 약사전, 정전태실, 중화전 등의 축소 모형이 있어 세계적으로 우수함을 인정받고 있는 우리 고건축의 특징을 살펴볼 수 있습니다. 그 밖에 끌, 다림대, 먹통, 먹칼 등 건축에 사용된 연장들도 전시돼 있고, 사대부(양반) 가옥, 평민 가옥, 초가삼간, 중국관, 일본관, 야외 공원장, 사진 전시관, 3D 영상관 등이 갖추어져 있어 다양하게 관람할 수 있습니다.

● 아인스월드(http://www.aiinsworld.com) 2003년 경기도 부천에 문을 연 건축물 미니어처 테마공원입니다. 세계 각국의 유명 건축물들을 1/25 크기로 축소하여 만들었는데 마치 실물인 듯 정교한 모양새가 감탄을 자아냅니다.

미국의 백악관, 자유의 여신상, 록펠러 센터, 유럽의 바티칸 성 베드로 성당, 에펠 탑, 피사의 사탑, 콜로세움, 이집트의 피라미드 등 전 세계 유명 건축물을 한 자리에서 만나볼 수 있습니다.

건축물만 재현해 놓은 것이 아니라 그것이 위치하고 있는 주변 환경 등 여러 가지 요소들도 함께 고려해 놓아 사실감을 더해 줍니다. 이탈리아 피사의 사탑의 경우 기울어짐이 반복되는 설치라든지, 우리나라의 거북선에서 대포가 발사되는 장면 등 건축물을 더욱 실감나게 재현하기 위해 가미한 특수효과도 인상적입니다.

● **고용노동부 워크넷(https://www.work.go.kr)** 한국고용정보원에서 운영하는 사이트로 무료로 직업 심리 검사를 이용할 수 있습니다. 직업 정보 검색, 직업 · 진로 자료실, 학과 정보 검색 등의 정보를 제공하며 직업 · 학과 동영상, 이색 직업, 테마별 직업 여행, 직업인 인터뷰 자료를 볼 수 있습니다. 온라인 진로 상담 서비스도 제공합니다.

● **진로정보망 커리어넷(https://www.career.go.kr)** 한국직업능력개발원이 운영하는 사이트로 초등학생부터 성인에 이르기까지 대상별로 진로 및 직업 정보를 제공하며 온라인 상담도 받을 수 있습니다. 심리 검사를 무료로 이용할 수 있으며, 개인의 진로와 학습 활동에 일정 및 기록을 등록 · 관리하는 커리어 플래너를 작성할 수 있습니다. 또 학생들이 만든 UCC 자료도 볼 수 있습니다.

2 직업 체험 프로그램

● **건축가 직업 체험** 매년 여름방학이나 겨울방학을 이용하여 몇몇 지방자치단체에서 건축가 직업체험 또는 건축가 직업캠프를 열고 있습니다. 또는 유명 건축가들이 자신의 이름을 걸고 건축가 체험 프로그램을 운영하기도 합니다.

대부분의 건축가 체험 프로그램에서는 중 · 고등학생들이 미래 진로를 탐색하는 데 도움이 될 수 있도록 건축가라는 직업 이해하기, 건축물 실측 모형 만들어 보기, 새롭게 지어진 건축물 둘러보기 등으로 구성되어 있습니다.

건축가 체험 프로그램에 참여하고 싶다면 방학하기 몇 달 전부터 인터넷을 검색해 보고, 원하는 프로그램을 미리 신청하는 것이 좋습니다.

● **코리아잡스쿨**(http://www.kojobs.co.kr) 학생들이 직업 체험 교실에 참가하여 접하기 어려운 직업을 미리 탐색할 수 있고, 직업 세계에 대한 이해를 넓힐 수 있습니다. 또한 특정 직업에 대한 편견을 버리고 건전한 직업관을 형성할 수 있으며, 사회에 첫발을 내딛는 것에 대한 막연한 두려움에서 벗어나 자신감을 가질 수 있습니다.

현재 138개 특성화고, 마이스터고 컨설팅 및 평가, 27개 대학 취업 캠프를 운영하고 있습니다.

● **서울시립 청소년 직업 체험 센터**(http://www.haja.net) 서울시 영등포구에 있습니다. 일명 '하자센터'라고 부르며 연세대학교가 서울시로부터 의뢰를 받아 운영하고 있습니다. 현재의 배움이 일을 통해 어떻게 구현되는가에 대해 고민하는 기회를 가짐으로써 청소년들이 미래 자신의 일자리에 대한 관심을 발견하게 하고, 자신이 일하려는 분야로 어떤 배움의 과정을 거쳐 진입할 수 있을지에 대해 흥미를 견지하며 임할 수 있도록 일, 놀이, 학습이 하나로 통합되는 과정으로 행사를 진행합니다.

일일직업체험 프로젝트 등 일반 청소년 대상의 프로그램 역시 단순한 진로체험이나 설계를 넘어서 '생애설계'의 과정으로 전환, 삶의 지속가능성을 추구하고 청소년 스스로 자활과 자립을 모색하는 교육 생태계로 조성하고 있습니다.

10 유명한 건축가

1 안토니오 가우디(1852~1926)

20세기 독창적인 근대 건축물을 창조한 스페인의 천재 건축가로 생동하는 색채와 곡선으로 이루어진 표면, 매끈한 선과 여백이 특징인 매우 개성 있는 건축 양식을 개발해 냈습니다.

가우디는 스페인의 레우스에서 태어나 바르셀로나에서 건축을 공부했습니다. 그는 능숙한 석공 기술을 활용했는데, 고딕 건축에서 외부 벽을 받치는 데 자주 사용하는 플라잉 버트레스(아치 모양으로 바깥벽을 받치는 버팀대)를 대신하여 얇고 휜 조개껍질 모양의 석재와 대각선 버팀벽을 사용했습니다. 그의 건축물 중 가장 눈에 띄는 것은 건물의 곡선 형태입니다. 둥글둥글 부드러운 곡선으로 이어지면서 독특한 아름다움을 뿜어내고 있습니다. 가우디는 자연을 사랑하는 건축가였고, 자연에서 발견한 여러 가지 신비한 요소를 자신의 건축물에 담고 싶어 했습니다. 그리하여 누구도 생각지 못했던 놀라운 상상력의 표현으로 사람들을 깜짝 놀라게 했습니다.

가우디가 설계한 건축물의 대부분이 바르셀로나에 있는데, 초기에 설계한 작품에는 이슬람 양식과 크리스트교 양식을 혼합한 화려한 타일 장식이 돋보입니다. '카사비센스'는 타일을 이용한 현대 건축물의 부활을 알렸고, 연이어서 '카사바트요'와 '카사밀라'라는 주택을 완성했습니다. 또한 1900년에 착공한 '구엘 공원'은 원래 바르셀로나 사람들을 위한 주택 단지로 조성된 곳입니다. 그러나 집은 두 채밖에 분양되지 않았으며, 그 중 한 채를 가우디 스스로가 분양받아 사용했습니다. 그 집이 지금의 가우디박물관이 되었으며, 나머지 구역은 구엘의 후원으로 가우디가 공원으로 조성했습니다. 구불구불한 긴 벤치 난간이 인상적인 구엘 공원, 별이

▼ 카사밀라

총총 박힌 하늘처럼 보이는 둥근 천장이 돋보이는 구엘 궁전, 부드러운 파도처럼 묘사된 카사밀라 저택 등 가우디의 아름다운 건축물이 모여 있는 바르셀로나는 가우디의 건축물을 보러 오는 관광객들로 늘 북적입니다.

가장 유명한 건축물은 아직도 완성되지 않은 '사그라다 파밀리아 대성당(성가족 성당)'으로 가우디는 1884년부터 죽을 때까지 이 성당의 건축 공사를 감독했습니다. 파밀리아 성당은 비록 가우디가 완성하지 못하고 숨을 거두었지만 그의 건축 세계를 잘 보여 줍니다. 사그라다 파밀리아 대성당, 구엘 공원, 카사밀라는 유네스코에서 세계문화유산으로 지정했습니다.

2 김수근(1931~1986)

우리나라를 대표하는 세계적인 건축가로 국내에서 건축가의 위상을 높이는 데 크게 기여했습니다.

서울에서 태어나 1952년 서울대학교 공과대 건축과 2년 중퇴 후, 일본으로 건너가 1958년 도쿄예술대학 건축학과를 졸업하고 1960년 도쿄대학교 대학원에서 석사학위를 받았습니다. 대학원 재학 중인 1959년에 우리나라 국회의사당 건축 현상 설계에 1등으로 당선되었습니다.

1961년 귀국해 김수근 건축 연구소를 열고 활발한 설계 활동을 시작했습니다. 또한 1961년부터 홍익대학교 강단에 섰으며, 1974년에는 국민대학교 조형대학장을 지내며 후진 양성에 힘썼습니다.

김수근은 한옥의 아름다운 선과 공간을 건축에 담았습니다. 또한 건축가는 '전문가가 아니라 사람들의 삶을 총체적으로 이해하고 건축에 반영해야 하는 일반인'이라고 생각했습니다. 그리하여 사람이 가장 편안하게 지낼 수 있는 공간을 창조하는 데 힘썼습니다.

1966년 종합예술지인 〈공간(空間)〉을 창간하였고, 1971년 '공간사랑'을 건립하여 시, 미술, 음악, 연극, 무용 등을 정기

적으로 공연하는 장소로 개방했습니다.

그 후로도 꾸준히 개성 있고 아름다운 건축물을 설계했는데, 그가 건축한 주요 건물로는 서울 올림픽 주경기장을 비롯해 경동교회, 공간 사옥, 워커힐 힐탑바, 자유무역센터, 한국과학기술연구소 본관, 이란 테헤란의 엑바탄 주거단지, 국립부여박물관, 국립청주박물관, 서울 불광동 성당, 마산 양덕성당 등이 있습니다.

3 안도 다다오(1941~)

일본의 건축가로 건축을 전문적으로 배운 적이 없는 사람입니다. 어릴 적부터 무언가를 만드는 일에 흥미를 가졌던 안도 다다오는 집 근처 목공소를 놀이터 삼아 나무로 집을 짓거나 물건 등을 만들며 어린 시절을 보냈습니다. 공업고등학교 시절 프로 복서로 데뷔해 2년 동안 권투 선수로 활동했지만 자신의 길이 아님을 깨닫고 이전부터 막연하게 꿈꾸었던 건축의 길로 들어섰습니다. 그는 대학에서 건축 교육을 받지 않고 여행과 독학을 통해 건축에 입문했습니다. 일본의 주요 사찰이나 신사, 유적지 등을 방문하고, 공예가와 도시 설계자에게 도제 수업을 받으며 자신만의 방식으로 건축을 체득해 갔습니다. 이후 미국과 유럽, 아프리카를 여행하며 현대 건축물의 아버지라 할 수 있는 르 코르뷔지에 건축물을 비롯하여 루이스 칸과 같은 건축가들의 건축물을 보며 견문을 넓혔습니다. 또한 세계 각국을 여행하고 장인과 시공업자들 주위에서 독학으로 건축을 공부했습니다.

안도 다다오가 건축물을 설계할 때 가장 중요시한 것은 바로 자연과의 조화였습니다. 물과 빛, 노출 콘크리트의 건축가로 불리며 완벽한 기하학 구조가 절묘하게 자연과 어우러지는 평온하고 명상적인 공간을 창조해 냈습니다.

그는 '건축가에게 가장 중요한 것은 사람의 마음을 여는 것'이라고 말했습니다. 또한 건축이 외적인 조건을 다루거나 기능적인 문제를 해결하는 데 그치는 것이 아니라 시나 음악을 접했을 때처럼 감각을 깨어나게 하고 지적인 자극을 줄 수 있어야 함을 강조했습니다. 그의 작업은 순수한 조형미와 자연을 끌어안은 조경, 명과 암을 극명하게 나누는 빛의 활용, 그리고 순수한 재료인 노출 콘크리트를 사용하는 것이 특징입니다. 우리나라 제주도의 휘닉스 아일랜드 리조트는 안도 다다오가 설계한 건축물입니다.

4 조민석(1966~)

서울에서 태어나 어릴 때부터 미술을 공부하며 자연스레 예술을 접했습니다. 초등학교 시절 혼자 전시를 보러 가거나 화실에서 만난 대학생 형들과 어울리는 걸 좋아하고, 앤디 워홀, 백남준에 열광하는 등 매우 조숙한 편이었습니다. 그런데 어릴 때부터 하고 싶었던 미술 대신 건축에 관심을 두게 된 것은 건축가인 아버지의 영향이 컸습니다. 건축가의 꿈을 품고 연세대학교 건축공학과에 입학하여 졸업한 후에 미국으로 유학을 떠나 컬럼비아대학 건축대학원을 마쳤습니다.

뛰어난 예술 감각을 타고 난데다 유복한 환경 덕분에 조민석은 자신이 하고 싶은 건축 일을 맘껏 하면서 젊은 시절부터 실력을 인정받았습니다. 1994년 일본에서 개최한 신건축 국제도시주거 공모전에서 1등을 한 것을 시작으로 세계 유수의 건축 공모전에서 수상했습니다. 자신감을 얻은 그는 1998년 미국 뉴욕에 건축사 사무소 Cho Slade Architecture를 설립했으며, 2000년에는 뉴욕 건축 연맹에서 주관하는 젊은 건축가상을 수상했습니다. 2003년에는 서울에 건축사 사무소 매스스터디스를 설립하였고, 2004년에는 미국에서 AIA 건축연맹상을 수상했습니다. 그 후로 계속하여 세계적인 건축 전시회에 작품을 출품하였고, 2009년에는 상하이 엑스포공모전에서 한국관이 당선되었습니다.

그가 지은 대표적인 건축물에는 옥토끼우주센터, 자이갤러리, 링돔, 네이처 포엠, 픽셀 하우스 등이 있습니다. 그 밖에 경기도 파주 헤이리 마을의 '딸기가 좋아', 서울 청담동 '앤 드뮐레미스터 숍', 서울 서초동의 '부띠크 모나코' 등 한 번쯤 사람들의 시선을 사로잡고 반향을 일으킨 건물들도 있습니다.

5 해비타트

전 세계에 흩어져 있는 무주택 서민들의 주거 문제를 해결할 목적으로 미국의 변호사인 밀러드와 그의 부인 풀러가 설립한 단체로 해비타트의 사전적 의미는 '거주지'로, 보금자리를 뜻합니다. 밀러드 부부는 20대 후반에 이미 많은 재산을 모았으나, 인류를 위해 참다운 삶을 살기로 결심하고 1965년 전 재산을 팔아 가난한 사람들에게 나누어 준 뒤, 1973년 아프리카 자이르(현 콩고민주공화국)로 건너가 가난한 흑인들을 위해 집을 지어주기 시작하였습니다. 이어 1976년 오늘날의 모습을 갖춘 국제 해비타트를 창설해 개인 · 교회 · 기업 및 각종 사회단체와 힘을 합쳐 가난한 이웃을 도와 그들의 가정에 희망의 보금자리를 제공하기 시작하면서 국제적인 운동으로 자리 잡았습니다.

이 운동의 특징은 설계에서부터 막일까지 모두 자원봉사를 통해 이루어지며, 각 기업들로부터 재료를 지원받아 학생에서부터 노인에 이르기까지 직접 땀방울을 흘리며 저렴하고 안락하며 단순한 집을 짓는 데 있습니다. 건축비는 일반 건축비의 60% 정도이며, 지어진 집들은 무주택 가정에 무이자 · 비영리 원칙으로 저가 판매됩니다. 해비타트에 입주하는 가정은 건축 원가의 5% 정도를 선금으로 지불할 능력이 있어야 하고, 집이 다 지어질 때까지 현장에서 함께 일하며, 자신의 집이나 다른 이들의 집을 짓는 데 최소한 500시간 이상 노동으로 동참해야 합니다. 또한 건축 원가를 15년 이상의 장기간 무이자로 상환하면 됩니다.

현재 세계 곳곳에서 24분을 주기로 해비타트 주택이 1채씩 지어지고 있으며, 2011년 아프리카 케냐에서 50만 번째 해비타트 주택이 건축되었습니다. 2011년 현재 95개의 국가의 2,000개가 넘는 해비타트 지회가 활동하고 있습니다.

우리나라의 해비타트 운동은 1980년도 후반에 시작되었으며, 1992년 한국해비타트운동본부(한국 사랑의 집짓기 운동연합회)가 공식 발족되었습니다. 초창기에는 외국인 자원봉사자들이 국내에 와서 많은 활동을 했지만 지금은 오히려 국내 봉사자들이 동남아 등으로 나가는 사례가 더 많습니다. 현재 한국해비타트는 국내에 10개 지회를 두고 있습니다.

11 건축 관련 직업 다 모여라!

1 건축공학 기술자

넓은 의미에서 건축가(건축사)는 건축공학 기술자에 포함되지만 굳이 건축가와 건축공학 기술자를 구분한다면 건축가는 건축물의 설계와 관련된 일을 하고, 건축공학 기술자는 건축물의 시공과 관련된 일을 합니다.

건축가와 건축공학 기술자는 업무의 특성상 근무 환경에 다소 차이가 있습니다. 건축가는 건축 설계를 위한 아이디어를 창출해야 하고 설계 마감일에 쫓기며 일할 때가 많으므로 초과근무나 야간근무가 많은 편입니다. 반면 창조적 작업으로 만족도와 자부심이 높은 편입니다. 사무실에서 설계 업무를 주로 하지만, 설계 전 건축물을 지을 땅인 부지를 조사하거나 실제 공사가 시작되면 감리를 위해 건설현장에 나가는 경우도 종종 있습니다.

Tip

개인 주택을 짓는 등의 규모가 작은 사업인 경우에는 건축가가 모든 것을 관할하지만, 고층 빌딩 등 대규모 사업에는 건축가와 건축공학 기술자가 일을 분담하여 맡고 있습니다.

이에 비해 건축공학 기술자는 공사 현장에서 일어나는 모든 일을 관리하고 감독하는 사람입니다. 공사를 얼마나 해야 하는지, 건설 기술자와 일꾼은 얼마나 필요한지, 어떤 기계를 사용할 것인지, 어떤 재료를 사용할 것인지 등을 결정하지요. 건축가가 설계한 대로 공사가 잘 진행되고 있는지 살피고, 현장에서 일어날 수 있는 갖가지 안전사고를 예방하는 일도 합니다. 건축물이 무너지지 않고 튼튼하게 서 있도록 구조를 설계하거나 기술을 자문해 주는 일을 하며, 기능공이나 인부들의 기술적인 문제점을 해결해 주고 안전사고도 예방합니다. 건축물을 구조적으로 잘 이해해야 하므로 공학, 디자인, 물리, 기계 등에 대해서도 많이 알아야 합니다.

건축공학 기술자들은 일정 기간 공사 현장에서 근무해야 하는데, 공사 현장은 사고 위험에 노출되어 있으므로 항상 안전사고 예방에 신경을 써야 합니다. 건축 공사는 보통 이른 아침부터 해질 무렵까지 진행되지만, 콘크리트 타설 등 중간에 그만둘 수 없는 작업이 있거나 공사 기간이 촉박하면 연장 근무를 하기도 합니다. 또 도심에서 공사할 때는 혼잡을 피해 야간작업을 하며, 보통 비가 오는 날은 작업을 중단합니다.

건설 현장은 거칠고 힘들기 때문에 근무자의 대부분이 남성 건축가입니다. 여성 건축가는 견적이나 공무 등의 내근 부서에서 일하는 경우가 많으나, 요즘은 현장 근무를 지원하는 사례도 늘고 있습니다.

2 인테리어 디자이너

인테리어 디자이너는 주택, 사무실, 호텔, 백화점, 병원, 상점, 레스토랑 등의 실내 공간을 기능과 용도에 맞도록 설계하고 장식하는 일을 하며, 디스플레이, 무대 및 세트 디자인 등의 일도 합니다. 실내건축가, 실내 장식 디자이너로도 불립니다.

인테리어 디자이너는 사무실에서 인테리어 디자인을 하고 공사 현장에서 현장 감독을 하기도 합니다. 디자인을 하기 전에 건물의 목적과 기능, 건축주의 기호, 예산, 건축 형태, 시설 장비 등 내부 환경이 장식에 미치는 요인을 조사하고, 디자인을 결정하기 위해 건축주와 협의합니다. 그리고 조사 결과를 종합적으로 검토 · 분석하여 설계 계획을 수립하지요. 또한 커튼, 벽지, 조명 기구 등의 기초 재료를 선정하고 가구의 배치 구도를 설계합니다. 건축주의 요구에 알맞은 디자인이 완성되면 세부 도면을 작성하여 시공업자에게 전달하고, 공사에 들어가면 시공 작업을 감독합니다.

인테리어 디자이너로 성공하기 위해서는 창의적인 사고와 미적 감

Tip

인테리어 디자이너가 되기 위해서는 일반적으로 전문대학 및 대학교에서 실내디자인학과, 실내건축학과, 건축학과 등을 졸업하거나 사설 교육기관에서 실내건축에 대한 이론과 실기를 배워야 합니다. 또한 해외에서 인테리어 공부를 하고 취업하는 사람도 많은 편입니다. 현장에서는 이론보다 실무 능력이 우선이므로 인테리어 작업에 대한 경험을 많이 쌓는 것이 유리합니다.

각, 색채 감각, 공간 지각력, 사물에 대한 관찰력이 필요하고, 컴퓨터를 다룰 줄 알아야 합니다. 또한 초과 근무를 할 경우도 많으므로 강한 체력이 요구되고, 팀을 조직하고 관리할 수 있는 리더십이 필요합니다. 여러 분야의 전문가들과 공동으로 작업하고 의견을 조율해야 하므로 원활한 인간관계를 유지할 수 있어야 합니다.

3 조경 기술자

조경이란 정원, 공원, 아파트 단지, 놀이공원 등 야외 환경을 아름답고 편리하게 꾸미는 것을 말합니다. 조경 설계는 사람들이 편안함과 즐거움을 느낄 수 있도록 식물과 벤치, 가로등, 분수대 등의 조경 시설물을 조화롭게 배치하여 생활환경을 아름답고 쾌적하게 꾸미고 개선하는 일이라 할 수 있습니다. 따라서 조경은 단순히 나무만 심고 조경시설을 배치하는 것이 아니라 자연과 환경, 문화와 인간에 대한 깊은 이해가 설계에 반영되어야만 합니다.

조경 기술자는 조경을 계획하고, 공사를 진행합니다. 또한 완성된 조경을 유지하고 보수하는 일과 역사 유적지를 보존하거나 복원하는 일도 합니다.

조경 기술자가 하는 일을 자세히 살펴보면, 먼저 고객(사업 의뢰자)과 협의하여 요구 사항과 예산을 확인하고 설계 방향을 결정합니다. 기본 설계 방향이 정해지면 지정된 대지를 측량하고 평가합니다. 다음으로 현장의 지형, 위치, 기후, 앞으로의 용도 등 여러 가지 측면을 고려하여 나무 및 화초의 종류와 심는 위치, 조명, 벤치, 울타리, 산책로, 분수 등 조경 시설물의 배치, 사람들의 동선 등을 결정하는 세부 설계를 수행합니다.

고객과의 협의를 통해 설계 도면이 정해지면 공사 기간이나 공사 비용, 공사 순서 등 공사의 전체적인 계획을 세우고, 계획안이 확정되면 공사 비용을 고려하여 필요한 수목과 조경 시설물을 구입합니다. 또한

Tip

조경 기술자가 되기 위해서는 전문대학 및 대학교에서 조경 관련 학과를 전공하고 자격증을 취득한 후 취업하여 경력을 쌓는 것이 일반적입니다. 전문대학 및 대학교의 조경(학)과, 도시조경(학)과, 관광조경과, 녹지조경과 등에서 공부하면 취업하는 데 보다 유리합니다. 조경 기술자와 관련된 국가기술자격으로는 한국산업인력공단이 시행하는 조경기술사, 조경기사, 조경산업기사, 자연생태복원기사 등이 있습니다.

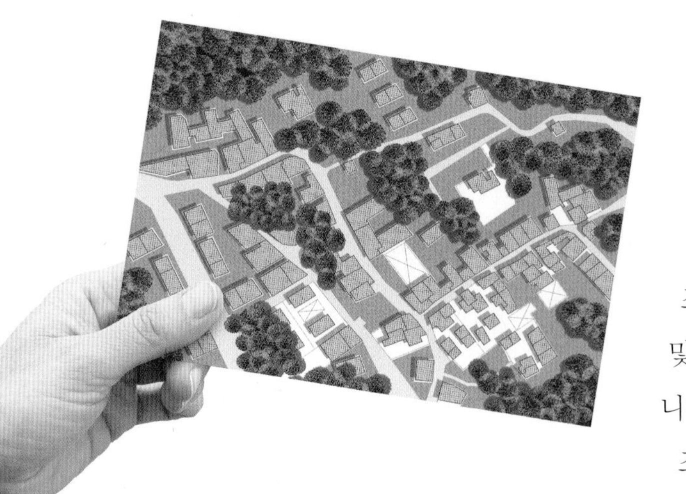

공사 기간과 비용을 고려하여 인력 투입 계획을 세웁니다.

공사가 시작되면 설계에 맞게 공사가 이루어지도록 작업을 관리하고 감독합니다. 그리고 조경 시설이 완공되면 조경 시설물에 대한 유지 및 관리 업무, 환경평가 업무 등을 수행하기도 합니다.

조경 기술자는 식물의 생태에 대한 전문적인 지식과 꽃과 나무를 인간 심리와 조화시킬 수 있는 창의력이 필요합니다. 또한 아름다움을 표현할 수 있는 디자인 감각도 있어야 합니다. 그리고 고객을 포함하여 많은 사람과 같이 일하기 때문에 원만한 대인관계와 의사소통능력이 필요합니다. 특히 조경 기능공이나 근로자에 대한 관리 능력과 현장에서 발생하는 돌발 사태 등에 대처할 수 있는 상황 대처 능력 및 문제 해결 능력도 필요합니다.

4 측량 기술자

모든 건축물은 안전하고 정확하게 지어져야 합니다. 더구나 아파트 단지, 도로, 공항 등 대규모 건축물을 조성할 때는 더욱 신경을 써야 합니다. 그래서 건축물을 짓기 전에 지적(땅의 위치와 모양을 정확히 알기 위한 측량)과 측량을 합니다. 지적과 측량을 통해 대지 위에 구조물의 기준점이 설정되고 구조물 간의 위치 관계가 정해집니다.

측량 기술자는 측량 기술을 이용해 구조물이 들어설 자리의 지형 조건이나 위치, 방향 등을 조사하여 수치로 나타냅니다. 또한 공사가 진행되는 동안 설계된 위치에 구조물이 제대로 건축되고 있는지 확인하고, 각 시공 단계마다 필요한 점검을 합니다.

측량은 건축 및 토목공사를 위한 측량, 지도 제작을 위한 측량, 각종 지리에 관련된 정보의 관리 및 수집, 새로운 측량 기술의 개발 등 다양합니다. 따라서 측량 기술자 안에서도 분야에 따라 지적 기술사, 지도 제작사, 도화사, 활동사진 측량사, 지리정보 시스템 설계분석가 등으로 나뉩니다. 이 중 땅의 위치와 모양을 측량하는 사람을 지적 기술사라고 합니다. 지적 기술사는 지적 측량 조사를 통해 공유지와 사유지의 경계

Tip

측량 기술자가 되려면 측량 기술뿐만 아니라 토목, 건축, 광물 등에 대해서도 잘 알아야 합니다. 최근에는 전자파나 광파를 이용한 전자 측량 장비, 위성측위 시스템 등의 첨단 장비들이 이용되므로 지속적으로 새로운 기술을 익혀야 합니다. 대학에서 측량학 같은 지적 관련 학과나 토목학을 전공해야 측량 기술자가 될 수 있습니다.

를 확인하고, 건축물의 위치를 확인하는 등 토지의 경계 또는 면적을 정합니다.

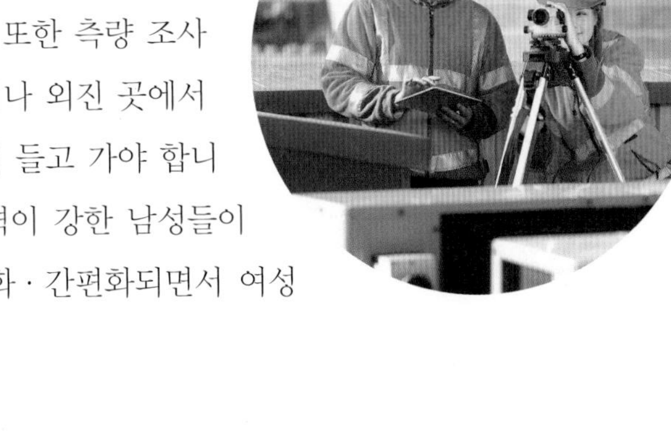

측량 기술자는 야외 근무나 출장을 가야 할 때가 많아서 때로는 가족과 떨어져서 생활해야 합니다. 또한 측량 조사에 쓰이는 장비가 무척 무거워서 높은 곳이나 외진 곳에서 작업을 해야 할 경우 무거운 장비들을 직접 들고 가야 합니다. 따라서 측량 기술자는 상대적으로 체력이 강한 남성들이 많은데, 최근에는 측량 기기가 점점 소형화 · 간편화되면서 여성 측량 기술자도 늘어나는 추세입니다.

5 토목공학 기술자

우리가 생활하는 집이나 학교를 비롯하여 국가 기반 시설인 도로, 철도, 교량, 터널, 항만, 상하수도, 댐 등의 모든 건축물은 토목공사를 통해 만들어집니다. 토목공사는 땅을 고르고, 도로를 닦고, 상하수도 시설을 마련하는 등 건축의 기초공사에 해당합니다. 토목공학 기술자는 토목공학 기술을 이용해 공사를 하며 건설 사업을 계획, 설계, 관리하는 일을 합니다.

건설 공사가 시작되면 토목공학 기술자는 땅의 형태나 특성, 그 지역의 기후 조건과 도로 등 주변 환경을 조사하여 기본 계획을 세웁니다. 기본 계획에는 공사비와 공사 기간, 건설 방법 등도 포함되어 있습니다. 그리하여 사업을 의뢰한 고객과의 협의를 통해 기본 계획을 확정합니다. 기본 계획이 확정되면 이를 토대로 토목공사를 위한 기본 설계, 실시 설계 등을 작성합니다.

Tip

토목공학 기술자가 되기 위해서는 전문대학이나 일반대학에서 토목공학 관련 학문을 전공하는 것이 유리합니다.

설계 도면이 완성되면 토목시공 기술자가 설계도에 따라 공사를 착수합니다. 이때 최적의 시공법을 적용하고, 종합 공정표를 만들어 인원과 장비 투입을 적절히 조정하며 공사를 진행합니다. 이 외에 토목공사의 수주를 위한 입찰 관련 업무, 비용에 대한 원가분석 업무, 행정 및 법적 업무를 담당하는 공무 업무, 설계도면에 따라 정확히 시공이 이루어졌는지 감독하는 감리업무 등을 수행하며, 공사 중에 안전사고나 환경훼손 등이 발생하지 않도록 현장과 인력을 관리합니다.

토목공학 기술자는 공사 완공 일정을 준수하고 작업 상황을 진척시킬 수 있는 책임감과 리더십이 필요합니다. 다양한 사람들과 함께 근무하기 때문에 협동심, 자기통제력, 원만한 대인관계가 필요하며, 건설현장의 작업 환경에 적응할 수 있는 인내심과 끈기가 필요합니다.

6 전통 건축원

우리나라 전통 건축 기법을 이용하여 한옥, 궁궐, 절 등의 전통 건축물을 설계하여 짓는 일을 하는 사람입니다. 전통 한식 건축물을 새로 짓거나 보수하고, 설계도를 해석하여 전통 창과 문, 가구까지 제작합니다.

전통 건축원이 되기 위해서는 우리나라 건축물의 역사와 구조, 목조건물과 해당 건축물의 역사적 배경 등 다양한 지식이 있어야 합니다. 한국전통문화학교에서 전통 건축에 대한 전문 교육을 받으면 전통 건축원이 될 수 있습니다.

7 전기공

건축물에 전력 시설을 설치하고 수리하는 사람입니다. 전기공은 크게 송전탑을 관리하거나 전봇대를 다루는 외선 전기공, 건축물 내부의 전선이나 전기 기구를 다루는 내선 전기공, 철도 신호나 항공기, 선박 등에 사용하는 전기를 다루는 산업 전기공으로 나눌 수 있습니다.

전기공은 감전될 위험이 있는 전기를 다루어야 하므로 전기 관련 지식이 풍부하고 조심성이 많고 꼼꼼해야 합니다. 전기공이 되려면 전기회로나 배선을 알아야 하므로 공업계 고등학교나 직업훈련기관에서 전기학을 배워야 합니다.

8 건설 기능공

하나의 건물을 짓기 위해서는 많은 기술자들이 힘을 모아야 합니다. 나무를 가공해서 천장, 마루, 창문 등을 조립하고 설치하는 목공, 벽돌을 쌓는 조적공, 천장과 벽과 바닥에 시멘트를 발라 매끄럽게 마감하는 미장공, 타일을 붙이는 타일공, 건물에 물이 새지 않게 방수 재료를 바르는 방수공, 기둥이나 계단 등에 페인트나 니스 등 마감재를 칠하는 도장공, 벽지를 붙이는 도배공 등이 있습니다. 아무리 멋진 설계를 했어도 이들의 노련한 기술 없이는 튼튼한 건물이 완공될 수 없습니다.

12 이 직업을 가진 사람에게 듣는다

건축사 조충기 | 서울특별시 건축사회 회장

도시에 자연을 심기 위해 노력하는 조충기 건축가!
그가 말하는 자연, 사람, 건축 사이의 삼각관계
그리고 건축의 사회적 역할을 감당하기 위한 건축가의 고민들

Q1 청소년기를 어떻게 보냈는지 궁금합니다.

지방 출신이라서 어렸을 때는 친구들과 동네 산천을 뛰어다니며 노는 걸 좋아했습니다. 학교에서는 만들기나 그리기 같은 창작도 좋아하고, 미술과 역사 과목을 좋아했습니다. 특히 그림을 좋아해서 미술 대회에서 문화부장관상도 받았습니다.

Q2 건축가가 되기로 결심하게 된 계기는 무엇인가요?

제가 어렸을 때는 우리나라에서 건설과 건축의 경계가 불분명했습니다. 대학에 입학할 때는 건축공학과에서 엔지니어 쪽을 공부했습니다. 제대 후에 건축에 대한 인식을 갖게 되었고, 건축이 무엇인지 이해하게 되었지요. 건

축에 매력을 느껴서 시공이 아닌 설계 쪽을 지망하게 되었습니다.

Q3 건축학과에서는 무엇을 배우나요?

대학의 건축학과에서는 기본적으로 그 안에 사는 사람들의 삶의 질에 관한 이야기를 배웁니다. 사람은 삶의 질이 높아져야 행복해집니다. 즉, 건축학과에서는 설계와 시공도 배우지만, 기본적으로 사람의 생활모습과 심리를 배우게 됩니다.

'사람은 건축을 만들고 건축은 사람을 만든다.'라는 말이 있듯이, 행동반경에 대한 인간의 심리를 기본으로 건축을 계획해야 합니다. '사람이 편한 것, 사람이 안전한 것, 사람이 아름다운 것'의 3요소가 건축의 기본이 됩니다.

Q4 건축학과를 졸업한 후 진로에 대해 말씀해 주세요.

졸업 후에 건축사 사무실에 취업해서 건축사보로 일하고, 기업에 들어가서 디자인도 합니다. 요즘은 컴퓨터와 관련된 일이 많아졌기 때문에 창작 디자인 쪽에서도 일하고, 에너지 절약을 위한 그린빌딩과 관련된 일도 합니다.

Q5 한국의 건축가들이 가장 많이 설계하는 건물은 무엇인가요?

우리나라는 1970년대 이후 인구가 늘어나고 경제가 성장하면서 집을 많이 짓기 시작했고, 건설산업이 성장했습니다. 우리나라에서 가장 많이 짓는 건축물은 아파트를 포함한 주택이고, 두 번째는 상업용 건물, 그 다음이 관공서 건물입니다.

Q6 건축가로서 건물을 볼 때 어떤 요소를 중요하게 생각하나요?

전문가로서 서너 가지 정도를 주의해서 봅니다. 먼저 건물이 주변과 얼마나 조화를 이루고 있는지 봅니다. 그리고 사용자들에게 얼마나 편의성을 주는지를 보게 됩니다. 건물 안으로 들어가면 실질적인 공간의 느낌과 안전성, 그리고 위급 상황 시의 피난 환경 등을 주의 깊게 봅니다.

Q7 건축 과정에서 문제가 생겼을 때, 예를 들어 건축 자재비가 올라가는 등의 상황에서 어떤 기준으로 해결하는지 궁금합니다.

건축에서 가장 중요한 것은 건축의 사회적 역할입니다. 그래서 건축가는 건축물을 지을 때, 건축물의 경제성과 사회적 역할을 함께 생각해야 합니다. 건축가는 저렴한 비용으로 건물을 짓기 원하는 건축주의 바람도 만족시켜 주면서, 동시에 보는 사람의 마음도 편하고 그 안에 사는 사람들도 살기 좋고 안전한 건축물을 지어야 합니다.

값비싼 재료가 좋은 건축물을 보장해주는 것은 아니므로 건축가들은 비용에 대해 많은 고민을 합니다. 또 건축물은 건축주가 아니라 사용하는 사람들의 것이기 때문에 그 안에 사는 사람들을 생각하면서 절충할 부분들이 많습니다.

Q8 건축할 때 가장 신경 쓰는 요소는 무엇인가요?

'서울의 얼굴은 건축이다.'라는 말이 있듯이, 건축은 도시를 지배합니다. 시간으로 따지면 사람들은 24시간 중에서 70퍼센트를 건물에서 생활하고, 재산으로 따지면 건물은 국민 재산의 2/3에 해당합니다. 그만큼 건축은 사람들에게 중요합니다.

건축에서 가장 중요한 것은 입지성입니다. 따라서 건축물이 들어서면 마을에 어떤 환경을 제공할까를 고민합니다. 두 번째는 건축물이 얼마나 쾌적할까를 생각해야 합니다. 건물 안에 사는 사람이나 마을 사람들 마음이 편해야 합니다. 건축물은 사용자와 입주자를 위한 것이므로 배치나 주변 환경과의 조화를 많이 생각해야 합니다.

Q9 건축가는 어떤 집에 사나요? 본인이 꿈꾸던 집에 살고 있는지 궁금합니다.

본인이 꿈꾸던 집에서 살면 완벽하겠지만, 그렇지 못한 사람도 많습니다. 사회적으로 건축가란 직업이 자기 집을 가질 정도로 여유가 있는 사람들도 있지만, 그렇지 않은 경우도 많습니다. 따라서 꿈꾸던 집에 사는 건축가도 있지만, 대부분 아파트에 사는 경우가 많습니다. 작업실과 집을 공유하는 사람들도 있는데, 작업실을 자기 마음대로 꾸미는 경우가 많습니다.

Q10 좋아하거나 영향을 받은 건축가를 말씀해 주세요.

대학에서 공부할 때는 이른바 건축의 4대 거장의 사상과 건축물에 대해 배우고 영향을 받았습니다. 개인적으로는 프랑스의 르 코르뷔지에를 좋아하고, 프랑코 로이 라이트의 실용주의와 동양철학에 관심이 많았습니다. 또한 알바알토의 사상도 좋아해서 많은 영향을 받았습니다.

Q11 동양건축과 서양건축의 차이점은 무엇인가요?

서양은 표현세계를 많이 그리고, 동양은 정신세계를 많이 그립니다. 그 대표적인 예가 서양의 그림들은 그림자가 많은데, 동양의 그림에는 대체적으로 그림자가 없는 것과 같습니다. 건축의 기본은 사상이기 때문에 이러한 동서양 철학의 차이는 건축에도 그대로 드러납니다.

Q12 건축할 때 영감은 어디서 받는지 궁금합니다.

어린 시절의 환경이 많이 좌우하는 것 같습니다. 저는 어릴 때 시냇가에서 물놀이도 하고 개구리도 잡고, 산천을 뛰어다니거나 활쏘기를 하면서 놀았습니다. 어릴 때부터 자연에 익숙했기 때문에 지금도 자연과 건물의 조화를 중요시합니다.

건물은 주변 환경을 파괴할 수밖에 없지만 가능하면 자연과 조화를 이루는 건축물을 지으려고 노력합니다. 자연에 반하는 행동을 하지만, 자연을 다시 건축에 심으려고 노력하는 거지요.

저는 예전에 잃었던 순수성을 되살리기 위해 시도 많이 읽고 미술작품도 많이 봅니다. 다른 사람의 전시회에서 내가 느끼지 못한 감정들을 많이 느끼거든요. 그림이나 풍경사진도 많이 보고, 사회성을 지니기 위해 신문이나 잡지도 많이 읽습니다.

Q13 세계 각 도시마다 랜드마크가 되는 건축물이 있는데, 마음에 드는 건축물과 이유를 말씀해 주세요.

유럽은 왕과 교황이 지배했기 때문에, 건축물에도 질서가 드러납니다. 반면에 미국은 청교도들이 세웠기 때문에 유럽의 건축물과는 느낌이 다릅니다. 우리나라에도 궁궐 건물은 상당히 엄격하게 지어졌지만, 지방의 사찰 등은 다른 느낌을 줍니다. 자연에 순응한 건축물이 있고, 권력에 순응한 건축물이 있는 것처럼, 건축은 각각의 사회적 역할에 따라 다르게 지어집니다.

유럽은 사회주의적 사고가 남아 있어서 질서 잡힌 건축물이 많습니다. 파리의 에펠탑은 사람들이 많이 방문하는데, 주변의 도시계획도 잘 되어 있고 질서정연한 느낌을 줍니다. 에펠탑은 유럽의 사회주의적 사고를 잘 표현하고 있는 건축물이라고 생각합니다.

에펠탑과는 다른 이유로 미국의 구겐하임 미술관을 좋아합니다. 세월이 흘러 도시들도 쇠퇴하게 되면, 경제 사회적으로 어려워집니다. 그러나 구겐하임 같은 미술관이 도시에 있으면 관광산업이 발전하면서 도시의 경제가 회복되고 사람들에게 흥미를 제공해줄 수 있습니다. 구겐하임 미술관은 건축이 사회에 이바지하는 중요한 계기를 보여줬습니다. 구겐하임 미술관은 단순한 랜드마크가 아니라, 건축이 사회에 보여주는 표본이라고 생각합니다.

Q14 한국의 건축물 중 특별히 좋아하거나 아름답다고 생각하는 것이 있나요?

우리나라 건축물은 다 아름답다고 생각합니다. 민가나 기와집이나 상관없이 전통건축물은 모두 좋아합니다. 저는 우리 생활과 어울리는 전통건축물을 사랑하고 거기서 많이 배우려고 노력하고 있습니다. 전통건축을 재해석해서 공간을 풀어내는 것을 좋아하고, 계속 시도하고 있습니다.

Q15 본인의 건축물 중에서 가장 마음에 드는 것과 그 이유를 말씀해 주세요.

주변에서 칭찬하면 고맙지만, 항상 아쉽고 부족하고, 뭔가 미안한 마음이 듭니다. 근래에 지은 건축물 중에서 제일 마음에 드는 것은 '아침'이라는 건축물입니다.

요즘 젊은 세대들은 사회에서 살아 남기가 상당히 힘이 듭니다. 취업하기도 힘들고, 집 구하기도 어렵고, 돈을 모으기도 힘들지요. 젊은이들에게 도움을 주고 싶어서 건축주들과 상의해서 젊은이들이 사회에 진출하는 것을 돕는, 인큐베이터 역할을 하는 건축물을 설계했습니다.

건축물 안에는 기본적으로 각자의 방이 있고, 월드컵 경기 등을 함께 보거나 교제할 수 있는 공간도 있습니다. 개인교습이나 아르바이트를 할 수 있는 공간과 별도로 짐을 보관할 수 있는 창고와 작은 도서관 등이 마련되어 있습니다.

해가 항상 희망을 주면서 뜨는 것처럼, 이 건물에 사는 젊은이들이 아침의 해처럼 희망차게 시작하라는 의미에서 '아침'이라고 이름을 지었습니다.

Q16 **좋은 건축물과 나쁜 건축물을 구분 짓는 기준은 무엇일까요?**

사용자가 행복하고, 건축주가 만족하는 건물이 좋은 건물입니다. 반대로 사용자와 상관없이 건축주의 위상이나 개인적 이득을 위해서만 지어진 건축물은 나쁜 건축물이라 할 수 있지요.

건축은 사회적 재산이기 때문에 사회에 이바지할 수 있어야 합니다. 돈을 벌기 위한 도구로 전락해서는 안 됩니다. 건축물은 사회와 조화를 이루고, 그 안에 사는 사람이 행복하고, 이런 사람들이 사회에 나가서 사회의 중요한 역할을 하는 보금자리가 돼야 합니다.

Q17 **건축가의 자질 중 가장 중요한 것은 무엇이라고 생각하세요?**

건축가는 사회에 공헌하는 직업이므로 사회적 기업 윤리가 중요합니다. 돈을 아무리 많이 벌어도 윤리를 기반으로 하지 않으면 사회적 기업이 될 수 없습니다. 착한 사람이 아니라 윤리의식이 확실한 사람이어야 하고, 주변 사람들에게 베풀 수 있는 마음의 여유를 가진 사람이 좋습니다.

능력 면에서는 구체화시키는 능력이 중요합니다. 건축물을 어떤 목표로 계획하는 것은 사회성에 관련된 것이지만, 건축물을 어떤 기능과 어떤 형태로 만드는 것은 창의성에 속합니다. 건축가가 그림을 특별히 잘 그릴 필요는 없지만, 기본적으로 사회성을 형상화시키는 능력은 필요합니다. 나머지는 도움을 받으면 되지요. 건축은 혼자 하는 것이 아니라 20~30개 분야가 서로 모여서 협의를 통해서 이루어집니다. 이것을 조정하는 능력이 건축가의 역할입니다.

Q18 **건축가에게 적합한 성격은 무엇일까요?**

무엇인가를 만들어내고, 창의적으로 표현할 수 있는 능력을 가진 사람이 좋습니다. 암기를 잘하는 사람보다는 상상력이 많은 사람이 건축가에 적합합니다. 예를 들어 레고를 좋아하고 잘 만드는 사람은 건축가로서 자질이 있다고 생각합니다.

Q19 **건축가로서 업그레이드하기 위해 어떤 노력을 하고 있나요?**

세상 돌아가는 일을 알기 위해 신문과 뉴스를 많이 봅니다. 또 가능하면 여행을 많이 가려고 노력합니다. 여행에서 보는 풍광, 시장, 사람들, 먹을거리 등의 요소는 모두 경험이 되고, 이 경험은 설계라는 작품을 통해서 표현이 됩니다. 건축사에게 여행은 휴식과 더불어 영감을 얻는 기회입니다. 영화나 소설도 많이 보고, 미술관도 자주 갑니다. 영화나 소설을 보면 작가의 철학을 보게 되고, 내가 느끼지 못한 영감을 얻게 돼서 도움이 됩니다. 저는 시도 많이 읽습니다. 시는 아름답고 철학적인 작품이 많으므로 내 가슴을 흔드는 감성을 느낄 수 있고, 이는 건축 작품으로 표출됩니다.

예를 들어 작은 숲이나 오솔길을 걷다가 영감을 받으면, 이러한 요소들이 건물에 자연스럽게 녹아들어갑니다. 인공적인 건물이 아니라, 건물의 진입 동선을 오솔길처럼 빙 돌아가게 만들어서 사람들의 사색을 위한 공간도 만들게 되는 것입니다.

Q20 건축가로서 힘들 때와 기쁠 때는 언제인가요?

우리나라는 건설 중심의 사회이기 때문에 건축을 잘 모르고 이해하지 못하는 경우가 많습니다. 건축주들이 건축을 건설의 개념으로 받아들이고, 돈벌이로만 대할 때 힘이 듭니다. 반대로 입주자들이 이 건물 때문에 동네가 좋아지고, 건물이 살기 편하다고 말해줄 때 기분이 좋습니다.

Q21 청소년기에 건축가가 되기 위해 준비해야 할 것을 말씀해 주세요.

가장 중요한 것은 많이 경험하는 것입니다. 많이 보고 경험하면 많이 느끼게 되고, 상상력도 저절로 생기게 됩니다. 멋진 건축물을 많이 돌아보면, 공간감도 생겨서 실무할 때 도움이 됩니다. 건축에 관심이 있다면, 내 주변의 아름다운 모든 것들은 건축의 소재가 된다고 생각하고 주변을 둘러봐야 합니다. 계속 얘기했듯이 건축의 기본은 사람이기 때문에, 사람이 가장 소중하다는 것을 잊어서는 안 됩니다.

책과 영화도 많이 보고, 전시회도 많이 가면 좋습니다. 공부 때문에 시간이 없다고 핑계대지 말고, 학교에서 권장하는 철학, 역사, 문학 책들을 많이 읽기를 바랍니다. 제 아들의 학교에서 권장하는 도서들을 제가 읽었는데, 도움이 많이 되었습니다. 청소년들이 학교에 불만만 갖지 말고 학교에 순응하고, 권하는 책들도 많이 읽었으면 좋겠습니다. 학교에서도 고전백서 읽기 같은 강압적인 독서가 아니라, 다양한 책읽기를 권했으면 하는 바람입니다.

특히 독서할 때는 사람냄새가 많이 나는 책을 읽는 것이 좋습니다. 우리나라에서 건축학과가 건축공학과에 속해 있는 부분이 아쉬운데, 외국은 건축학부가 따로 있고 건축학과가 미대 안에 들어간 경우가 많습니다. 개인적으로 건축공학은 엔지니어 분야고, 건축학과는 인문사회 분야라고 생각합니다.

Q22 건축가로서 앞으로의 계획이나 비전을 말씀해 주세요.

세상이 많이 바뀌어서 기념비적인 큰 건물이 많습니다. 각 나라에서 홍보도 많이 하고, 사회적으로도 필요한 건물들입니다. 그러나 이런 건물들은 대다수의 사람들에게는 그냥 바라보는 건물입니다. 사람들에게는 자신이 사는 건물이 필요하고 중요합니다. 사람이 있어야 건물도 있는 것이므로 저는 생활 속에 스며드는 건축물을 계속 짓고 싶습니다.

건축은 창조 산업이므로 국가가 인프라 구축에 더 관심을 가져주었으면 좋겠습니다. 건축은 단순히 건축으로 끝나지 않습니다. 도면의 설계대로 짓는 것이 시공인데, 도면에는 시공 기법과 재료 등이 적혀 있습니다. 한국에서 설계를 하면, 한국의 기술과 자재를 쓰게 됩니다. 그래서 우리나라 건설회사가 외국에 건물을 지으면, 우리나라의 재료와 기술이 수출돼서 어마어마한 부가가치를 올리게 됩니다. 외국의 건축사들이 설계하면 그 반대가 되겠지요. 이처럼 설계는 모든 산업을 포괄할 수 있으므로 앞으로 우리나라 건축이 세계로 뻗어나갈 일이 많았으면 좋겠습니다.

Q23 건축가를 꿈꾸는 학생들에게 조언 부탁 드립니다.

요즘은 안정적인 직장에서 편하게 직장 생활을 하려는 사람들이 많습니다. 그러나 이런 생각은 건축에는 적합하지 않습니다. 건축은 창의성이 필요한 직업이라서 도전의식이 필요하고, 힘든 부분도 있지만 젊은이들에게 매력적인 직업이라 생각합니다. 다만 우리나라의 젊은이들이 안정적인 건축가로서 일할 수 있는 기반이 부족한 것은 안타깝습니다. 부족한 부분은 기성세대가 도와줘야 합니다.

그리고 건축가는 작은 슈퍼를 하나 짓더라도 건축의 사회적 가치를 염두에 두어야 합니다. 그저 동네 슈퍼를 짓는다고 생각하면서 건축하면 안 됩니다. 슈퍼는 동네 사람들이 모이는 방앗간 역할을 하는 것을 생각하면서 지어야 합니다. 이것이 건축의 사회성입니다.

건축가의 길이 쉽지는 않지만, 어떤 역할을 하겠다는 도전의식이 있다면 길은 무궁무진합니다. 두려워하지 않고 당당하게 도전하면 좋겠습니다.

3435
1268
ARCHITECT

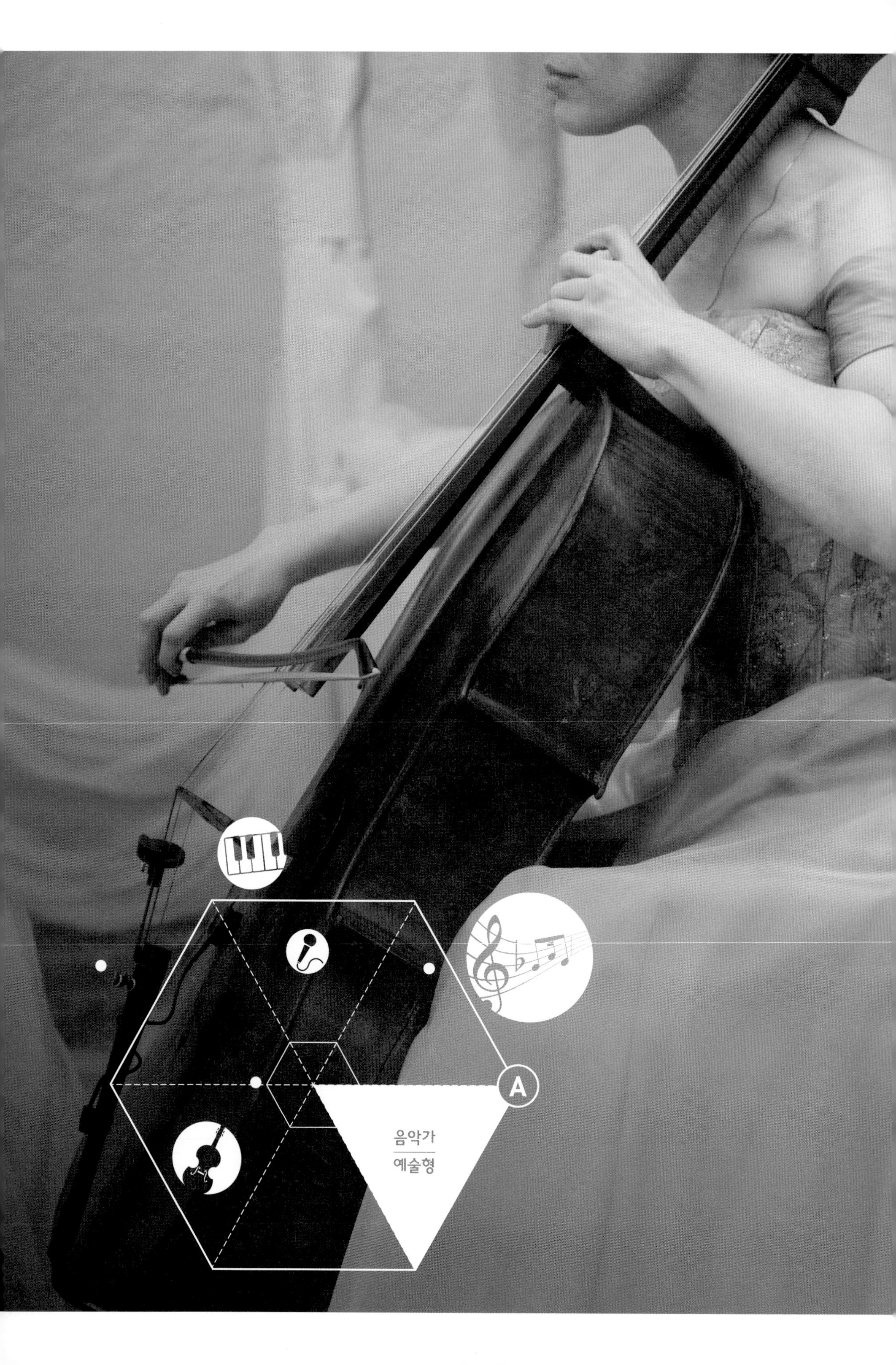
A
음악가
예술형

MUSICIAN

음악가(예술형)

이 세상에 음악이 없다면 어떨까요? 무척 지루하고 재미가 없을 것입니다. 우리는 슬플 때나 기쁠 때, 또는 우울할 때나 즐거울 때 늘 음악과 함께하고 있습니다. 아픈 이별을 했을 때, 아무도 자기 기분을 몰라줘서 외로울 때 좋아하는 음악을 들으면 마음에 위로가 됩니다. 음악은 참으로 우리에게 필요하고도 고마운 존재입니다. 우리가 이렇게 음악을 즐길 수 있는 건 모두 음악가들 덕분입니다.

01 음악가 이야기

1 이 세상 어디에나 존재하는 음악

음악은 사람들의 생활 속 곳곳에 자리합니다. 학교에서 수업 시간과 쉬는 시간을 알려주는 것도 음악이고, 선생님이 보여주시는 동영상에서도 음악이 나옵니다. 텔레비전을 켜면 음악 프로그램은 물론이고 광고나 드라마 등 대부분의 프로그램에서 음악이 등장하지요. 드라마나 영화에서 음악 없이 대화만 오간다면 마치 아무 양념도 하지 않은 음식을 먹을 때처럼 굉장히 밋밋하고 심심할 것입니다. 영화나 드라마에서 음악은 재미를 더해 주는 역할을 합니다. 슬픈 장면에서는 슬픈 음악이, 기쁜 장면에서는 희망이 가득한 즐거운 음악이 함께하면서 보는 사람으로 하여금 극에 빠져들게 합니다.

2 음악가란?

Tip

우리가 느끼지 못하는 사이에 늘 함께해 주는 고마운 음악! 음악은 아주 오랜 옛날부터 있었습니다. 그리스 신화에 음악을 연주하는 신들이나 요정이 나오고, 우리나라의 고조선 사람들도 공후라는 악기를 연주하며 음악을 즐겼다고 합니다.

음악은 크게 클래식 음악과 대중음악으로 나눌 수 있습니다. 클래식 음악은 베토벤이나 모차르트 같은 음악가들이 만든 음악으로, 처음에는 좀 어렵게 느껴지지만 자꾸 들으면 마음이 편안해지고 깊은 아름다움을 느낄 수 있습니다. 반복해서 들어도 싫증 나지 않고 유행을 타지 않습니다. 이에 비해 대중음악은 쉽고 친근하여 많은 사람들이 즐겨 듣는 음악입니다. 주로 가수들이 반주에 맞춰 노래를 부르거나 노래와 함께 춤도 춥니다. 그러나 쉽게 싫증이 날 수 있고, 새로운 음악이 나오면 사람들에게 잊히기도 합니다. 그래서 유행가라고 부르지요.

클래식 음악을 하는 사람들을 다시 나누면 작곡가, 연주자, 지휘자, 성악가로 분류할 수 있습니다.

작곡가는 우리가 다양한 음악을 들을 수 있도록 자신의 생각과 감정을 악보에 담아 연주나 노래를 할 수 있는 곡을 만듭니다.

연주자는 작곡가가 만든 음악을 건반악기(피아노, 오르간, 쳄발로 등), 현악기(바이올린, 첼로, 콘트라베이스, 하프 등), 관악기(클라리넷, 호른, 트럼펫, 트럼본, 오보에, 플루트 등), 타악기(팀파니, 실로폰 등) 등 자신의 전공악기를 통해 연주합니다. 악기를 신체의 일부처럼 다루며 아름다운 선율로 만들어내는 연주자들은 독주자로 활동하거나 대규모 교향악단의 일원으로 활동하기도 합니다.

지휘자는 지휘 동작을 통해 연주자들을 이끕니다. 오케스트라(관현악단, 교향악단)와 같이 연주자가 한두 명이 아니고 수십 명이 있으면 여러 연주자들이 내는 갖가지 소리를 한데 모아줄 사람이 필요한데, 지휘자가 그런 역할을 합니다. 또, 합창을 전문으로 지휘하는 지휘자도 있습니다. 지휘자는 단원의 선발부터 연주곡의 선정, 공연 연습 등 무대에 오르기까지 공연의 전반적인 책임을 담당하고 있습니다.

성악가는 세상에서 가장 아름다운 악기인 목소리로 노래를 부릅니다. 발성 범위에 따라 여자는 소프라노, 메조소프라노, 알토로 나누어지고 남자는 테너, 바리톤, 베이스로 나누어져서 활동합니다. 솔로로 활동하기도 하고 합창 단원 또는 오페라 단원에 소속되어 활동하기도 합니다. 오페라 단원으로 활동하는 성악가는 특별히 오페라 가수라고 부르는데 이들은 연기를 하면서 노래를 합니다.

Tip

음악을 전공하는 사람이나 음악을 직업으로 삼고 있는 사람을 통틀어 음악가라고 합니다. 작곡가, 연주가, 지휘자, 성악가, 가수를 비롯하여 음악 평론가, 음악 이론가, 음악 교육가 등이 이에 속합니다.

3 음악가가 되려면

다른 예술 분야도 마찬가지지만 음악가로서 성공하려면 타고난 재능이 있어야 합니다. 따라서 어린 시절에 자신에게 음악적 재능이 있는지 판단할 수 있는 기회를 갖는 것이 필요합니다. 유명한 음악가들 중에도 어린 시절에 음악적 재능을 발견한 경우가 많습니다. 그러나 타고난 재능이 있더라도 노력하지 않으면 성공할 수 없습니다. 비록 재능이 약간 모자란다 해도 남들보다 더 많이, 더 열심히 노력하면 훌륭한 음악가로 성공할 수 있습니다.

자신에게 음악적 재능이 있다고 판단되면 초등학교, 중학교, 고등학교 때도 음악을 계속 공부하고 훈련하여 음악대학에 들어가야 합니다.

그런데 음악대학에 들어가려면 실기시험 성적도 중요하지만 학교 성적도 중요합니다. 그러니 학교 공부도 게을리 해서는 안 됩니다.

음악대학을 나왔다고 해서 바로 음악가로 인정받는 건 아닙니다. 평생 동안 연습하고 훈련해야만 진정한 음악가로 인정받을 수 있습니다.

4 직업 전망

생활수준이 높아지고 여가 시간이 늘어나면서 예술에 대한 사람들의 관심이 꾸준히 늘고 있으며, 특히 서양 음악 공연에 대한 수요가 증가하고 있습니다.

그런데 클래식 음악은 대중음악에 비해 공연 비용이나 관람비가 비싼 편입니다. 따라서 경기의 변화에 민감하게 반응하는 편이지요. 경기가 좋으면 수요가 많지만 경기가 어려우면 공연 횟수가 줄어들어 음악가들의 수입이 뚝 떨어지게 됩니다.

음악가들은 이런 어려움을 극복하고자 다양한 방면으로 노력합니다. 좀 더 대중적인 작품을 선보이거나 오전 공연을 할인해 주는 등의 노력을 하지요. 그리고 무엇보다 관객의 마음을 사로잡을 수 있는 참신한 음악이나 공연을 위해 노력한다면 음악가의 직업 전망은 꾸준히 좋아질 것으로 기대됩니다.

02 음악가의 종류

1 작곡가

작곡가는 자신의 생각과 감정을 악보에 담아 연주나 노래를 할 수 있는 곡을 만듭니다. 리듬, 화음, 음악 이론 등의 기초적인 지식을 바탕으로 다양한 악기를 이용해 곡을 악보로 그리거나 컴퓨터 음악 프로그램으로 작곡을 합니다. 곡을 만들면서 어떤 악기를 쓸 것인지, 연주자를 몇 명으로 할 것인지도 결정합니다.

작곡가에는 관현악, 기악, 성악 등의 클래식 음악 작곡가와 대중음악 작곡가, 공연음악 작곡가, 교회음악 작곡가 등이 있습니다. 대중음악 작곡가는 대중가요, 드라마나 영화 OST, 게임음악, 광고(CF)음악 등을 작곡합니다. 음악에 들어갈 노랫말을 파악한 후 그에 어울리는 곡을 구상해서 만드는 경우도 있고, 곡을 먼저 만든 후 곡에 어울리는 노랫말을 쓰는 경우도 있습니다. 또한 작곡가가 작곡과 작사를 모두 하는 경우도 있고, 곡만 쓴 다음에 전문 작사자에게 노랫말을 따로 부탁하는 경우도 있습니다.

> **Tip**
> 작곡을 하려면 여러 악기의 특징을 이해하고 잘 다룰 줄 알아야 합니다. 최근에는 컴퓨터를 이용해 작곡하는 경우가 많고, 가요 · 광고 등 작곡의 분야 또한 다양하므로 굳이 음악대학을 나오지 않더라도 학원 등을 통해 작곡을 배울 수 있습니다.

작곡가는 편곡도 합니다. 편곡이란, 이미 만들어진 음악을 다른 악기로 연주할 수 있도록 악보를 변형시키거나 바꾸는 것을 말합니다. 예를 들어 교향곡을 피아노 독주곡으로 바꾸거나, 클래식 음악을 전자음악으로 바꾸는 것을 말합니다. 아니면 작곡가가 만든 원곡의 멜로디에 하모니와 리듬을 입히는 등 다양한 장식을 합니다. 우리가 흔히 알고 있는 유행가의 원곡을 들어보면 전혀 다른 노래처럼 느껴지는 경우가 있는데, 어떻게 편곡하느냐에 따라서 노래의 분위기가 달라지기 때문입니다.

작곡가가 되려면 음악과 예술에 대한 감각과 창의력이 있어야 합니다. 그러자면 어릴 때부터 다양한 음악을 접하는 것이 중요합니다. 많은 작곡가들이 어렸을 때부터 피아노나 다른 악기를 배우다가 창작에 매력을 느껴 작곡가가 된 경우가 많습니다. 그리고 음악 이론, 멜로디 구성 능력, 음을 해석하여 악보를 그리는 능력이 필수이므로 음악대학 등에서 전문 교육을 받는 것이 좋습니다. 대학에서는 실용음악과, 작곡과, 음악과, 피아노과, 성악과, 관현악과, 기악과 등 관련 학과를 전공하면 작곡에 대한 이론과 실기를 배울 수 있습니다. 작곡가 중에는 음악의 본고장인 이탈리아를 비롯해 유럽으로 유학을 다녀오는 경우도 많은 편입니다.

작곡가들은 보통 번쩍하고 멜로디가 떠오를 때 작업할 수 있는 여건이 되는 곳에 있다면 바로 곡을 쓰고, 그렇지 않다면 핸드폰이나 레코더에 녹음해 두었다가 씁니다.

2 지휘자

지휘자는 관현악단, 교향악단과 같은 오케스트라를 이끄는 사람입니다. 수십명에 이르는 오케스트라의 연주자들이 내는 다양한 악기 소리를 한데 모아주는 역할을 하지요. 또한 합창을 전문으로 지휘하는 지휘자도 있습니다. 합창 지휘자는 이부, 삼부, 사부 등으로 나뉘어 서로 화성을 이루면서 각각 다른 선율로 노래하는 합창단의 소리가 조화를 이루도록 합니다.

오케스트라 지휘자는 악보를 연구하고 작품을 해석해서 자기가 원하는 연주가 나올 수 있도록 단원을 이끕니다. 따라서 지휘해야 할 곡을 잘 이해해야 합니다. 작곡가가 그 곡에서 나타내고자 한 것은 무엇이고, 지휘자 자신은 그 곡을 어떻게 느끼고 어떻게 표현하고 싶은가 하는 것을 제대로 알아야 좋은 연주가 나옵니다. 또한 각각의 악기가 교향악단에서 할 수 있는 역할을 잘 파악하고 있어야 합니다. 관악기, 현악기, 타악기 등 각각의 악기에서 어떤 소리가 어떻게 울리는지 알아야 하고, 음악에 따라 각각의 악기로부터 어떤 소리가 나와야 하는지 파악해야 합니다.

연주회가 정해지면 지휘자는 오디션을 통해 오케스트라 단원들을 뽑고 연습에 들어갑니다. 지휘자가 단원을 이끌 때는 다양한 손짓과 몸짓으로 단원들에게 천천히 혹은 빨리, 조금 더 강하게 혹은 더 부드럽게 연주하라고 지시합니다. 따라서 지휘자는 오케스트라의 단원 한 명 한 명에 대해 인간적인 배려를 할 줄 아는 리더십이 있어야 합니다. 각기 다른 개성을 가진 수십 명의 단원들이 최선을 다해 하나의 음악을 완성할 수 있도록 해야 하니까요.

우리나라의 세계적인 지휘자로 정명훈이 있습니다.

> **Tip**
> 지휘자가 되기 위해서는 대학에서 음악 관련 학과를 졸업하는 것이 유리하고, 이탈리아나 미국 등지로 유학을 다녀오기도 합니다. 대학에서 지휘를 전공하여 처음부터 지휘자의 길을 걷는 경우도 있고, 작곡이나 피아노 등 다른 악기를 전공하여 연주자로 활약하다 뒤늦게 지휘자가 되는 경우도 있습니다.

3 연주가

연주가는 작곡되어 있는 음악을 건반악기, 현악기, 관악기, 타악기 중 특정 악기를 통해 전문적으로 연주하는 사람입니다. 독주를 하거나 오케스트라 일원으로 소속되어 있는 경우 지휘자의 지시에 따라 악기를 연주하고 다른 단원들과 호흡을 맞춥니다. 가야금, 아쟁, 장구 등 국악기를 연주하는 국악사는 국립국악원이나 각 지역에 있는 국악단에 들어가 활동합니다.

연주자는 음악과 악보를 연구하고 바람직한 효과를 내기 위하여 각 요소를 종합하며, 지휘자 및 다른 연주자들과 토론하고 협연합니다. 아니면 대중가수들의 콘서트에서 연주를 하거나 다른 연주자의 연주에서 반주를 넣거나 발레, 오페라 등의 공연에서 배경음악을 담당하기도 합니다. 또 음반 제작을 위해 스튜디오에서 녹음도 합니다. 또는 대중음악, 영화음악, 광고음악, 무대음악 등을 작곡해서 다른 사람에게 팔기도 하며, 그 밖에 음악 학교 학생이나 개인적으로 음악을 배우고 싶은 사람에게 악기 연주를 가르치기도 합니다.

1) 바이올리니스트

바이올린을 전문적으로 연주하는 사람을 말합니다. 독주회에서 혼자 연주하기도 하고, 오케스트라 일원으로서 합주를 하기도 합니다. 모든 악기가 그렇지만 특히 바이올린은 섬세한 악기라서 바이올리니스트는 예민한 청각을 지녀야 하고, 정교한 손동작을 갖추어야 합니다.

또한 연주회에서 무대를 즐길 수 있는 여유와 자신감을 가져야 합니다. 준비를 열심히 했다고 해도 연주회에서

100퍼센트 실력을 발휘하기란 쉽지 않습니다. 청중들이 지켜보는 것에 부담을 느끼고 떨려서 실력을 제대로 발휘하기가 힘듭니다. 이런 두려움을 극복하려면 담대함을 키워야 하고, 자신감을 가질 수 있도록 훈련을 계속하는 수밖에 없습니다. 반복되는 훈련 끝에 자신감이 생기면 무대 위에서 충분히 즐길 수 있는 마음이 되고, 그런 마음은 관객들에게도 전달이 되어 만족스러운 결과를 얻을 수 있습니다.

우리나라의 세계적인 바이올리니스트로 정경화, 장영주, 김영욱, 강동석, 김수연 등이 있습니다.

2) 피아니스트

피아노는 세상에서 가장 아름다운 울림을 만들어 내는 악기입니다. 피아니스트는 독주회나 협연을 통해 피아노라는 악기로 음악의 아름다움을 표현합니다. 피아노를 연주할 때는 기계적으로 손가락만 놀리는 게 아니라 연주 안에 피아니스트의 모든 생각이 담겨 있어야 합니다. 다른 악기를 연주하는 연주자도 마찬가지겠지만 훌륭한 피아니스트의 연주를 들어보면 그 안에 피아니스트의 가치관, 음악관, 세상을 바라보는 시선들이 그대로 투영되어 있습니다. 그런 것들이 관객에게 전달되어 감동을 자아냅니다. 이런 능력을 갖추려면 음악과 삶에 대한 깊은 통찰력이 있어야 하고, 피나는 연습과

훈련이 뒤따라야 합니다.

우리나라의 세계적인 피아니스트로 백건우, 서혜경, 임동혁 등이 있습니다.

4 성악가

성악가는 오페라에 출연하거나 연주회를 통해 고전음악이나 가곡을 혼자서 독창하거나 중창 또는 합창단의 일원으로 활동합니다. 독창은 주로 오페라나 가곡에서 하는 경우가 많고, 합창은 전문 합창단에 들어가 활동하는 경우가 많습니다. 성악가는 발성 범위에 따라 여자인 경우 소프라노, 메조소프라노, 알토로 나누어지고, 남자는 테너, 바리톤, 베이스 등으로 구분됩니다.

성악가는 몸이 악기입니다. 몸 상태가 좋지 않으면 공연을 할 수가 없지요. 그렇기 때문에 육체적으로 건강한 상태를 유지하는 것이 무엇보다 중요합니다. 하지만 정신적인 성숙함이 없다면 영혼을 울리는 노래를 부를 수 없습니다. 기술이나 기교도 필요하지만 영혼을 실어서 부르는 노래가 관객들의 마음에 깊이 전달됩니다.

우리나라의 세계적인 성악가로 조수미, 신영옥 등이 있습니다.

Tip

성악가가 되려면 고등학교, 대학교에서 성악을 전공한 후에 오페라단 같은 단체에 들어가 활동하거나 개별적으로 활동하기도 합니다.

5 국악인

국악인은 전통음악을 하는 사람으로 가야금, 해금 등의 국악기를 연주하거나 판소리, 민요 등을 부릅니다. 국악 연주가는 가야금, 거문고, 해금, 아쟁, 장구 등의 국악기로 정악, 민속악 등의 전통 국악이나 창작 국악을 연주합니다. 국악 성악가는 북, 장구, 가야금, 거문고, 대금 등의 국악기의 장단에 맞춰 가곡, 가사, 시조를 노래하거나 판소리, 민요, 창극 등을 부르는데 '소리꾼'이라 하기도 합니다. 이들 소리꾼은 연주단체와 함께 공연하거나 개인 공연을 합니다. 국악 작곡가 및 편곡가는 새로운 창작 국악을 만들거나 연주 단체의 공연 성격에 맞게 편곡 등을 담당합니다.

유명한 국악인으로 황병기, 김덕수, 김영동, 김영임, 오정해 등이 있습니다. 또 최근에는 10대 국악인 송소희가 아이돌 못지않은 인기를 누리고 있습니다.

Tip

국악인이 되기 위한 학력의 제한은 없으나 국악 전문 중·고등학교나 예술 중·고등학교, 대학의 국악(학)과, 전통예술과 등을 전공하면 유리합니다. 또는 기능 보유자로부터 특정 종목을 배우고 전수받아 진출하는 경우도 있습니다.

6 가수

가수는 공연장, 콘서트 무대, 텔레비전이나 라디오 프로그램에 출연하여 노래를 함으로써 사람들에게 즐거움과 감동을 줍니다. 흔히 오페라나 가곡을 부르는 사람을 성악가, 대중음악을 부르는 사람을 가수라고 합니다. 가수는 록 가수, 댄스 가수, 트로트 가수, 발라드 가수, 팝페라 가수 등으로 나눌 수 있습니다. 광고(CF) 및 영화, 드라마 등에 참여하여 노래를 부르기도 하고, 가창력과 연기력을 바탕으로 뮤지컬 배우로 활동하기도 합니다. 요즘 가수들은 노래를 잘 부르는 것은 기본이고, 노래의 내용을 잘 전달하기 위해서 연기도 잘해야 하고, 신나는 곡에 맞춰 춤도 잘 춰야 합니다. 또 정확하게 발음을 하고 표현하기 위해서는 우리말을 바르게 사용할 줄 알아야 합니다. 어떤 가수들은 자신이 부를 곡을 직접 만들어 노랫말을 붙이는 일까지도 하고, 때론 편곡도 합니다.

가수로서 성공하려면 무엇보다 가창력이 좋아야 하고, 끊임없이 훈련하며 자기 계발에 힘써야 합니다. 끼가 필요하고 많은 사람들 앞에서 노래를 부르고 춤을 출 수 있는 적극적이고 활발한 성격을 가진 사람이라면 더욱 유리합니다. 또한 자기 자신을 객관적으로 볼 줄 알아야 합니다. 자기 자신만 만족하는 음악이 아니라 사람들과 함께 호흡하고 대중에게 사랑받는 음악을 하고 싶다면 타인의 의견을 수렴할 줄 알아야 합니다. 세상을 넓게 보고 무수히 많은 음악을 접해 보는 것도 중요합니다.

요즘에는 가수가 선망받는 직업이 되었습니다. 그래서 가수가 되기 위한 경쟁도 치열하지요. 가수로서 성공하려면 음악 공부를 체계적으로 해야 하고, 악기도 하나 정도는 자유자재로 다룰 줄 알아야 합니다. 우리말도 잘해야 하고, 해외로 진출하려면 영어나 중국어 같은 외국어에도 능숙해야 합니다. 고등학교나 대학교에서 대중음악이나 실용음악을 공부하는 것도 도움이 됩니다.

7 작사가

한 곡의 노래가 탄생하려면 먼저 음반을 기획하는 프로듀서가 전체

음반의 콘셉트를 잡아 기획을 하고, 그에 맞는 작곡가들을 선정해서 곡을 의뢰하고, 곡이 나오면 작사가들에게 가사를 의뢰합니다. 이처럼 작사가는 멜로디를 듣고 가사를 붙이는 일을 합니다. 멜로디에 말을 붙이는 일이기 때문에 글만 잘 써서는 좋은 작사가가 될 수 없습니다. 음악에 대한 이해가 빠르고 관심이 많아야 합니다.

작곡가나 가수들은 노래를 부를 때 어색함이 없이 입에 착착 붙고 기억에 남을 만한 인상적인 구절이 있는 가사를 좋은 가사로 꼽습니다. 물론 곡이나 가수의 분위기와 잘 맞는 내용이어야 하지요. 영어로 표현할 줄도 알아야 하고, 늘 쓰는 우리말이지만 다양한 표현력이 있어야 합니다.

랩 작사는 일반 곡 작사와 좀 다릅니다. 일반 곡을 작성할 때는 곡에 자연스럽게 가사가 녹아들도록 하지만 랩은 다양한 요소와 일정한 형식에 맞춰서 단어를 배열해 줘야 합니다.

작사가는 기획사에 소속되어 일하기도 하고, 프리랜서로 활동하기도 합니다.

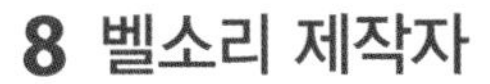

8 벨소리 제작자

핸드폰 벨소리를 만드는 사람입니다. 벨소리 제작자는 벨소리로 만들 곡을 정하고 미디파일로 제작하는데, 핸드폰마다 음원 칩이 다르기 때문에 칩에 맞도록 편집하고 변환하는 일까지 합니다. 새로운 곡을 창조하기보다는 기존의 음악을 다양한 사운드와 리듬으로 변형하는 경우가 많습니다.

벨소리 제작자가 되려면 미디어와 음악에 대한 전반적인 지식과 유행을 만들어 낼 수 있는 감각이 필요합니다. 음악과 컴퓨터에 관심이 많고 창의적인 사람에게 좋은 직업입니다. 과거에는 대부분 시간제 종사자였지만 지금은 연봉 수천만 원을 받는 고액 전문 직종으로 빠르게 변하고 있습니다.

9 음악 치료사

Tip

음악 치료사가 되기 위해서 정해진 학력은 없습니다. 대학원에 음악 치료 전공이 있으며, 학원이나 도제식으로도 음악 치료 분야를 배울 수 있습니다. 이 밖에도 대학의 사회교육원이나 평생교육원 등에도 음악 치료 과정이 준비되어 있습니다.

음악을 통해서 마음이 아프거나 몸이 아픈 사람이 낫도록 도와주는 일을 합니다. 음악적 활동을 통해서 자기 표현과 정서적 의사소통을 도와줌으로써 마음의 병을 치료하고 궁극적으로 신체적인 병도 치료하는 것을 목표로 삼고 있습니다.

음악 치료를 하려면 환자의 진단검사와 상담, 그리고 가족과의 상담을 통해 계획을 세운 다음 치료에 들어갑니다. 치료에는 다양한 악기와 음악이 동원되고 음악 감상, 노래 부르기, 악기 연주, 즉흥 연주, 작곡, 음악을 듣고 토론하기, 음악에 맞춰 신체 활동을 하거나 신체 이완하기, 음악을 들으며 명상하기 등이 있습니다.

이러한 활동을 통해 환자의 음악적 표현을 끌어내고 환자의 상태를 진단하고 평가합니다. 이러한 장면들은 비디오로 촬영되는데, 이는 치료 방안을 모색하거나 재조정하는 데 사용됩니다. 특히 음악 치료사는 환자의 음악 활동을 지켜만 보는 것이 아니라 함께 음악 활동을 하면서 치료하기 때문에 순간순간 정확한 진단과 치료를 위해 촬영된 장면을 면밀히 분석해야 합니다. 치료 과정에 대해서는 일지를 작성하고, 수시로 환자의 가족과 면담을 통해서 치료 과정과 변화된 결과에 대해논의합니다.

음악 치료사는 심리학을 바탕에 두고 음악을 매개로 치료를 수행하므로 심리학적 지식과 음악적 지식이 모두 중요합니다. 또한 반주악기 및 전공악기 등 악기를 연주할 수 있는 능력도 필요합니다. 따라서 대학에서 음악 관련 공부를 하면 유리합니다. 또한 마음과 몸이 아픈 환자들을 상대하는 일이므로 타인을 이해하는 따뜻한 마음이 있어야 합니다. 그리고 환자와 협력하여 치료해야 하므로 외향적이고 적극적인 성격이면 더 좋습니다.

음악 치료사가 되면 노인복지관, 요양원, 장애인복지관, 일반병원 정신과, 특수학교 등에서 근무하며, 음악치료연구소 등을 열어 활동할 수도 있습니다. 미래에 음악 치료사가 되기를 원하는 청소년들은 복지시설에서 봉사활동을 해보는 것도 좋습니다. 음악 치료사가 되기 위해서는 그들에 대한 이해가 반드시 필요하기 때문입니다.

03 역사, 책, 영화 속에서 만나는 음악가

1 인류의 시작과 함께한 음악

음악은 아주 오랜 옛날부터 있었습니다. 원시인들도 음악을 즐겼으며, 고대 아시리아 유물이나 이집트의 고분에서 발견되는 벽화에서도 음악을 즐기는 사람들의 모습을 볼 수 있습니다.

음악, 즉 뮤직은 그리스어 '뮤즈'에서 유래했습니다. 뮤즈는 그리스 신화에서 최고의 신인 제우스의 아홉 딸들을 가리킵니다. 이들이 인간에게 과학적 재능과 예술적 감각을 부여했다고 합니다. 그 중 에우테르페가 음악의 뮤즈였다고 합니다. 그래서인지 음악을 처음으로 이론화한 것도 그리스인들입니다. 가장 오래된 서사시로 알려진 〈일리아스〉나 〈오디세이아〉도 사실은 아주 긴 노랫말이라는 주장이 있습니다.

2 서양 음악의 역사

우리가 듣고 있는 대부분의 음악은 서양 음악에서 비롯되었습니다. 흔히 클래식 음악이라 불리는 서양 음악은 우리 음악인 국악보다도 훨씬 널리 다양하게 쓰이고 있습니다. 지금부터 서양 음악의 역사에 대해 알아보기로 합니다.

1) 중세 시대의 교회 음악

서양의 중세 유럽은 교회가 지배하는 사회였습니다. 사람들의 모든 생활은 교회와 관련이 있었습니다. 모든 사람들은 일요일에 반드시 교회에 가야 했고, 교회에서는 성가(찬송가)를 불렀지요. 마치 목소리가 하나인 것처럼 불렀는데, 이런 성가를 단선성가 또는 그레고리안 성가라고 합니다. 그리고 이때 성가 반주를 할 수 있는 악기로는 오르간만 허용되었습니다.

2) 르네상스 시대의 궁정 음악

르네상스가 시작되면서 사람들은 문화와 예술에 관심을 갖기 시작했고, 교회에서만 연주되던 음악이 차츰 궁중이나 성에서 왕이나 제후들을 위해 연주되기 시작했습니다. 연주된 음악들은 교회 음악과 거의 비슷했지만 춤이 곁들여지면서 변화가 일어났습니다. 당시 궁중에서는 파티가 자주 열렸고, 사람들에게 흥겨움을 더해 주기 위해 새로운 악기들도 속속 등장하였습니다.

3) 바로크 시대의 귀족 음악

진정한 서양 음악이 시작된 시기라고 할 수 있습니다. 왕이나 교회를 위한 음악뿐만 아니라 귀족들의 파티에서도 음악이 연주되기 시작했습니다. 귀족들은 음악가들에게 자신들만을 위한 음악을 만들어 달라고 주문했고, 음악가들은 귀족에게 고용되어 그들을 위한 음악을 만들었습니다. 이렇게 해서 전문 음악가가 탄생하였고, 음악적으로 더욱 즐겁고 생동감이 넘치는 분위기가 조성되었습니다.

▲ 바흐

하지만 이 시대에도 음악은 왕이나 귀족, 성직자만 누릴 수 있는 것이었고, 보통 사람들은 교회에서 예배를 드릴 때 외에는 음악을 들을 기회가 거의 없었습니다.

이 시대에 활동한 음악가로 바흐, 헨델, 비발디 등이 있습니다.

▲ 하이든

4) 고전주의 시대의 극 음악

지나치게 화려하고 꾸밈이 많은 바로크 음악에 대한 반발로 좀 더 소박하고 차분한 스타일의 음악이 생겨났습니다. 즉 일정한 법칙에 따라 조화를 이루는 음악을 추구했던 시기입니다. 또한 음악이 더 이상 귀족들의 전유물이 아니고 사회적으로 대중화되어 일반 대중을 위한 오케스트라 연주회도 생기는 등 평범한 사람들도 음악을 즐길 수 있게 되었습니다.

이 시대에 활동한 음악가로 하이든, 모차르트, 베토벤 등이 있는데, 모차르트와 베토벤은 클래식 음악의 대중화에 크게 기여했으며, 고전주의와 낭만주의를 잇는 징검다리 역할을 했습니다.

5) 낭만주의 시대의 아름다운 음악

너무 소박한 고전주의 음악 스타일에 싫증이 날 무렵 19세기쯤에 낭만주의가 태동했습니다. 낭만주의 시대에는 각 개인의 개성을 중요하게 생각했습니다. 고전파 시대에 중요하게 여겼던 음악의 법칙을 벗어버리고 자신의 개성이 드러나는 자유로운 음악을 추구했습니다. 음악을 인간의 감정을 표현하는 도구로 사용하게 되어 음악이 더욱 아름다워졌습니다.

▲ 슈베르트

이 시기에 활동했던 음악가로 슈베르트, 멘델스존, 쇼팽, 리스트 등이 있습니다.

6) 자유분방하고 다양한 현대 음악

20세기에 들어서 클래식 음악 스타일은 더욱 다양해졌고 팝 음악이나 록 음악 등 대중음악이 등장하였습니다. 팝이나 록은 유럽이나 미국 사회에서 민주주의가 성장하고 전 세계적으로 국가 간 교류, 특히 청소년들 간의 상호 교류가 활발해지면서 더욱 뚜렷해졌습니다.

▲ 엘비스 프레슬리

팝 음악은 전자기타와 같은 새로운 악기와 음반들이 생겨나면서부터 폭발적인 인기를 누리게 되었고, 노래 가사, 패션, 머리 스타일, 음료, 몸짓 등에서 젊은이들의 문화를 이끌었습니다.

록큰롤 혹은 록이라고 하는 음악은 트럭 운전사에서 1977년 록의 황제로 죽기까지 한 시대를 풍미했던 엘비스 프레슬리에 의해 대중화되었습니다. 엘비스 프레슬리 말고도 전 세계 수백만 젊은이들을 열광의 도가니에 몰아넣은 록 음악의 거장들로 비틀스, 퀸, 밥 딜런, 롤링 스톤스 등을 꼽을 수 있습니다.

3 도, 레, 미, 파, 솔, 라, 시는 어떻게 생겨났을까?

중세 유럽에는 고문서들을 손으로 직접 베껴 쓰는 일에만 전념하는 수사들이 있었습니다. 그들은 고문서뿐만 아니라 음악 자료들도 적어서 보관하곤 했는데, 약 1000년경에 이탈리아의 아레초에 구이도라는 수사가 있었습니다. 그가 둘째 줄에 점 하나, 셋째 줄과 넷째 줄 사이의 빈 공간에 점 하나를 찍는 식으로 악보를 적어 가다가 이 점들에 이름을 붙이기 시작했습니다. 우리가 알고 있는 일곱 개의 음표 하나하나에 이름을 붙인 것입니다.

구이도 수사는 성 요한에게 바치는 라틴 성가의 각 구절에서 첫 음표를 따 '우트, 레, 미, 파, 솔, 라'라고 음표의 이름을 만들었습니다. 그 후 인쇄술이 발명되면서 이런 방법은 더욱 체계화되었고, 1500년경에는 악보를 인쇄하면서 완전히 정착하였습니다.

4 관련 책

1) 〈음악가들의 초대: 청소년을 위한 힐링 콘서트〉 김호철 지음. 구름서재. 2014

이 책은 위대한 음악가들이 들려주는 삶과 음악 이야기를 다루고 있습니다. 우리에게 오랜 세월 감동을 안겨 주었던 위대한 음악가들과 그들의 음악에 '사연'을 입힘으로써 어렵고 지루하게만 여겨지는 클래식

음악을 생활 속의 친숙한 음악으로 만들어 줍니다. 음악가들이 역경과 고난에 찬 삶을 이겨내고 예술적 성공에 이르는 감동 스토리에서부터 그들이 음악 인생을 살아가면서 일어났던 무수한 사건과 일화들, 그리고 이 음악가들을 존경했거나 그들과 대립했던 인물들의 이야기까지 담겨 있어 재미와 교양 두 마리 토끼를 잡을 수 있습니다.

클래식을 처음 접하는 청소년들과 현대를 살아가는 모든 사람들에게 인생의 지침서가 될 수 있는 책입니다.

2) 〈장 크리스토프〉 로맹 롤랑 지음. 동서문화사. 2016

1904~1912년에 발표된 프랑스 대작가 로맹 롤랑의 대하 장편소설입니다. 베토벤을 모델로 하여 어떤 역경에도 좌절하지 않고 인간 완성을 목표로 악전고투한 끝에 대작곡가로 성공하는 한 음악가의 삶을 다루고 있습니다. 롤랑은 이 소설로 1915년 노벨문학상을 수상했습니다.

작품의 내용은 주인공 장 크리스토프의 소년기와 청년기, 장년기의 파리 생활과 그 환경, 그리고 생애 완성기의 3장으로 구성되어 있습니다.

장 크리스토프는 독일 라인 강변의 작은 도시에서 태어나, 프랑스 파리에서 성장하는 천재 음악가(작곡가)입니다. 그는 어린 시절부터 인생

의 모든 고통과 모멸감을 경험하고, 그때마다 깊은 절망에 빠집니다. 하지만 절망은 다시금 그를 새로운 행동으로 나아가게 몰아세우는데, 그의 추진력은 인간에 대한 깊은 신뢰감에서 비롯됩니다.

이 작품에는 독일 및 프랑스에 대한 신랄한 문명 비평이 포함되어 있으며 유럽 각국의 정신력을 조화시켜서 일종의 유럽 공화국 구축을 꿈꾸던 작가의 이상이 담겨 있습니다. 즉 베토벤과 롤랑 자신의 정신을 이상화한 소설이라 할 수 있습니다. 롤랑은 이 소설에 대해 이렇게 말했습니다.

"장 크리스토프는 베토벤이 아니라 한 사람의 '새로운' 베토벤이며, 사상의 베토벤과는 다른 우리 세계 속에 던져져 있는 인물이다. 그러므로 장 크리스토프 자신은 오늘의 우리 가운데 한 사람인 것이다."

음악가를 꿈꾸는 청소년뿐만 아니라 정신적 성장기를 이루는 모든 청소년들에게 꼭 추천하고 싶은 책입니다.

3) 〈위대한 음악가들의 기상천외한 인생 이야기〉 엘리자베스 룬데이 지음, 시그마북스, 2010

이 책은 음악과 건축, 문화에 정통한 언론인인 엘리자베스 룬데이가 서양 음악사를 화려하게 수놓은 세계적인 작곡가들에 대한 다소 엉뚱하면서도 잘 알려지지 않은 이야기들을 모아서 엮은 것입니다. 비발디, 헨델, 하이든, 모차르트, 베토벤, 로시니, 쇼팽, 차이코프스키, 브람스, 푸치니, 존 케이지 등 잘 알려진 작곡가 34인의 기상천외한 음악 밖 인생 이야기가 펼쳐집니다.

베토벤은 호텔 스위트룸을 박살낸 적이 있고, 리스트는 브뤼셀부터 부다페스트까지 열렬한 팬들을 몰고 다니며 추문을 일으켰습니다. 모차르트는 입이 거칠기로 유명했고, 슈만은 매독 환자였으며, 번스타인은 알아주는 고집불통이었습니다. 에드워드 엘가는 아마추어 과학자로도 활동해 틈만 나면 폭발물을 가지고 연구하였고, 베를리오즈는 배신한 약혼녀에게 복수하기 위해 여장을 한 채 접근해 그녀를 죽이려고 했습니다. 푸치니는 10대 시절 담배 살 돈을 마련하기 위해 교회 오르간 파이프를 훔쳐 팔았으며, 존 케이지는 버섯에 심취하여 버섯 분류학의 세계적 권위자가 되었습니다. 바흐는 괴팍한 성격 때문에 교도소에 갇힌 채 〈평균율 클라비어곡집〉 제1부를 완성했으며, 바그너도 채권자들에게 쫓기던 와중에 〈로엔그린〉을 완성했습니다. 푸치니가 오페라 〈나비 부인〉을 작곡할 때는 아내를 두고 한눈을 팔던 시기였다고 합니다.

이 책은 이렇듯 음악가이기 이전에 인간이었던 음악가들의 일상적인 면모를 소개함으로써 독자의 관심과 흥미를 끌고, 음악가들을 훨씬 친숙하게 느끼게 해줍니다.

5 관련 영화

1) 〈아마데우스〉

1984년 미국에서 만들어진 영화로 모차르트가 사망한 1790년대부터 널리 퍼졌던 소문, 즉 살리에르가 모차르트를 시기한 나머지 그를 죽음으로 몰아넣었다는 이야기를 토대로 제작되었습니다. 따라서 실제 살리에르의 삶과는 다소 동떨어진 내용으로, 모차르트의 삶과 그의 천재성이 잘 표현되어 있습니다.

1823년 눈보라치는 밤, 한 노인이 자살을 시도하다 실패하여 정신병원에 수감된 후 자신을 찾아온 신부에게 죄를 고백하면서 영화는 시작됩니다. 그 노인은 요세프 2세의 궁정 음악장이었던 살리에르로, 그가 궁정 음악장이었던 시절, 우연한 기회에 모차르트의 공연을 보고 그의 천재성에 감탄합니다. 그러나 모차르트가 자신의 약혼녀를 범하는 등 오만하고 방탕한 생활을 거듭하자 그러한 모차르트에게 천재성을 부여한 신을 저주하고 모차르트를 증오합니다. 그럴 즈음 빈곤과 병마로 시달리던 모차르트는 자신이 존경하던 아버지의 죽음에 커다란 충격을 받고 자책감에 시달립니다. 이를 본 살리에르는 모차르트에게 아버지의 환상에 시달리도록 하면서 진혼곡의 작곡을 부탁하고, 진혼곡을 작곡하던 모차르트는 계속되는 심리적 압박을 못 이기고 죽음에 이릅니다. 살리에르 역시 죄책감에 시달리다가 불행한 삶을 살아 갑니다.

이 영화는 모차르트의 천재성을 조명하고 그의 비극적인 최후를 추적하는 영화로 보이나, 깊게 파고 들어가면 아무

리 몸이 부서져라 노력해도 절대 천재를 따라잡을 수 없는 평범한 사람의 고뇌와 아픔을 그리고 있음을 알 수 있습니다. 아마데우스라는 이름 자체가 '신이 사랑한 자'라는 뜻이기도 합니다. 이런 점은 살리에르의 다음과 같은 독백에 잘 표현되어 있습니다.

"신이시여, 제가 원했던 것은 오직 주님을 찬미하는 것이었는데 주님께선 제게 갈망만 주시고 절 벙어리로 만드셨으니 어째서입니까? 말씀해 주십시오. 만약 제가 음악으로 찬미하길 원치 않으신다면 왜 그런 갈망을 심어 주셨습니까? 욕망을 심으시곤 왜 재능을 주지 않으십니까?"

〈아마데우스〉는 전 세계적으로 흥행에 성공했으며, 아카데미상 최우수 작품상과 남우주연상을 포함한 8개의 상을 휩쓸 정도로 작품성도 인정받았습니다.

2) 〈말할 수 없는 비밀〉

2007년 대만에서 만들어진 영화로 사춘기 소년 소녀들의 단순하면서도 아름다운 사랑 이야기가 쇼팽의 음악과 함께 펼쳐집니다. 이 영화의 특징은 과거와 미래로의 시간 여행이라는 비현실적 요소를 음악과 결합시킨 점에 있습니다.

아버지의 영향을 받아 피아노에 천부적인 재능을 가지고 있는 샹룬은 예술학교로 전학을 옵니다. 학교를 둘러보던 중, 신비스러운 피아노 연주가 흘러나오는 옛 음악실을 발견하게 되고, 그 곳에서 샤오위라는 사랑스러운 소녀를 만나게 됩니다. 두 사람은 아름다운 피아노 선율처럼 즐거운 시간을 보내고, 서로 애틋한 마음이 싹트지요. 그러나 샹룬이 샤오위를 더 알고 싶어할 때마다 그녀는 비밀이라고 일관하며 사라지곤 합니다. 사실 샤오위는 현재의 사람이 아니라 20년 전에 이 학교에 다녔던 학생인데, 미래로 와서 샹룬을 만나는 것입니다.

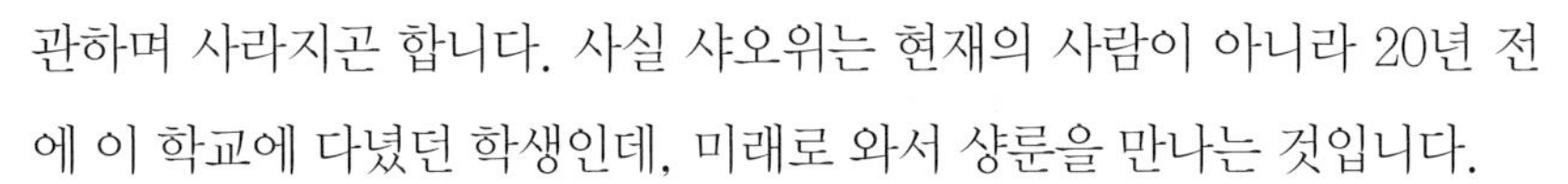

그런데 그 음악실은 졸업식 날 헐릴 예정이었고, 졸업식이 끝나 이미 건물에 대한 철거가 시작된 음악실에서 샹룬은 샤오위가 가르쳐준 음악을 연주합니다. 연주를 마친 직후 큰 철근이 샹룬을 강타해 현재의 샹룬은 그 자리에서 죽습니다. 하지만 과거의 샹룬은 죽지 않았고,

20년 전으로 돌아가 1979년의 졸업식 단체사진 속에 샤오위와 함께 서 있습니다.

이 영화에서 샹룬과 샤오위를 이어주는 매개체는 피아노로서, 피아노가 있는 음악실에서 시간 여행이 시작되고 끝이 납니다. 당연히 주인공들이 피아노 치는 장면도 많이 나오는데, 주로 쇼팽의 음악이 흘러나옵니다.

3) 〈귀를 기울이면〉

애니메이션의 거장 미야자키 하야오의 작품으로 1995년에 제작되었습니다. 사춘기 소년, 소녀의 순수하고 아름다운 사랑을 그린 이 영화는 일본 영화제에서 최우수 금상을 수상하였습니다.

중학교 3학년 시즈쿠는 평소 책을 많이 읽는 소녀입니다. 여름방학을 맞아 더욱 도서관을 자주 찾던 시즈쿠는 매번 도서카드에서 먼저 책을 빌려간 세이지란 이름을 발견하고 호기심을 갖게 됩니다. 자신보다 항상 먼저 책을 읽는 그는 멋진 사람일 것이라고 상상합니다.

어느 날 시즈쿠는 아버지의 도시락을 전해주러 지하철을 타고 가다가 지하철을 혼자 타는 신기한 고양이를 보게 됩니다. 호기심을 느낀 시즈쿠는 고양이를 따라가다 골동품가게에 들어가게 되고, 그곳에서 주인 할아버지와 손자를 보게 됩니다. 그리고 그 손자는 다름 아닌 도서관에서 가장 먼저 책을 빌려가던 세이지였음을 알게 됩니다. 사춘기의 소녀와 소년은 서로 친해지면서 첫사랑의 설레는 감정을 느끼게 되고, 시즈쿠는 세이지의 바이올린 연주에 감탄합니다. 시즈쿠는 바이올린 장인을 자신의 장래로 확실히 정한 세이지를 보면서 자신의 꿈과 미래를 진지하게 고민하게 됩니다. 그 후 세이지는 이탈리아로 연수를 떠나고, 시즈쿠는 세이지가 돌아올 때까지 작가가 되고자 도전해 보기로 하고 소설을 씁니다. 그 후 잠시 돌아온 세이지는 시즈쿠에게 나중에 결혼해 달라고 말합니다.

이 영화는 일본의 수도 도쿄가 배경이지만 현실의 도쿄와는 다른 환상적이면서 현실과 결합된 이상적인 도쿄를 보여주고 있습니다. 또한 영화 전체에 걸쳐 아름다운 음악이 흘러나와 관객들에게 아름다운 정서를 전달해 줍니다.

04 음악가는 무슨 일을 할까?

음악가들의 생활은 어떤 분야의 음악을 하느냐에 따라 크게 다릅니다. 또 어떤 기관에 소속되어 활동하느냐 아니면 프리랜서로 활동하느냐에 따라서도 많이 다릅니다. 공통점이 있다면 대부분의 음악가들은 연주 연습으로 시간을 채우고 있다는 것입니다. 그리고 그렇게 갈고 닦은 실력을 연주회나 콘서트에서 발휘합니다.

클래식 음악 연주자는 크게 연주와 실기 지도 두 가지 일을 합니다. 연주에는 협연, 실내악, 독주회, 오케스트라 연주가 포함됩니다.

오케스트라에 소속되어 활동한다면 매일 출근하여 연습을 하는 것이 원칙입니다. 그리고 틈틈이 학생들을 가르치는 일도 하는데 이것을 실기 지도라고 합니다. 실기 지도에는 초등학생이나 초보 지도, 중·고등학교와 대학 입시 지도, 대학생과 대학원생들의 지도, 유학을 돕는 일이 모두 포함됩니다.

연주 연습은 하루에 10시간 이상 계속되는 경우도 있는데, 이렇게 하다 보면 근육에 무리가 옵니다. 근육통을 예방하기 위해서는 연습 중간중간에 스트레칭을 많이 해야 합니다.

오케스트라에는 지휘자와 오케스트라 단원 간의 음악적인 이해와 인간적 협력을 중재하여 최상의 연주 결과를 이끌어 내는 역할을 하는 악장이 있습니다. 악장은 파트 연습을 통해 음악 해석의 방향을 통일시키고, 연습 전에 악보 작업을 합니다. 그 외에도 수석회의 및 운영회의에 참석하고, 지휘자를 도와 신입 단원 오디션과 단원 평정의 심사, 단원 평가 등의 일을 합니다.

05 음악가가 되기 위해 필요한 능력

1 어려서부터 재능과 꿈을 발견해야 합니다

음악가로서 성공하려면 타고난 재능이 있어야 하는데, 이러한 재능은 어릴 때 발견할 수 있어야 합니다. 어릴 때부터 음악을 접해야만 음악이 몸에 깊이 스며들어 원하는 바를 자연스럽게 표현할 수 있습니다. 우리가 의식하지 않고도 술술 말을 할 수 있듯이 어릴 때부터 음악을 해야 음악도 말처럼 자연스럽게 나오게 됩니다.

유명한 음악가들을 보면 대부분 10살 이전에 음악을 시작한 경우가 많고, 5~6세 때부터 악기를 처음 다루기도 합니다.

2 많이 보고 듣고 경험하며 창의력과 감성을 키웁니다

대부분의 사람들은 음악 속에 산다고 할 수 있을 정도로 음악과 밀접한 생활을 합니다. 하지만 이 음악이라는 존재는 볼 수도 만질 수도 없고, 다만 느낄 수 있을 뿐입니다.

이처럼 볼 수도 만질 수도 없는 음악을 만들기 위해서는 창의력과 세상의 모든 일을 마음 깊이 느낄 수 있는 감성이 필요합니다. 창의력을 가지려면 어려서부터 여행을 많이 다니고, 책을 많이 읽는 등 많이 보고, 듣고, 경험해야 합니다. 감성을 키우려면 주변의 모든 일을, 눈에 보이는 것이든 보이지 않는 것이든 마음으로 느끼고 이해해야 합니다. 사람들은 슬플 때 어떤 행동을 하고 기쁠 때는 어떤 행동을 하는지 살펴보고, 실제로 보고 느껴본 후에 작품을 창작하는 것이 도움이 됩니다. 그러려면 늘 자신의 마음속에서 일어나는 일과 주변에서 일어나는 일을 흘려버리지 않고 느끼도록 노력해야 합니다.

3 연습벌레가 되어야 합니다

볼 수도 만질 수도 없는, 느낌만의 세계인 음을 가지고 하나의 작품을 만든다는 것은 매우 어려운 일입니다. 간혹 작곡가를 두고 '신이 특별히 선택한 사람'이라 말하기도 합니다. 신이 내린 음악적 재능이 아니고서는 이룰 수 없을 만큼 작곡이 어렵다는 뜻입니다. 그러나 재능을 타고난 훌륭한 작곡가라고 해도 가만히 앉아서 누군가 불러주는 음을 받아 적듯 쉽게 곡을 쓰지는 않습니다. 우리가 뛰어나다고 칭찬하는 곡은 그 작곡가가 쓴 수십, 수백 편의 곡 중 단 몇 곡뿐입니다.

작곡가의 머릿속에 악상이 번뜩번뜩 떠올랐다고 해도 그 악상을 가지고 완전한 곡으로 만들기까지는 며칠 동안 뼈를 깎는 듯한 괴로운 작업을 해야 합니다. 하나의 작품을 100번도 넘게 새로 쓰고 고치고 다듬는 경우도 있습니다.

노력 없이는 아무것도 얻을 수 없습니다. 특히나 예술은 눈에 보이지도 잡히지도 않는 그 무엇인가를 표현하고 전달하는 분야입니다. 그렇기 때문에 더욱 많은 노력이 필요합니다. 모든 예술 창작은 노력의 결과입니다.

Tip

훌륭한 음악가가 되기 위해서는 연습벌레가 되어야 합니다. 아무리 천부적인 재능이 있다고 해도 열심히 노력하지 않으면 성공할 수 없습니다. 비록 재능이 조금 부족하다고 해도 남들보다 더 많이, 더 열심히 연습하면 훌륭한 음악가로 성공할 수 있습니다.

4 외국어 능력

우리나라 음악가 중 세계적으로 이름을 날리고 있는 음악가는 참으로 많습니다. 성악가 조수미, 지휘자 정명훈, 바이올리니스트 장영주, 첼리스트 장한나 등등…….

이들의 공통점은 외국으로 유학을 떠나 음악을 공부하여 성공했다는 점입니다. 외국에서 음악을 공부하려면 기본적으로 유학 간 나라의 언어를 읽고 쓸 줄 알아야 합니다. 또한 이들은 우리나라 매체뿐 아니라 외국 매체와도 인터뷰를 해야 할 때가 많습니다. 이럴 때 대부분의 인터뷰는 영어로 이루어집니다. 따라서 세계적인 음악가가 되려면 외국어 능력이 필수입니다. 실제로 세계적인 소프라노 조수미는 영어, 이탈리아어, 독일어, 프랑스어 등 4~5개 외국어에 능통하다고 합니다.

5 튼튼한 체력 관리

"하루 연습을 안 하면 내가 알고, 이틀 연습을 안 하면 비평가들이 알고, 사흘 연습을 안 하면 청중 모두가 안다."라는 말이 있습니다. 이 말은 어느 피아니스트가 한 것으로 음악가들에게 있어 연습의 중요성이 얼마나 큰지 알게 해줍니다.

유명한 음악가들은 하루 5~6시간의 연습은 보통이고, 10시간 이상씩 연습하는 경우도 많다고 합니다. 이런 호된 훈련을 계속하려면 스트레스를 이기는 능력과 인내심, 그리고 튼튼한 체력이 뒷받침되지 않고는 불가능합니다. 특히 체력 관리를 잘해야 합니다. 몸 상태가 좋지 않으면 무대에서 집중이 흐트러지고, 당연히 연주의 질도 떨어지게 됩니다. 연주자에게는 연습만큼이나 체력 관리도 무척 중요합니다.

06 음악가의 장단점

1 장점

1) 평생 좋아하는 일을 하며 살 수 있습니다

대부분의 음악가는 자신이 좋아서 음악을 하는 경우가 많습니다. 어렸을 때 꿈꿔 왔던 일을 직업으로 삼아서 일을 한다는 사실만으로도 너무나 행복하지요. 관객들에게 기쁨을 주고 힘을 주는 공연을 할 때 음악가가 되길 정말 잘했다는 생각이 들 것입니다.

2) 돈과 명예를 얻을 수 있습니다

음악가로서 유명해지면 돈을 많이 벌고, 명예도 얻을 수 있습니다. 물론 모든 음악가가 돈을 많이 버는 건 아니며, 사람에 따라 돈을 버는 수준이 천차만별입니다. 그러나 기본적으로 앨범을 만드는 음악가들은 판매된 음반에 대한 로열티(판매액의 일정액)를 받고, 인기가 많은 밴드나 음악가는 티셔츠나 포스터 같은 상품을 팔아서 특별 수입을 얻기도 합니다. 전문적으로 연주만 하는 스튜디오 음악가들은 주로 앨범 작업에 참여하게 되는데, 유명한 연주가들은 많은 돈을 벌 수 있습니다.

3) 역사에 이름을 남길 수 있습니다

바흐, 모차르트, 베토벤, 슈베르트, 안익태, 홍난파, 조수미, 정명훈, 정경화, 장영주……. 그리고 대중가수로 이미자, 조용필, 서태지, 소녀시대, 아이유 등 우리가 알고 있는 유명한 음악가는 셀 수 없이 많습니다.

'호랑이는 죽어서 가죽을 남기고, 사람은 죽어서 이름을 남긴다.'라는 말이 있습니다. 이들 음악가들은 아름다운 음악을 만들거나 연주하거나 지휘하면서 사람들의 사랑을 받고, 역사에 이름을 남기고 있거나 앞으로 남길 것입니다.

이처럼 음악가로서 성공하면 대중의 사랑도 받고, 명예도 얻고, 많은 돈을 벌고, 역사에 이름을 남길 수 있는 등 좋은 점이 많습니다.

4) 자신의 제자를 길러낼 수 있습니다

클래식 음악가들 중에는 음악을 만들거나 연주하거나 지휘를 하면서 학교에 나가 강의를 하는 사람도 있습니다. 특히 유명한 음악가 중에 대학 교수로 재직하는 경우가 많습니다. 이들은 자신이 하고 싶은 음악을 하는 한편, 자신의 실력을 제자들에게 전수할 수 있습니다. 똑똑하고 음악적 재능이 있는 제자를 길러낸다는 점은 참으로 보람된 일일 것입니다.

2 단점

1) 많은 노력이 필요합니다

공부로 성공하는 사람들의 수보다 음악이나 미술, 체육 등의 분야는 실제 사회에서 필요로 하는 인원이 더 적은 편이기 때문에 이 분야에서 성공을 한다는 것은 어쩌면 공부보다 더 어려울 수 있습니다.

음악가는 대부분의 시간을 연습을 하며 보내야 합니다. 대학이나 예술전문학교에 강의를 나가기도 하지만 오케스트라에 소속되어 있는 경우는 매일 정해진 연습 시간에 따라 단원들과 함께 연습을 하고, 이후에도 개인 연습을 해야 합니다.

2) 생활이 불규칙합니다

음악회는 주로 평일 저녁이나 주말에 열리기 때문에 음악가들은 남들이 쉴 때 일해야 하는 경우가 많습니다. 사람들이 음악을 들으면서 휴식을 취할 때 음악가는 일을 하는 것이지요. 또한 지방 공연이나 해외 공연을 위해 집을 떠나 있을 때가 많습니다.

특히 음악을 만드는 작곡가의 생활은 매우 불규칙하다 할 수 있습니다. 일에 한 번 몰입하면 밤을 새는 경우도 흔한데, 작곡가들은 주로 조용하여 집중이 잘 되는 밤에 작업을 합니다.

그야말로 올빼미 생활이지요.

또한 한 곡이 만들어지기까지 많은 노력을 해야 합니다. 곡이 잘 써질 때는 괜찮지만 곡이 잘 써지지 않는데 의뢰받은 약속 날짜가 다가오면 무척 괴롭습니다. 하얗게 비어 있는 악보를 보면 앞이 깜깜할 때가 많지만 누가 대신해 줄 수는 없습니다. 그렇지만 자신이 만든 음악이 많은 사람들의 사랑을 받을 때는 그동안의 고생과 피로가 눈 녹듯이 사라집니다.

3) 수입이 일정하지 않습니다

클래식 음악가들은 보통 관현악단, 교향악단, 합창단, 오페라단 등에 단원으로 소속되어 활동하거나 프리랜서로 활동합니다. 그러나 이런 악단에서 주는 보수만으로는 생활하기가 빠듯합니다. 그래서 많은 클래식 음악가들은 중 · 고등학교에서 음악 교사를 겸직하거나 예술계 중 · 고등학교 또는 대학에서 강의를 하거나 사설 음악학원을 운영하는 등 겸업하는 경우가 많습니다.

그러나 일정한 직업이 없이 오로지 프리랜서로 활동하는 음악가들도 있는데, 이들은 생활하기가 힘듭니다. 누군가에게 의뢰를 받아야 일을 할 수 있기 때문에 일이 들쭉날쭉하고 수입 역시 들쭉날쭉하여 안정된 생활을 하기가 어렵습니다.

특히 대중음악 가수의 경우 이런 현상이 더욱 심각합니다. 지금은 유명한 가수가 된 비(정지훈) 역시 무명 시절에는 라면 한 개로 며칠을 버티거나 빵 한 개로 두 끼를 나누어 해결하면서 춤 연습을 했다고 합니다. 따라서 대중가수의 길로 들어서려면 환상만을 갖는 게 아니라 힘들어도 끝까지 버텨낼 각오가 있어야 합니다.

4) 미래가 불안합니다

해마다 수많은 음악가들이 쏟아져 나오지만 이들이 일할 곳은 많지 않습니다. 예전에는 오케스트라 취업이 쉬웠으나 지금은 외국에 유학을 다녀온 사람도 들어가기 힘들다고 합니다. 아니면 음악 교사가 되거나 대학에서 학생들을 가르치는 경우도 있으나 이런 일 역시 하늘의

별따기입니다. 그것도 아니면 피아노 학원 등 음악학원을 열 수 있으나 현재 포화상태인데다 국 · 영 · 수 위주의 선행 교육이 이루어지다 보니 초등 저학년 때부터 음악학원을 그만두고 영어나 수학, 논술 학원으로 발길을 돌리는 아이들이 늘고 있습니다.

대중가수 역시 연예기획사에 소속되어 오랜 기간 연습생으로 활동해야 하는데, 연습생 생활은 무척 고됩니다. 노래 연습과 춤 연습 모두 트레이닝을 힘들게 받는데 사실 데뷔를 할 수 있을지 없을지도 모르는 상태에서 끝이 보이지 않는 연습을 계속하는 건 누구에게나 초조하고 불안한 일입니다. 가수가 되고 싶다는 열망이 없다면 불가능한 일입니다. 아이돌 가수 중에는 7년 동안이나 연습생 생활을 한 경우도 있습니다.

이렇게 힘든 연습생 생활을 견디고 가수로 성공하는 경우도 있지만 많은 가수 지망생들이 중간에 포기한다고 합니다. 또한 한때 인기가 있었더라도 그 인기를 유지하지 못하고 시들해지면 대중들에게 금방 잊혀질 수도 있습니다.

07 음악가가 되기 위한 과정

Tip

음악가들은 공연 수익이나 음반 수익을 얻기는 하지만 학생들을 가르치는 일을 병행하는 경우가 대부분입니다. 많은 연주가나 성악가들이 무대에 서는 한편 대학교에서 학생들을 가르치거나 개인 레슨을 하고 있습니다.

1 초등학교 이전

음악가가 되고 싶다면 어린 시절, 즉 초등학교에 입학하기 전부터 음악과 친숙해져야 합니다. 어릴 때 음악을 시작하면 음악이 무의식 깊숙한 곳까지 파고들어 음악적으로 느끼거나 표현하는 일이 자연스러워집니다. 유명한 음악가들을 보면 대부분 10살 이전에 음악을 시작한 경우가 많고, 어린 나이에 탁월한 재능을 보여 사람들을 깜짝 놀라게 한 음악가들도 많이 있습니다.

모차르트는 네 살 때 하프시코드 연주곡을 작곡하였고, 여섯 살 때 첫 연주회를 열었습니다. 헨델은 일곱 살 때 완벽하게 오르간을 연주했으며, 쇼팽은 일곱 살 때 폴로네즈를 작곡했습니다. 슈만은 아홉 살 때 〈학교에서의 즐거움〉을 작곡했고, 파가니니는 열 한 살 때 첫 공연을 했습니다. 베토벤은 열 두 살 때 〈드레슬러의 행진 변주곡〉을 내놓았고, 베버는 열 네 살 때 첫 오페라 곡을 작곡했습니다.

대중가수가 되기 위해서도 어릴 때부터 준비하는 것이 중요합니다. 노래 연습과 춤 연습을 하고, 악기도 한두 개 배워 두면 유리합니다.

2 초등학교 시절

초등학교에 입학해서도 학원에 다니거나 개인 교습을 받으면서 음악적인 훈련을 받고, 기회가 되면 음악 콩쿠르에 참가해 보는 것이 좋습니다. 콩쿠르에서 수상을 하면 음악적인 자신감이 매우 높아집니다. 그 밖에 음악 연주회를 관람하거나 음악과 관련된 뮤지컬이나 영화를 보는 것도 좋습니다. 그리고 여행이나 체험을 통한 직접적인 경험과 다양한 독서를 통한 간접적인 경험을 쌓아 세상을 보는 안목을 키우는 것이 깊이 있는 음악을 하는 데 도움이 됩니다.

이런 경험들은 중 · 고등학교 시절에도 필요하지만 초등학교 때가 시간이 많고 공부에 대한 부담도 적으니 미리미리 다양한 경험을 쌓아 두는 것이 좋습니다.

3 중 · 고등학교 시절

대학에 입학하기 위해서는 실기시험을 치러야 하기 때문에 중 · 고등학교 시절에도 꾸준히 연습을 하고 레슨을 받아야 합니다.

음악을 전문적으로 공부하는 예술 중학교나 예술 고등학교에 입학하면 보다 유리한데, 간혹 일반 중학교를 졸업한 후에 예술 고등학교에 입학하는 경우도 있습니다. 이들 예술 중 · 고등학교에서는 음악 중심의 교과 과정으로 수업이 진행되므로 일반 학교에 비해 음악과 친숙하게 지낼 수 있습니다.

일반 고등학교에 다니면서 음악 대학에 입학하려면 따로 레슨을 받

Tip

중 · 고등학교 시절에 너무 음악만 공부해서는 안 됩니다. 요즘엔 대학에 입학하려면 국어 · 영어 · 수학을 비롯한 학교 공부도 잘 해야 합니다.

고 음악적인 훈련을 해야 합니다. 예술 고등학교에 비해 조건은 불리하지만 음악적 재능과 열정, 노력만 있다면 자신이 원하는 음악대학에 얼마든지 합격할 수 있습니다. 그리고 중 · 고등학교 시절에도 기회가 된다면 꾸준히 콩쿠르에 나가는 것이 좋습니다. 콩쿠르에서 입상을 하면 대학 입학에 유리합니다.

4 대학교 시절

대학에 입학할 때는 자신이 좋아하는 학과를 선택하여 공부할 수 있습니다. 음악대학에는 기악과, 성악과, 작곡과, 관현악과, 피아노과, 음악과 등이 있습니다.

대학에서는 자신의 전공 분야를 좀 더 깊이 있게 공부하고 많은 연습을 해야 합니다. 그리고 음악 이론, 음악사, 음향학 등의 이론도 배우게 됩니다. 특히 작곡가가 되려면 음악사, 악기론, 음악분석, 악기연주 능력, 음악해석법 등 음악의 각 분야에 대한 지식뿐만 아니라 인문학적 지식도 필요합니다.

5 취업 및 유학

대학을 졸업한 뒤에는 오케스트라 같은 곳에 입단하여 음악 활동을 하거나 중 · 고등학교의 음악 교사, 또는 음악 치료사가 될 수도 있습니다. 아니면 학원을 차릴 수도 있고요. 오케스트라 단원이 되려면 서류 전형과 실기시험을 통과해야 합니다. 실기시험은 지정곡과 응시자의 자유곡으로 이루어집니다.

하지만 대학 졸업 후 취업이 쉽지 않기 때문에 많은 학생들이 대학원에 진학하여 전문 분야를 좀 더 공부하거나 이탈리아나 독일, 프랑스, 미국 등지로 유학을 떠나기도 합니다. 지휘자의 경우, 지휘만을 전공한 사람도 있지만 대개 악기를 전공하다가 지휘 공부를 더 해서 활동하는 경우가 많다고 합니다.

음악대학을 졸업하고 유학을 다녀온 뒤에도 각종 콩쿠르에 참가하는 것이 좋습니다. 세계적인 콩쿠르에서 입상하면 음악 활동을 하는 데 있어 많은 기회가 주어집니다.

08 음악가의 마인드맵

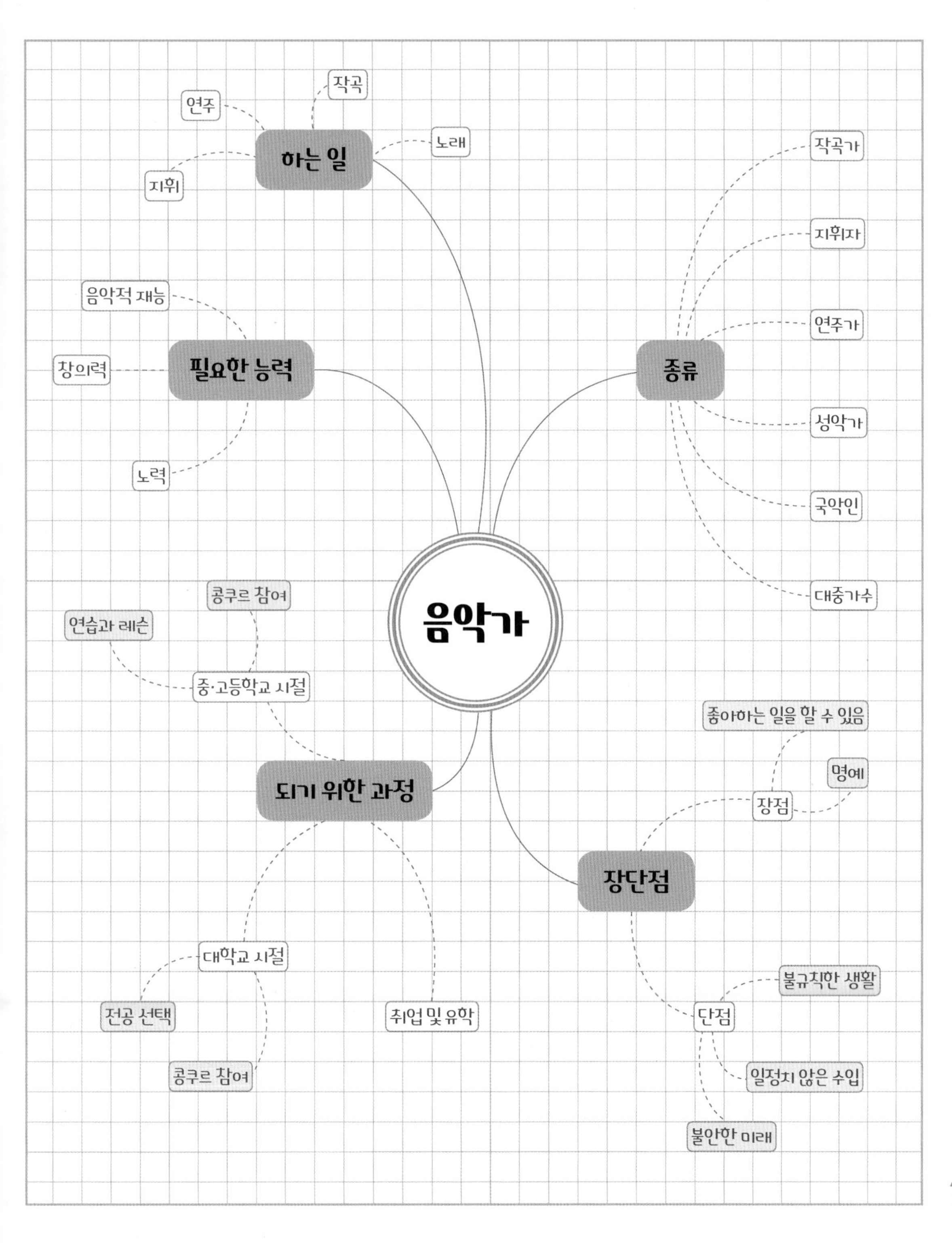

음악가
하는 일
작곡
연주
노래
지휘
필요한 능력
음악적 재능
창의력
노력
종류
작곡가
지휘자
연주가
성악가
국악인
대중가수
되기 위한 과정
콩쿠르 참여
연습과 레슨
중·고등학교 시절
대학교 시절
전공 선택
콩쿠르 참여
취업 및 유학
장단점
좋아하는 일을 할 수 있음
명예
장점
불규칙한 생활
단점
일정치 않은 수입
불안한 미래

09 음악가와 관련하여 도움받을 곳

1 직업 정보를 얻을 수 있는 기관

● 예술의 전당(http://www.sac.or.kr) 서울 서초구에 위치한 국내 최대의 예술 문화 공간입니다. 음악당, 미술관, 오페라하우스 등 각종 문화 공간이 유기적으로 연결되어 누구나 쉽게 접근할 수 있으며 건물과 건물 사이에 아늑한 마당, 한국정원, 분수가 있는 연못 등 자연과 아름다운 음악 선율을 만끽할 수 있게 꾸며져 있습니다.

실내 공간은 축제극장 · 음악당 · 미술관 · 자료관 · 교육관 등 예술 전반을 수용할 수 있으며, 옥외 공간은 원형광장 · 만남의 거리 · 전통한국정원 · 야외극장 및 장터 등을 두루 갖추고 있습니다. 중심이 되는 축제극장은 한국 문화의 한 핵심을 이루는 선비 정신을 본뜬 갓 모양의 원형 건물이고, 음악당은 부채 모양으로 설계되었습니다.

방문 신청을 하면 예술의 전당 곳곳을 살펴볼 수 있습니다.

● 세종문화회관(http://www.sejongpac.or.kr) 서울시 종로구 세종로에 위치한 시민 문화 공간으로 1978년에 문을 열었습니다. 한국의 옛 건축 양식을 현대적 감각에 맞게 변용하여 웅장하면서도 우아한 느낌을 갖도록 설계하였습니다.

세종문화회관은 대극장, 소극장, 미술관 본관, 미술관 별관, 미술관 신관 등의 기본 시설과 컨벤션 센터, 컨퍼런스 홀, 소회의실, 분수대광장, 데크 플라자, 삼청각 등의 부대시설로 이루어져 있습니다.

주무대인 대극장은 동양 최대의 파이프 오르간과 웅장한 무대를 갖추었고 3,022석의 객석이 있습니다. 음악, 연극, 무용, 영화 등 장르에 구애받지 않고 다양한 공연을 할 수 있습니다. 특징적인 시설인 미술관 별관은 지하철역을 문화 공간으로 탈바꿈시킨 것으로, 서울지하철 5호선 광화문역 4번 출구에 있습니다. 그래서 보통 광화문 갤러리로 불립니다. 6채의 한옥으로 이루어져 있는 삼청각은 전통문화 체험의 장으로 활용하고 있습니다.

세종문화회관은 여러 가지 사회공헌 프로그램을 운영하고 있는데, 그 중의 하나인 '천 원의 행복'은 세종문화회관에서 진행되는 국내외 저명한 아티스트들의 수준 높은 공연을 입장료 1,000원에 제공하는 프로그램으로, 신청자 중에서 추첨으로 뽑힌 사람만 관람할 수 있습니다. 매회 평균 경쟁률이 8:1 정도라고 하니 관심 있는 공연이라면 한 번쯤 도전해 볼 만합니다. 그 밖에 음악가들과 연계하여 다양한 연주회를 저렴한 가격에 관람할 수 있는 프로그램이 많이 있으니 홈페이지에 들어가 확인해 보면 됩니다.

● **고용노동부 워크넷(https://www.work.go.kr)** 한국고용정보원에서 운영하는 사이트로 무료로 직업 심리 검사를 할 수 있습니다. 직업 정보 검색, 직업 · 진로 자료실, 학과 정보 검색 등의 정보를 제공하며 직업 · 학과 동영상, 이색 직업, 테마별 직업 여행, 직업인 인터뷰 자료를 볼 수 있습니다. 온라인 진로 상담 서비스도 제공합니다.

● **진로정보망 커리어넷(https://www.career.go.kr)** 한국직업능력개발원이 운영하는 사이트로 초등학생부터 성인, 교사에 이르기까지 대상별로 진로 및 직업 정보를 제공하며 온라인 상담도 가능합니다. 심리 검사를 무료로 이용할 수 있으며, 학생들이 만든 UCC 자료도 무료로 볼 수 있습니다.

2 직업 체험 프로그램

● **서울시립 청소년 직업 체험 센터(http://www.haja.net)** 서울시 영등포구에 있습니다. 일명 '하자센터'라고 부르며 연세대학교가 서울시로부터 위탁받아 운영하고 있습니다. 현재의 배움이 일을 통해 어떻게 구현되는가에 대해 고민하는 기회를 가짐으로써 청소년들이 자신의 미래

일자리에 대해 관심을 갖게 합니다. 또한 자신이 원하는 분야에서 일하려면 어떤 배움의 과정을 거쳐야 할지 알아보고, 이를 위해 일, 놀이, 학습이 하나로 통합되어 체험할 수 있는 과정으로 진행합니다.

일일직업체험 프로젝트 등 일반 청소년 대상의 프로그램 역시 단순한 진로체험이나 설계를 넘어서 '생애설계'의 과정으로써 삶의 지속가능성을 추구하고 청소년 스스로 자활과 자립을 모색하도록 합니다. 또한 음악가 체험을 원하는 청소년들에게는 녹음실을 빌려주고 음악과 관련된 직업을 체험할 수 있습니다.

● **교육부 어린이 홈페이지**(http://kids.moe.go.kr) 아이들이 궁금해 할 만한 다양한 직업에 대해 가나다순으로 알기 쉽게 설명되어 있습니다. 직업에 대한 기본 정보를 알고 나서 교육부에서 주관하는 창의적 체험 활동에 참여하면 효과가 더욱 클 것입니다.

● **코리아잡스쿨**(http://www.kojobs.co.kr) 학생들이 직업 체험 프로그램에 참가하여 접하기 어려운 직업을 미리 탐색할 수 있고, 직업 세계에 대한 이해를 넓힐 수 있습니다. 또한 특정 직업에 대한 편견을 버리고 건전한 직업관을 형성할 수 있으며, 사회에 첫발을 내딛는 것에 대한 막연한 두려움에서 벗어나 자신감을 가질 수 있습니다. 현재 138개 특성화고, 마이스터고 컨설팅 및 평가, 27개 대학 취업 캠프를 운영하고 있습니다.

10 유명한 음악가

1 베토벤(1770~1827)

독일의 본에서 태어난 베토벤은 8세 때 첫 공개 연주를 했으며, 14세 때 궁중 예배당의 오르간 연주자가 되었습니다. 1787년 오스트리아 빈으로 가서 모차르트와 하이든에게 음악을 배웠습니다. 1795년에 연주자로서 데뷔하여 널리 이름이 알려지게 되었습니다. 그런데 1800년 〈월광 소나타〉를 작곡할 무렵부터 귀에 통증을 느꼈고 소리가 점점 들리지 않게 되었습니다. 그렇지만 귀가 들리지 않은 가운데서도 고통을 이겨내고 〈운명〉, 〈영웅〉, 〈전원〉, 〈합창〉 등 불멸의 교향곡을 만들어 냈습니다.

교향곡 〈운명〉의 원래 제목은 〈암흑에서 광명으로〉입니다. 이 교향곡을 작곡하게 된 까닭은 거의 아무것도 듣지 못하던 베토벤이 공원을 산책하다 박새의 울음소리를 듣고 너무 기뻐서 교향곡 〈운명〉의 첫 구절을 떠올리게 되었다고 합니다. 당시 사랑하는 사람과 헤어지고 귀도 들리지 않게 된 가혹한 운명을 극복하기 위해 만든 음악입니다. 운명의 첫 부분에 대해 베토벤은 이렇게 말했다고 합니다. "운명은 이렇게 문을 두드린다."

청력을 잃은 뒤에도 꾸준히 활동하다가 57세에 세상을 떠났습니다.

2 모차르트(1756~1791)

오스트리아 잘츠부르크에서 태어났으며, 어렸을 때부터 재능을 보여 5세 때 작곡을 했습니다. 6세 때부터 아버지, 누나와 함께 음악 연주 여행을 시작하여 오스트리아 황제 마리아 테레지아 앞에서 연주하기도 했습니다. 모차르트는 음악 연주 여행 도중에 하이든과도 사귀고 어린 베토벤을 만나기도 했습니다.

1782년 아버지의 반대를 무릅쓰고 콘스탄체라는 여성과 결혼하였는데, 콘스탄체는 낭비벽이 심하여 모차르트는 항상 돈에 쪼들려 살아야 했고 빚이 점점 늘어났습니다. 이런 가운데에서도 〈피가로의 결혼〉, 〈돈 조반니〉, 〈마적〉 등 오페라 걸작들을 작곡했으나, 가난과 질병에 시달리다 35세의 짧은 생애를 마쳤습니다.

대중적인 사랑을 많이 받고 있는 세레나데 제13번 〈아이네 클라이네 나흐트무지크〉는 '작은 밤의 음악' 또는 한자어로 '소야곡'이라고 합니다. 이 말은 '세레나데'를 칭하는 독일어입니다. '세레나데'란 밤에 사랑하는 사람의 집 창가에서 부르거나 연주하던 음악으로 모차르트 시대에는 주로 궁정이나 귀족의 집에서 행사가 있을 때 연주되었습니다. 모차르트는 1787년에 이 곡을 작곡했는데, 당시 믿고 의지했던 아버지가 돌아가시고, 누나도 결혼하여 잘 만날 수 없는 상황이었습니다. 게다가 늘 돈에 쪼들려 쫓기듯이 음악을 만들었습니다. 그럼에도 이 곡은 우아하면서도 아름답고 경쾌한 느낌을 줍니다.

3 비틀스

록 음악 역사상 가장 인기 있는 그룹입니다. 존 레논(1940~1980), 폴 매카트니(1942~), 조지 해리슨(1943~2001), 링고 스타(1940~) 네 사람으로 이루어졌습니다. 존 레논과 조지 해리슨은 주로 전기 기타를 맡았고, 폴 매카트니는 베이스 기타, 링고 스타는 드럼 세트를 맡았습니다. 네 사람 모두 노래를 불렀으며, 존 레논과 폴 매카트니가 주로 작곡을 했습니다.

비틀스는 네 사람 모두 영국 리버풀에서 태어났으며, 1960년 비틀스를 결성했습니다. 1962년부터 영국에서 인기를 끌기 시작했고, 2년 뒤에는 전 세계에 널리 알려졌습니다. 1964년부터 미국 순회공연을 했는데, 미국 전 지역에서 커다란 화제를 불러일으켰습니다.

비틀스는 1960년대 중반부터 록 음악에 새로운 방향을 제시했습니다. 대부분 박자가 강렬했던 록 음악에서 비틀스만의 철학과 선율이 담긴 음악 양식을 선보이며 대중음악의 영역을 확장시켰습니다. 1964년 한 해 동안 비틀스는 여러 곡을 빌보드 차트 정상에 올려놓았으며, 그 해 4월에는 1~5위를 휩쓸기도 했습니다. 그리하여 영국 여왕은 비틀스에게 대영제국 훈장을 수여하기도 했습니다.

그러나 1960년대 후반에 들어서면서 음악에 대한 견해 차이, 사업 문제, 개인적인 일로 마찰이 생기기 시작해 1970년에 해체되었습니다. 그 후 각자 음악활동을 하던 중 존 레논이 1980년 뉴욕에서 암살되었으며, 2001년 조지 해리슨이 암으로 사망했습니다.

4 조수미(1962~)

세계적인 소프라노 성악가인 조수미는 초등학교 때 성악을 시작하여 선화예중, 선화예고를 거쳐 서울대학교 성악과에 수석으로 입학했습니다. 서울대를 다니던 중에 이탈리아로 유학을 떠나 로마 산타 체칠리아 음악원에 입학했고, 5년제 학교를 2년 만에 초고속으로 졸업했습니다.

1985년 나폴리 콩쿠르에서 우승을 차지하였으며, 1986년 트리에스테의 베르디 극장에서 〈리골레토〉의 '질다' 역으로 첫 주연 데뷔했습니다. 1988년 베르디 오페라 〈가면무도회〉에서 오스카 역으로 플라시도 도밍고 등과 함께 녹음에 참여하여 세계적인 명성을 쌓을 수 있는 계기를 마련했습니다. 이 오디션에서 세계적 지휘자 카라얀은 조수미에 대해 '신이 내린 목소리'라고 극찬했으며, 주빈 메타는 '100년에 한두 사람 나올까 말까 한 목소리의 주인공이다.'라며 극찬했습니다.

이후 조수미는 세계 5대 오페라극장을 섭렵하면서 게오르그 솔티, 주빈 메타, 알프레드 크라우스, 로린 마젤 등의 유명 지휘자와 함께 〈마술피리〉 등 여러 오페라에 출연했습니다. 1993년 게오르그 솔티와 녹음한 리하르트 슈트라우스의 〈그림자 없는 여인〉은 그래미상 클래식 오페라 부문 최고 음반에 선정됐습니다. 1993년 이탈리아 최고 소프라노에게만 준다는 황금 기러기상을 수상했고, 2008년에는 이탈리아인이 아닌 사람으로서는 처음으로 국제 푸치니 상을 수상했습니다. 조수미는 2015년 기준 29년차 성악가로 1년에 300일 이상 세계 각지에 공연을 다니고 있습니다.

5 정 트리오

세계적인 음악가 정명화, 정경화, 정명훈 남매로 구성된 트리오이자 그들 남매를 일컫는 말이기도 합니다. 첫째인 정명화는 첼로, 둘째인 정경화는 바이올린, 셋째이자 남성인 정명훈은 세계적인 지휘자로 활동하고 있습니다. 정 트리오의 활약은 1978년 시작부터 사람들의 관심을 끌며, 방송과 언론으로부터 스포트라이트를 받았습니다. 각기 미국과 프랑스 등지에서 활동하면서 국내에서 정 트리오라는 이름으로 공연하기도 했습니다. 1995년 이후로는 트리오 활동보다는 각자 솔로 활동에 더욱 초점을 맞추기 시작했고, 현재 여러 나라에서 활동 중입니다.

11 이 직업을 가진 사람에게 듣는다

음악가 한정림 | 작곡가 & 음악감독

클래식에서 뮤지컬, 그리고 탱고까지 장르는 다양하지만
음악을 통해서 오로지 사람들의 마음을 치유하길 원하는
음악가 한정림의 순수하게 음악을 사랑하는 방법을 들어 본다.

Q1 음악가가 된 동기는 무엇인가요?

아버지가 뮤지컬 관련 일을 하셨습니다. 하지만 아버지가 자연스럽게 음악을 접하게 해 주신 건 아닙니다. 아버지는 여성들이 예체능 관련 일을 하다가 잘 안 되면 곤란을 겪게 되는 것을 많이 보셨기 때문에, 제가 음악에 관심 갖는 것을 아예 막으셨습니다. 그래서 영화나 뮤지컬도 못 보게 하셨고, 오빠는 피아노 등 악기를 배웠지만 전 배우지 못하게 하셨지요.

그러다 중학교 때, 우연히 정말 우연히 친구와 아버지의 뮤지컬을 보게 되었습니다. 그때부터 음악에 관심을 갖게 되었고, 이 일을 하기로 결심했지요.

간혹 예체능 분야에 있어서 조기 발견의 중

요성을 강조하면서, 부모님이 예술 관련 일을 하거나 어렸을 때부터 예체능 공부를 시작한 학생들에 비해서 그렇지 않은 학생들이 뒤처질 거라고 말하는데 그렇지 않습니다. 부모님께 전혀 영향을 안 받는다고 말할 수는 없지만 이런 경험이 없다고 해서 뒤처지는 건 아니라고 생각합니다.

Q2 음악가는 어떤 사람이고 음악은 우리 인생에서 어떤 역할을 한다고 생각하세요?

음악가는 음악으로 말하는 사람입니다. 그리고 음악은 인생에서 사람들을 치유하는 역할을 한다고 생각합니다. 저는 백 마디 말보다 한 곡의 음악에 더 강한 치유의 힘이 있다고 믿습니다. 그리고 제가 그런 음악을 만드는 사람이 되기를 바랍니다.

저는 음악을 사회적 성공의 도구로 이용하는 사람들을 싫어합니다. 요즘 음대 나온 사람 중에서 음악이 없으면 죽을 것 같아서 음악을 하는 사람은 별로 없습니다. 나이 들어서 교수를 하기 위해 음악을 한다는 등 음악 뒤에 단서가 붙는 사람들이 많습니다. 좋아하는 음악을 열심히 하다 보면 인정을 받게 되는 것이지, 인정받기 위해 음악을 하는 것은 자연스러운 일이 아닙니다. 음악 하는 사람들은 음악을 신성하게 여겨야 한다고 생각합니다.

Q3 어떤 장르의 음악을 즐겨 들으세요? 협연하고 싶은 음악가도 궁금합니다.

클래식을 전공했지만 클래식 음악은 1년에 한두 번 정도 듣습니다. 클래식은 슈만 음악을 주로 듣고 보통은 마일즈 데이비스나 이정식 선생님 음악을 즐겨 듣습니다.

어떤 부모님들은 어릴 때는 아이들에게 무조건 클래식 음악을 많이 들려줘야 한다고 생각하는데, 그건 아니라고 생각합니다. 부모님이 미리 그런 선택을 해버리면 아이들에게 음악을 판단할 수 있는 잣대가 안 생기거든요. 아이들은 그냥 다양하게 듣게 해주는 게 좋습니다.

전 가요도 굉장히 좋아합니다. 최근에는 윤미래 씨의 음악을 즐겨 듣습니다. 기회가 된다면 양희은 선생님과 협연하고 싶습니다. 저는 양희은 선생님처럼 노래를 잘하는 사람을 좋아합니다. 같은 이유로 김태우 씨도 무척 좋아합니다. 김태우 씨와는 협연을 자주 했는데 노래도 잘 부르지만 김태우 씨 스스로 흥이 있어서 좋습니다. 앞으로 이런 분들과 협연하고 싶습니다.

Q4 작곡과 음악감독 일을 모두 하시는데, 두 작업은 어떻게 다른가요?

두 가지 일 모두 제게 기쁨을 줍니다. 하지만 사람 만나는 일을 특별히 좋아하지는 않기 때문에 음악감독 일은 좀 벅찹니다. 그래서 음악감독 일은 1년에 한 번 정도만 하려고 합니다.

또 저는 두 가지 일을 동시에 하지 않으려고 하는데, 두 일은 전혀 다른 영역의 일이기 때문입니다. 작곡은 감성의 영역이고, 음악감독은 이성의 영역이라고 생각합니다. 작곡과 음악감독을 동시에 할 때는 이성적인 면이 제 음악을 가둬 놓을 염려가 있으므로 한 번에 한 가지 일만 하는 편입니다.

Q5 어떤 음악이 좋은 음악이라고 생각하세요?

제 개인적으로는 한 번 듣고도 사람들이 따라 부를 수 있는 음악이 좋은 음악이라고 생각합니다. 저도 쉬운 곡을 쓰기 위해 노력하지만 잘 되지 않습니다.

대부분의 작곡가들은 곡을 쓰고 나서 유치하다고 생각해서 자꾸만 고칩니다. 하지만 처음 쓴 곡이 가장 좋은 곡일 경우가 많습니다. 그런데 자기가 배운 지식을 자꾸 적용하고 싶어서 계속 고치게 되지요. 여기엔 A라는 음악지식을 적용하고, 저기엔 B라는 음악지식을 적용하는 식으로 고쳐서 곡이 자꾸 변합니다. 좋은 노래를 만들려면 욕심을 버려야 합니다.

Q6 그럼 어떤 음악가가 좋은 음악가일까요?

좋은 음악가는 인간성이 좋은 사람이라고 생각합니다. 사람이 좋지 않으면 좋은 음악을 만들 수 없습니다. 개인의 사생활을 말하는 게 아니라, 사람 자체가 순수하고 영적으로 깨어 있어야 좋은 음악을 만들 수 있습니다. 제가 말하는 영적으로 깨어 있다는 것은 깨끗하고 죄를 덜 짓고 사는 것을 뜻합니다.

저는 종교가 없지만, 누가 종교를 물어보면 성당에 다닌다고 말할 때가 있습니다. 때때로 교회에도 가고 성당에도 가거든요. 저 자신이 못된 생각을 하거나 나쁜 짓을 저지르면, 어딘가에 가서 제 자신을 돌아보는 시간을 갖습니다. 이런 반성의 시간을 거쳐야 좋은 음악을 만들 수 있습니다. 아무래도 뭔가 나쁜 일을 저지르면, 그쪽에 자꾸 신경이 쓰이게 되고 음악에 집중할 수 없어서 그런 것 같습니다.

Q7 뮤지컬 작업을 많이 하셨는데, 뮤지컬의 매력은 뭐라고 생각하세요?

음악과 드라마가 함께하는 것이 뮤지컬의 가장 큰 매력입니다. 같은 이유로 모험을 안고 가는 장르이기도 하지요. 뮤지컬 안에서 드라마와 음악이 따로 놀 때는 차마 눈 뜨고 볼 수 없을 정도로 엉망이 되거든요. 뮤지컬은 음악과 드라마가 교묘하게 엮이고 유기적으로 연결되어야 장르적으로 완성이 됩니다. 어렵고 위험한 장르지만, 그래서 더 짜릿한 매력을 주는 것 같습니다.

Q8 그동안 뮤지컬, 연극, 발레, 영화 등 장르를 뛰어넘어서 많은 음악을 하셨습니다. 본인이 이렇게 많은 장르의 음악을 할 수 있는 역량은 뭐라고 생각하세요?

연극음악으로 처음 시작해서 뮤지컬까지 하게 되었습니다. 발레음악은 제가 클래식 전공이라 자연스럽게 하게 되었고요. 그 외에 광고음악이나 다른 장르는 제 콘서트를 보러 오신 분들이 부탁해서 하게 된 경우입니다.

모두 똑같은 음악이지만 장르가 다르기 때문에 매번 다른 노력을 해야 합니다. 그러기 위해서는 음악을 무조건 많이 들어야 하고, 노래나 연주로 그 장르의 음악을 완벽하게 소화할 수 있어야 합니다. 각 장르의 특성을 잡아내지 못하면 어떤 장르를 하든지 똑같은 음악을 쓸 수밖에 없기 때문입니다.

Q9 흔히 예술가는 타고났다고 말하는데, 재능과 노력의 비율을 정확하게 따질 수는 없지만 각각 어느 정도라고 생각하세요?

90%까지는 재능이 좌우하지 않습니다. 노력한다면 누구나 90%까지는 도달할 수 있습니다. 하지만 나머지 10%는 타고난 재능이 없으면 아무리 노력해도 극복할 수 없습니다. 즉 100%까지 가려면 노력과 재능 두 가지를 갖춰야 합니다.

그렇다고 좌절하거나 슬퍼할 필요는 없습니다. 행복의 가치를 어디에 두느냐에 따라 달라집니다. 만약 음악 분야에서 최고가 되는 것을 자신의 가치로 삼는다면, 재능의 유무에 따라 결과가 이미 정해져 있기 때문에 불행해질 것입니다. 하지만 자신이 좋아하는 음악을 한다는 것에 가치를 둔다면 충분히 행복해질 수 있습니다. 음악은 좋아하고 노력하면 그만큼 보상이 오는 일입니다.

Q10 좋아서 선택했지만 음악을 직업으로 삼고 즐기는 것이 힘들지는 않나요?

다른 직업도 마찬가지겠지만 이 세계는 전쟁터와 같습니다. 겉으로는 웃으면서 이야기하지만, 자신과 같은 일을 하는 사람들을 좋게 이야기하는 경우는 거의 없습니다. 동료보다는 경쟁자라는 의식이 강하지요.

아무래도 경쟁하다 보면 시샘도 나고 나보다 재능이 부족한 것 같은데 잘되는 사람을 보면 배가 아플 수도 있습니다.

무엇보다 저는 남보다 음악을 늦게 시작해서, 다른 사람들보다 몇 배는 더 노력을 해야 했습니다. 그래서 제 일을 하기에 바빴고, 남을 신경 쓸 겨를이 없었지요.

물론 부러운 사람이 전혀 없다고 말할 순 없습니다. 지금도 부러운 사람이 있습니다. 하지만 10년 정도 이 일을 하다 보니, 이제 별로 신경이 안 쓰입니다. 그런 사람들은 제 인생에 아무런 영향을 끼치지 않습니다. 저는 좋아하는 음악을 하는 것만으로도 충분히 행복하고 즐겁습니다.

Q11 작곡할 때 영감은 어디서 얻으세요? 작업이 풀리지 않을 때면 어떤 노력을 하시나요?

음악적 영감은 모차르트 시대에 끝났다고 생각합니다. 모차르트가 너무 많은 걸 했기 때문에 우리가 무엇을 해도 그 사람을 좇아하는 것밖에 안 됩니다.

제게 작곡을 할 수 있게 해주는 건 영감이 아니라 경험입니다. 재작년에 엄마가 돌아가셨는데, 그 후부터 곡을 쓸 때 저한테 풍부한 테마들이 생각났습니다. 사람이 살면서 겪는 인생의 경험이 자극이 되면서 또 다른 생각의 문을 열어주는 것이 아닌가 하는 생각이 듭니다. 그래서 창작하는 사람들은 집에서 작업만 할 것이 아니라 많은 사람을 만나고 다양한 경험을 하는 게 필요합니다.

저는 작업할 때 책상이나 피아노 앞에 앉아 있지 않습니다. 그보단 곡을 쓸 때 노래가 생각날 때까지 가사를 계속 읊습니다. 가사를 2,000~3,000번 정도 읊으면 그 말 안에서 느껴지는 운율이나 선율이 자연스럽게 흘러 나와서 곡을 쓸 수 있습니다.

저는 포기가 빠른 편이라서, 금방 생각이 안 나면 못하겠다고 포기합니다. 쥐어짜면 결코 좋은 작품을 만들 수 없거든요. 작곡 작업을 규칙적으로 하진 않지만 피아노 연습은 하루도 쉬지 않습니다. 음악가에게 귀나 몸을 단련시키는 건 중요하거든요.

Q12 음악가로서 가장 행복한 순간이나 희열을 느낄 때는 언제인가요?

제가 쓴 곡을 들은 사람들이 저와 비슷한 감정을 느끼고 치유받았을 때 가장 행복합니다. 아버지 칠순을 기념해서 작곡한 '다모레 탱고'라는 노래가 있습니다. 아버지를 생각하면서 굉장히 신경 쓰고 몰입하여 만든 노래입니다. 콘서트 때 연주했는데 감동받은 분들이 많았습니다. 어떤 분들은 눈물까지 흘리시면서 부모님께 잘해야겠다고 말씀하셨는데, 곡을 쓸 때의 제 마음이 관객들에게 그대로 전달된 것 같아서 정말 기뻤습니다. 그런 의미에서 '다모레 탱고'는 제 음악 중에서 가장 기억에 남는 작품이기도 합니다.

Q13 음악가를 꿈꾸는 학생들이 음악 외에 어떤 준비를 하면 좋을까요?

책을 많이 읽었으면 좋겠습니다. 제가 학교에 다닐 때만 해도 '저 아이는 공부는 못하지만 실기는 잘 한다.'라는 말이 있었고, 실제로 실기만 잘해도 음악대학에 입학할 수 있었습니다. 하지만 지금은 다릅니다. 실기는 물론 공부를 잘하고 책도 많이 읽어야 합니다.

독서 등 여러 가지 간접적인 경험을 많이 쌓고 노하우를 축적한 사람들은 어떤 분야로 진출해도 자신의 경험이나 노하우를 바로 적용할 수 있습니다. 음악가를 꿈꾸는 학생들은 연습 외에 되도록 많은 책을 읽어서 정서적으로 넓혀 놓는 게 좋습니다.

저는 개봉하는 영화는 다 보는 편이고, 책도 읽고, 핸드폰 게임도 좋아합니다. 이 모든 활동이 음악 작업을 하는 데 긍정적인 영향을 줍니다.

Q14 도전해 보고 싶은 장르나 앞으로의 꿈을 말씀해 주세요.

연주하고 작업할 수 있다면 장르는 상관없습니다. 그냥 경제적인 일과 상관없이 순수하게 제가 좋아하는 작업을 하고 싶습니다. 화가 오뜨레를 좋아하는데, 그 사람의 그림 안에 있는 인생의 굴곡을 음악으로 표현하고 싶은 꿈이 있습니다.

또 다른 꿈은 시골에 집을 하나 사서 유기견 100마리를 키우고 싶습니다. 6개월은 강아지들과 생활하고 나머지 6개월은 서울에 와서 음악을 하는 여유를 가지는 게 제 꿈입니다.

Q15 작곡가나 음악감독을 꿈꾸는 학생들에게 조언 한마디 해주세요.

음악을 수단이 아닌 목표로 순수하게 대하고, 열심히 노력했으면 좋겠습니다. 음악과 체육은 거짓말을 안 합니다. 자신이 노력한 만큼, 투자한 만큼 결국 자신에게 돌아옵니다. 음악에 대해 순수한 마음을 가지고 열심히 노력해서 원하는 성과를 얻길 바랍니다.

We have bought several
housand books from the
library of Angela Carter.
Please view inside.
IDEAS
MR BROWN
RAZORBILL
WOMEN IN LOVE
A
작가
예술형

WRITER

작가(예술형)

'작가는 궁둥이 힘으로 글을 쓴다.'라는 말이 있습니다. 한 편의 소설을 완성하려면 그만큼 오랜 시간 의자에 앉아 있어야 한다는 뜻입니다. 작가는 이렇게 오랜 시간 동안 작업하는 경우가 많으므로 인내력이 요구됩니다. 또한 작품 속에서 다양한 사람들을 묘사하려면 사물이나 사람에 대한 세밀한 관찰력과 호기심이 있어야 합니다.

01 작가 이야기

1 작가란?

우리가 읽는 소설이나 시, 수필 등 주로 문학 작품을 창작하는 사람을 말합니다. 작가는 글을 통해서 사람들에게 재미와 감동, 새로운 정보나 지식을 전해 줍니다. 예전에는 '작가' 하면 문학 작품을 쓰는 시인이나 소설가를 의미했지만 매스미디어가 발달함에 따라 오늘날에는 방송 작가, 시나리오 작가 등 다양한 작가가 생겨났습니다.

작가가 글을 쓸 때는 대부분 개인적인 경험을 바탕으로 작품을 집필합니다. 그래서 많은 작가들이 여행을 떠나기도 하고, 글의 배경이 되는 장소를 찾아가 사람들을 만나고, 인터뷰하고, 관련 자료를 분석하는 등 다각도의 노력을 합니다. 그리고 그 노력의 결과를 작품에 반영합니다. 한 예로 공지영 작가는 소설 〈도가니〉를 쓰기 전에 당시 신문에 나왔던 관련 기사와 관련 서류를 모두 검토하고, 그곳에 직접 찾아가 주변 사람들을 만나고, 지금은 어른이 된, 그 당시 피해를 당했던 학생들을 인터뷰하는 등 많은 노력을 했다고 합니다.

작가들은 작업실이 따로 있는 경우도 있지만 대부분 자신의 집에서 글을 씁니다. 방송 작가의 경우 제작진과의 회의, 방송 스케줄에 따라 방송사 내부의 작가실에서 작업을 하는 경우가 많습니다. 또한 작품에 필요한 자료를 수집하기 위해 도서관을 비롯해 다양한 곳을 찾아다니고, 다양한 사람을 만납니다.

Tip

작가들 중에는 글 쓰는 일을 전업으로 삼아 작가 활동에만 전념하는 사람도 있지만, 교사나 교수로 활동하거나 문화센터, 사설학원 등에서 강의를 하거나 출판업을 겸하는 경우도 있습니다.

2 작가의 종류

작가는 어느 분야의 작품을 쓰느냐에 따라 문학 작가, 시나리오 작가, 방송 작가로 나눌 수 있습니다.

문학 작가는 시, 소설, 수필 등의 문학 작품을 만들어 내는 사람으로 자신의 주력 장르에 따라 소설가, 시인, 수필가 등으로 불립니다. 이들은 작품을 집필하여 각종 문예지와 잡지, 신문 등에 발표하거나 책으로 엮어 출판하는 일을 합니다. 시인은 자연, 인생 등 여러 현상을 작가의 주관적이고 독특한 시각으로 관찰하여 함축적인 시적 언어로 표현합니다. 소설가는 소설의 줄거리나 등장인물을 결정하고 필요한 경우 역사적 배경이나 사건 현장을 조사하고 분석하여 작품에 반영합니다. 수필가는 사물이나 현상에 대한 느낌, 작가 자신의 경험을 바탕으로 자유로운 문장 형식으로 정서를 표현합니다. 그 외 아동 문학가는 동화나 동시를 창작하며, 평론가는 문학 작품이나 미술, 음악 등 문화 예술 작품에 대한 가치를 평가하고 그에 대한 글을 씁니다.

시나리오 작가는 다시 세 종류로 나눌 수 있습니다. 영상으로 제작될 수 있도록 줄거리, 대사, 장면 묘사 등을 창작해 내는 영화 시나리오 작가와 무대 위의 조명, 음향 효과, 무대에서 배우들의 움직임 등을 고려하여 연극을 위한 대본을 쓰는 희곡 작가, 그리고 애니메이션의 전체적인 스토리를 만들고 캐릭터의 성격, 행동, 주변 환경 등 세세한 부분을 창조하는 애니메이션 시나리오 작가가 있습니다. 그 밖에 게임의 전반적인 스토리를 만들고 게임할 때 나오는 대사, 액션, 상황, 이벤트를 연출하는 게임 시나리오 작가도 애니메이션 시나리오 작가에 포함됩니다.

방송 작가는 방송 프로그램의 대본을 작성하는 사람입니다. 크게 드라마 대본을 작성하는 드라마 작가와 쇼, 코미디, 다큐멘터리 등의 원고를 작성하는 구성 작가로 구분됩니다. 드라마 작가는 주제를 선정하여 줄거리를 구성하고 인물별 캐릭터를 만들어 생동감 있는 이야기를 만들어 냅니다. 구성 작가는 프로듀서와 협의하여 아이템을 선정하고, 대본, 내레이션 원고 등을 작성합니다. 특히 쇼 프로그램의 구성 작가일 경우 원고 작성 외에도 방송 출연진을 섭외하는 일의 비중이 큰 편입니다.

3 작가가 되려면

문학 작가에게 가장 필요한 능력은 글쓰기 실력입니다. 좋은 글을 쓰기 위해서는 정확한 국어 문법을 사용할 줄 알아야 하며, 논리적인 사고, 풍부한 문장력과 어휘력을 갖춰야 합니다. 평소 독서를 많이 하고, 책이나 신문을 읽고 난 후 자신의 생각을 글로 표현해 보는 것이 중요합니다. 이 밖에도 상상력과 표현력, 사물에 대한 관찰력 등이 요구되

Tip

작가가 되고자 하는 청소년들이라면 책을 많이 읽어야 합니다. 스펀지가 잉크를 빨아들이듯 문학 작품을 많이 읽어야 합니다. 또한 언어에 대한 예민한 감수성을 키우는 것이 필요합니다. 남들도 다 할 수 있는 생각보다는 자신만의 독특한 생각을 하기 위해 노력하고, 가끔은 고독하게 혼자 있는 시간을 가질 줄 알아야 합니다.

지요. 특히 장르마다 요구되는 역량에 차이가 있는데, 시인에게는 항상 깨어 있는 감각과 작가적 감수성이 필요하고, 소설가는 이야기를 엮어 내는 능력과 작품을 한번 시작하면 끝까지 완성하는 문학적 근면성이 필요합니다.

4 작가가 되는 과정

작가가 되려면 어릴 때부터 문학 책을 비롯한 다양한 책을 많이 읽고, 일기 형식의 글부터 시작하여 시나 수필, 단편소설 등 다양한 글을 써 보아야 합니다. 이런 것을 습작이라고 하지요.

그리고 대학에 입학할 때는 국어국문학이나 기타 어문 계열, 아니면 문예창작과를 지원하면 유리합니다. 글쓰기나 문학에 대한 이론과 실기를 배울 수 있고, 학과 친구들도 대부분 글 쓰는 데 관심이 있기 때문에 서로 자극이 될 수 있습니다. 하지만 꼭 문학을 전공한 사람만이 글을 쓸 수 있는 것은 아닙니다. 시나리오 작가는 연극영화학을 전공하는 경우도 많으며, 문화센터나 평생교육원 등에서 글쓰기 훈련을 통해 작가가 되는 경우도 있습니다.

작가가 되기 위해 열심히 준비했다면 이제 작가로서 데뷔를 해야 합니다. 문학 작가로 데뷔할 수 있는 방법은 크게 두 가지입니다. 첫 번째는 각 신문사에서 개최하는 신춘문예에 당선하거나, 선배 작가들의 추천을 통해 문학잡지에 글을 싣는 방법입니다. 각종 기관에서 주최하는 문학대회에서 상을 받는 방법도 있습니다. 이 밖에 출판사 등에서 개최하는 신인문학상 공모에 당선되는 것도 하나의 방법입니다. 두 번째는 자신의 원고를 직접 들고 출판사를 찾아가 책을 발간하는 것입니다. 최근에는 인터넷 소설가들이 인기를 끌고 있는데, 무명의 작가가 인터넷을 통해 작품을 발표하고 인기를 얻어 작품이 책으로 출간되는 경우도 있습니다.

5 작가는 어떻게 돈을 벌까?

누구나 작가가 될 수 있지만 독자들이 작가가 쓴 글에 공감하고 책을 사야지만 계속 작가로 남을 수 있습니다. 책이 팔리면 작가는 자기가 쓴 글에 대해 저작권료, 즉 인세를 받습니다. 인세란 책값의 몇 %를 받는 것을 말합니다. 예를 들어 10,000원짜리 책에 대해 10% 인세 계약을 했다면 한 권이 팔렸을 때 작가에게는 1,000원이 돌아가는 것입니다. 따라서 팔린 책의 수가 많을수록 작가는 많은 돈을 받게 됩니다. 그리고 잡지나 신문에 글을 쓸 때는 원고 매수에 따라 돈을 받습니다.

6 직업 전망

작가하면 베스트셀러를 계속 내면서 돈을 많이 버는 모습을 상상할 것입니다. 이런 작가들을 보면, 작가라는 직업이 아주 화려하고 매력적으로 보일 것입니다. 그러나 현실은 그렇지 않습니다. 성공하는 작가는 매우 드물지요. 작가는 성공이 보장되어 있는 직업이 아닙니다.

그렇다고 작가라고 해서 돈을 많이 벌 수 없는 것은 아닙니다. 베스트셀러 목록에 오르지 않고도 작가로 성공할 수 있습니다. 이런 작가는 추리 소설, 로맨스, 공상과학 같은 특별한 장르의 글을 씁니다. 또 아동, 청소년 등 한정된 독자층을 대상으로 글을 쓰는 경우도 있습니다. 특별한 독자층의 관심을 파악하여 독자가 읽고 즐길 만한 책을 쓰는 것입니다.

Tip

문학 작가의 경우 경기와 큰 관련이 있습니다. 경기가 나빠지면 창작 작품의 판매 수가 감소하고, 기업의 후원도 줄어 문예지 시장이 위축됩니다. 반대로 경기가 살아나면 창작 작품에 대한 투자가 늘고, 판매도 증가하여 작가들의 활동도 활발해집니다.

작가라는 직업은 스트레스가 많은 편입니다. 언제나 새로운 창작품을 발표해야 한다는 부담감이 있고, 원고 마감 시간을 맞추어야 한다는 생각에 강박증을 겪기도 합니다. 방송 작가의 경우 시청률, 청취율이 높아야 한다는 정신적 압박을 받기도 하지요. 그렇지만 자신이 좋아하는 일을 하는 만큼 끝내고 난 뒤의 보람도 큽니다.

최근에는 인터넷, 모바일 등 자신의 작품을 대중들에게 쉽게 알릴 수 있는 통로가 많아져서 굳이 작가로 데뷔하지 않았더라도 대중들에게 쉽게 다가갈 수 있게 되었습니다. 그만큼 문학잡지나 출판업계의 영향력이 줄어들었습니다. 앞으로 작가들은 새로운 문화 환경에 맞춰 다양한 통로로 대중과 소통하고 작품을 소개하려는 노력을 기울여야 합니다.

02 작가의 종류

작가는 어느 분야의 작품을 쓰느냐에 따라 크게 문학 작가, 시나리오 작가, 방송 작가의 세 분야로 나눌 수 있습니다.

1 문학 작가

시, 소설, 수필, 평론, 아동문학 등 문학 작품을 만들어 내는 사람으로 자신의 주력 장르에 따라 소설가, 시인, 수필가, 평론가 등으로 불립니다. 이들은 작품을 써서 각종 문학잡지와 신문 등에 발표하거나 책으로 엮어 출판하기도 합니다.

1) 시인

작가들 사이에서 오가는 우스갯소리로 '시를 못 쓰면 소설을 쓰고, 소설 쓰기도 안 되면 평론을 한다.'라는 말이 있습니다. 이것은 시인이 높은 문학적 재능과 소양을 가져야 한다는 것을 달리 표현한 말일 것입니다.

시인은 자연 현상이나 인생 등에 관해 번뜩이는 영감이 떠오르면 함축적인 언어로 그 느낌을 표현합니다. 그러나 영감이 떠오른다고 해서 바로 시를 쓸 수 있는 것은 아닙니다. 그 영감에 어울리는 시어를 찾아 갈고 닦아야 합니다.

시인은 영감을 얻기 위해 타고난 예리함과 감성도 필요하지만 평범한 일상을 남다른 눈으로 보려는 노력, 주관적이고 독특한 시각으로 관찰하고자 하는 노력이 있어야 합니다.

인간과 사물에 대한 세밀한 관찰력과 호기심, 그리고 관찰한 것을 간결한 글로 잘 표현해 낼 수 있는 문장력과 언어 감각, 더하여 창의력이 요구됩니다. 또한 항상 새로운 아이디어를 생산해야 하는 스트레스를 잘 견딜 수 있는 인내심과 대처 능력도 지니고 있어야 합니다. 시인이 힘들게 쓴 시는 각종 문학잡지에 실리거나 출판사와 계약을 맺고 시집으로 출간됩니다.

Tip

현재 활동하고 있는 시인 중에는 중 · 고등학교 교사, 대학 강사 및 교수, 잡지사나 출판사에 근무하거나 직접 경영하는 등 다른 직업을 가지고 있는 경우가 많습니다. 별도의 집필실을 가지고 있는 사람도 있으나 대부분 자신의 집이 작업 공간입니다.

2) 소설가

작가하면 흔히 소설가를 떠올립니다. 소설가는 그만큼 많은 사람들의 사랑을 받고 있으며, 사람들에게 미치는 영향력도 큽니다.

소설가는 작품을 쓰기 전에 먼저 주제를 결정하고, 그 주제를 가장 효과적으로 나타낼 수 있는 소재(글감)들을 찾습니다. 소재를 찾기 위해 도서관이나 인터넷을 통해 자료를 수집하고, 관련 장소나 사람들을 직접 찾아가 취재나 인터뷰를 하기도 합니다. 그 밖에 다양한 사람들을 만나 다양한 정보를 수집하여 글을 쓸 때 활용할 수 있도록 합니다. 다양한 자료가 다 모아지면 줄거리나 등장인물을 결정하고, 등장인물의 성격, 줄거리 전개, 심리 묘사, 사회적 배경 등을 구상하여 작품을 씁니다.

Tip

소설가들은 다양한 소재와 시대적 배경을 다루는 경우가 많지만, 역사, 추리, 애정, 공상과학 등 특정 분야를 전문적으로 쓰는 소설가도 있습니다.

3) 수필가

수필가는 인생이나 자연 등을 소재로 하여 하나의 주제를 선택해 자신의 생각이나 느낌을 자유로운 문체로 표현하는 작가를 말합니다. 수필은 작가가 생활 속에서 느끼는 잔잔한 감정들, 경험과 견해를 상식적이고 일상어를 사용하여 자유로운 형식으로 쓴 글이므로 누구나 쉽고 친숙하게 읽을 수 있습니다.

수필가는 자신의 경험을 바탕으로 자신의 정서를 표현하여 전달하므로 사물을 관찰하는 능력과 인생에 대한 예리한 통찰력을 지니고 있어야 합니다.

Tip

수필가가 되려면 각 신문사, 출판사, 문예지, 문학상, 인터넷을 통해 등단합니다. 그리고 각종 문예지에 기고하거나 수필집을 발간하기도 합니다.

4) 아동문학가

아동문학가는 어린이나 동심을 가진 어른들이 읽을 수 있는 글을 쓰는 사람입니다. 어린이의 정서를 담고 있고, 어린이들이 좋아하는 글을 써야 하므로 아동문학가는 연령에 따른 어린이의 육체적 · 정신적 발달 단계를 잘 파악하고 있어야 합니다.

좋은 아동문학가가 되려면 무엇보다도 어린이가 흥미를 느낄 수 있는 글, 어린이의 정서 교육에 도움이 되는 글을 써야 합니다. 또한 어린이의 상상력과 꿈을 키울 수 있게 동경의 세계와 상상의 세계가 담겨 있는 글을 써야 하고, 교육성

과 도덕성이 깃든 작품을 써야 합니다. 마지막으로 어린이는 사고력이 어른보다 단순하기 때문에 작품 역시 형식이 단순하면서도 예술성이 깃들어 있어야 합니다.

5) 인터넷 소설가

인터넷에서 소설을 연재하는 작가를 말합니다. 사이버 작가라고도 합니다. 주제를 정해서 스토리를 만드는 것은 일반 소설가와 같지만 모니터 화면에서 글을 읽기 쉽도록 구성에 신경을 써야 합니다.

책으로 나오는 소설과 달리 인터넷에 글을 올리면 바로바로 독자들의 반응을 알 수 있고, 독자들의 바람대로 내용을 전개하다 보면 원래 구성했던 내용과 달라지기도 합니다. 인터넷 소설로 인기를 얻으면 책으로 출간되기도 하며, 영화나 드라마로 만들어지는 경우도 있습니다.

2 시나리오 작가

연극, 뮤지컬 공연, 영화, 드라마를 만들기 위한 대본을 쓰는 작가입니다. 시나리오 작가는 다시 연극 대본을 쓰는 극작가, 영화나 드라마 대본을 쓰는 영화 시나리오 작가로 나눌 수 있고, 그 밖에 애니메이션

의 스토리를 쓰는 애니메이션 시나리오 작가, 게임의 스토리를 쓰는 게임 시나리오 작가도 있습니다.

시나리오는 일반 소설과 달리 연기자가 연기할 수 있도록 대사의 길이를 조절하고 대사와 함께 해야 하는 행동도 표시해 줘야 합니다.

좋은 시나리오를 쓰려면 무엇보다도 풍부한 창의력과 아이디어가 뒷받침되어야 합니다. 따라서 학교 교육에 얽매이기보다는 자신만의 작가적 자질을 키워 나가는 것이 필요합니다. 이를 위해 평소에 독서를 많이 하고, 혼자 조용히 생각하는 습관을 들이는 것이 좋습니다. 그리고 이야기의 소재가 될 만한 다양한 경험을 해 보고, 경험한 것들을 글로 표현해 보는 것이 도움이 됩니다.

1) 극작가(희곡작가)

연극을 공연하기 위한 극본을 쓰는 작가입니다. 무대 위의 조명, 음향 효과, 무대에서 배우들의 움직임 등을 고려하여 극본을 씁니다.

작품을 쓰기 전에 주제를 선정하고 내용에 따른 역사적 현실이나 사건의 과정 등을 조사 · 분석하여 작품의 줄거리를 구상합니다. 그러고 나서 작품의 주제에 따라 등장인물의 성격, 시대적 배경, 장소 등을 결정하며 연극을 전개하는 데 필요한 대사와 동작 등을 구상합니다. 새로운 작품을 창작하기도 하고 소설이나 영화 등의 작품을 각색하기도 합니다.

2) 영화 시나리오 작가

영화를 촬영하기 위한 시나리오를 쓰는 작가입니다. 영화 제작을 위해 작품의 주제를 선정하고, 주제에 따라 시나리오를 창작하거나 기존의 문학 작품을 각색하여 쓰기도 합니다.

작품을 쓰기 전에 먼저 주제에 알맞은 역사적 배경이나 사건의 과정 등을 조사, 분석하여 작품의 줄거리를 구상합니다. 그 다음으로 내용에 따른 등장인물의 성격, 시대적 배경, 장소 등을 결정합니다. 이후 드라마를 전개하는 데 필요한 대사 내용, 동작 등을 구상하고, 각 장면의 특징에 따라 인물의 표정, 동작, 음향, 조명 등을 고려하여 작품을 씁니다.

Tip

영화 시나리오 작가는 영상으로 제작될 수 있도록 줄거리, 대사, 장면 묘사 등을 고려하여 작품을 써야 하므로 영상 감각도 필요합니다.

3) 애니메이션 시나리오 작가

애니메이션의 전체적인 스토리를 만들고, 캐릭터의 성격, 행동, 주변 환경 등 세세한 부분을 창조하여 작품을 쓰는 일을 합니다.

국산 애니메이션 중 사람들이 가장 많이 본 작품은 2011년에 개봉한 〈마당을 나온 암탉〉으로 200만 명 이상이 관람했습니다. 그리고 2007년에 상영된 〈로보트 태권V〉 복원판이 72만 명의 관객을 동원했습니다.

〈마당을 나온 암탉〉은 황선미 작가의 동화를 원작으로 하여 애니메이션으로 다시 만드는 과정에서 원작에 등장하지 않는 조연 캐릭터가 삽입되었고, 새로운 에피소드도 곳곳에 추가하여 동화에서는 느낄 수 없었던 유머와 박진감을 잘 살렸다는 평가를 받았습니다. 이것들 모두 애니메이션 시나리오 작가의 힘이라 할 수 있습니다.

Tip

시나리오의 완성도는 흥행 여부와 직결되기 때문에 대체로 신인 작가보다는 지명도가 높은 작가에게 작품을 의뢰하는 경우가 많습니다. 따라서 새내기 작가들은 하루라도 빨리 애니메이션 작가로 데뷔하여 자신의 이름을 알려야 합니다. 이름을 알리려면 공모전에 당선되는 것이 가장 좋은 방법입니다.

애니메이션 시나리오 작가는 애니메이션의 전체적인 스토리를 만들고, 캐릭터의 성격, 행동, 주변 환경 등 이야기의 세세한 부분을 직접 창조합니다. 애니메이션 시나리오는 크게 비디오용, TV용, 극장용으로 나뉘는데, 극장용을 제외하고는 보통 시리즈 애니메이션이 많습니다. 시리즈 애니메이션의 시나리오 작업 과정을 살펴보면, 전체적인 이야기를 구상한 후 1편, 2편, 3편…… 등 각 편의 간략한 내용을 정합니다. 그리고 마지막으로 각 편마다 세세한 시나리오를 씁니다.

최근 들어 정부에서 애니메이션 산업을 육성하고 있고, 앞으로 애니메이션 시나리오 작가에 대한 수요도 점차 늘어날 것으로 보입니다. 애니메이션 업계에서는 스토리 부족 문제를 해결하기 위해 다양한 노력을 기울이고 있습니다. 그 중 하나가 시나리오 공모전을 자주 열어 신인 작가를 발굴하는 것입니다.

4) 게임 시나리오 작가

컴퓨터 게임의 주제와 전체적인 이야기를 만드는 작가입니다. 게임의 전반적인 스토리를 만들고 게임할 때 나오는 대사, 액션, 상황, 이벤트를 연출하는 일을 합니다.

게임을 하다 보면 게임 속 주인공이 어떤 선택을 하느냐에 따라서 여러 가지 이야기가 전개됩니다. 이렇게 변화무쌍한 게임의 시나리오를 만들기 위해서는 다른 작가보다 더 치밀하고 상상력이 뛰어나야 합니다. 또한 게임이나 만화를 좋아하고 컴퓨터와 게임에 대해서 잘 알아야 합니다. 시나리오를 재미있게 잘 쓰려면 사회, 과학, 문화, 역사, 신화, SF 등 다방면의 지식을 지니고 있어야 하므로 평소에 다양한 책을 읽어야 합니다. 그리고 게임 시장의 동향을 파악하여 새로운 게임 소재를 발굴해야 합니다.

> **Tip**
> 게임 회사에 들어가거나 프리랜서로 활동하기 위해서는 게임 관련 기관이나 회사 등에서 주관하는 시나리오 공모전에 입상하는 것이 유리합니다.

게임 시나리오 작가는 아직까지 생소한 직업입니다. 하지만 예전에 비해 게임 시나리오에 관한 전문적인 교육을 받을 수 있는 곳이 점차 늘고 있고, 대학에도 게임 관련 학과가 생기면서 전문적인 교육이 조금씩 이루어지고 있습니다. 아니면 게임 관련 학원이나 직업전문학교 등에서 게임 시나리오 작가 과정을 개설하고 있습니다.

게임 시나리오 작가는 주로 게임 개발사에 취업하여 일을 하거나 프리랜서로 활동하고 있습니다. 지금까지는 주로 게임 기획자나 그 외 여러 게임 개발 관련 인력이 시나리오 작업을 겸하는 경우가 많았으며, 아직도 직업 자체가 전문화되어 있는 것은 아닙니다. 하지만 게임을 즐기는 사람이 늘어나면서 점차 여러 장르의 다양한 게임이 만들어지면, 시나리오 작업을 전문적으로 하는 사람들의 수요도 증가할 것으로 보입니다.

3 방송 작가

방송 작가는 크게 드라마를 쓰는 드라마 작가와 드라마 이외의 프로그램을 만드는 구성 작가로 나뉩니다. 방송 작가들은 방송국 직원이 아니라 프리랜서로 일합니다. 프로그램을 맡으면 그에 해당하는 원고료를 받습니다. 그래서 프로 의식이 더더욱 필요합니다.

1) 드라마 작가

드라마 작가는 방송국과 집필 계약을 맺고 라디오나 텔레비전 드라마에 필요한 대본을 씁니다. 드라마 대본에는 연기자의 대사는 물론 동작 등도 자세히 표현되어 있습니다. 작품을 재미있게 쓰면서도 촬영 스케줄에 지장이 없도록 약속한 시간 안에 쓰는 것도 매우 중요합니다.

대본이 없으면 촬영 자체가 불가능하기 때문입니다.

또한 드라마 작가는 완성도 높은 드라마를 제작하기 위해 글 쓰는 일 외에 출연자 섭외에 관여하기도 합니다. 그러자면 출연자, 방송 연출자 등 많은 사람들과 접촉하면서 인간관계를 넓혀 나가야 합니다.

2) 구성 작가

구성 작가는 시사, 다큐멘터리, 쇼, 오락, 개그 등의 텔레비전 프로그램과 라디오 프로그램 등을 구성하고 대본 쓰는 일을 합니다. 방송연출가(PD)와 함께 프로그램 소재를 찾고, 방송 출연진은 누구로 할지, 내용은 무엇으로 할지 등 프로그램 전체의 방향을 잡습니다. 그 밖에 장소 등을 섭외하는 일, 자막을 정하고 소품을 준비하는 등 방송 제작 전 과정에 참여합니다.

이처럼 많은 일을 하는 구성 작가이고 보니 하나의 프로그램에 3명 정도의 구성 작가가 참여합니다. 먼저 프로그램을 총괄하는 작가를 메인 작가라 합니다. 메인 작가는 부하 작가들을 관리하고 방송 연출가와 함께 기획부터 프로그램 전체의 일정을 구상하고 조정합니다. 메인 작가 밑에서 출연자를 섭외하거나 촬영장에 함께 가는 등 메인 작가를 받쳐주는 작가를 보조 작가라고 합니다. 그리고 그 밑에 리서치(자료조사원)라 불리는 막내 작가가 있습니다. 막내 작가는 방송 일을 처음 시작하는 새내기 작가로 자료를 조사하고, 복사나 전화 받기 등의 허드렛일을 합니다.

> **Tip**
> 구성 작가가 쓴 대본은 방송의 기본 틀이 됩니다. 예능 프로그램에서 연예인들이 재미있는 말을 하거나 도움이 되는 소식을 전해주는 것은 대부분 미리 쓰여진 대본에 의한 것입니다.

구성 작가로 성공하려면 책을 많이 읽어야 합니다. 그리고 프로그램을 함께 만들어 나가는 방송연출가 등 수많은 스태프들과도 잘 지내야 합니다. 또한 시청자가 좋아하는 걸 아는 감각도 필요합니다. 마지막으로 체력이 중요합니다. 일이 몰리면 며칠씩 밤을 새는 경우도 있기 때문입니다.

4 만화 콘티 작가

예전에는 만화가가 그림도 그리고 글도 쓰는 경우가 대부분이었지만 만화를 좋아하는 사람들이 많아지고, 학습이나 지식을 위한 만화책이 늘어나면서 만화의 내용만 전문적으로 쓰는 만화 콘티 작가가 등장했습니다. 만화 콘티 작가는 재미있는 만화책은 물론 공부에 도움을 주는 학습 만화까지, 만화가가 그림을 그릴 수 있도록 이야기를 만듭니다.

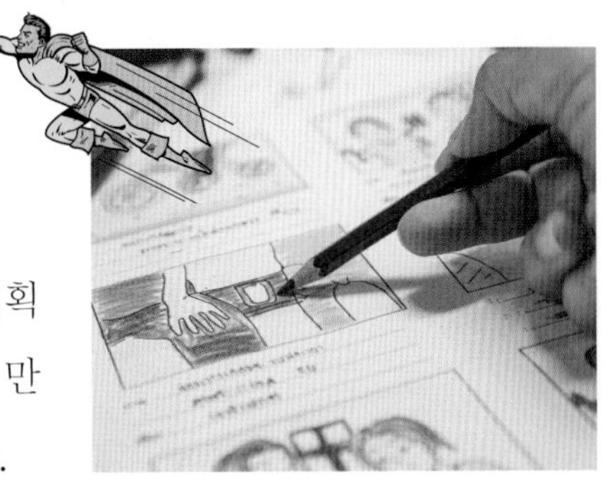

만화 콘티 작가는 어떤 종류의 만화책을 만들면 좋을지 기획하고, 전체적인 이야기를 꾸미는 것은 물론 각 페이지마다 만화의 칸을 정해서 말풍선 안에 대사를 집어넣는 일을 합니다.

03 역사, 책, 영화 속에서 만나는 작가

1 세계 책의 날이 4월 23일인 까닭은?

4월 23일은 4월의 어느 평범한 하루가 될 수도 있는 날이지만, 어떤 의미에선 매우 특별한 날입니다.

매년 4월 23일 스페인 카탈루냐 지방에서는 '세인트 조지 축제일'을 기념해 '책과 장미의 축제' 행사를 펼칩니다. 이날 카탈루냐인들은 책을 사는 사람에게 장미꽃을 선사합니다. 남성은 여성에게 장미꽃을 건네고, 여성은 남성에게 책을 선물하는 카탈루냐의 전통에서 유래했습니다.

4월 23일은 유네스코가 지정한 '세계 책의 날'로, 정식 명칭은 '세계 책과 저작권의 날'입니다. 스페인의 '세인트 조지 축제일'과 셰익스피어 · 세르반테스의 사망일에서 유래한 이 날은 독서 인구가 감소하는 상황에서 책의 중요성을 강조하고 독서 증진에 힘쓰고자 1995년 제정됐습니다. 국내에서는 2002년부터 '책의 날'로 정해 기념하고 있으며, 현재 스페인 · 프랑스 · 노르웨이 · 영국 · 일본 등 전 세계 80여 개 국가에서 이 날을 기념하며 책과 관련한 다양한 행사를 벌이고 있습니다.

Tip

1564년 4월 23일에 태어난 것으로 추정되는 영국의 대작가 셰익스피어는 52년 후 자신의 출생일과 같은 날인 1616년 4월 23일 숨을 거뒀습니다. 〈돈키호테〉의 작가 스페인의 세르반테스 역시 셰익스피어의 사망일인 1616년 4월 23일에 세상을 떠났습니다.

2 톨스토이와 도스토옙스키

▲ 톨스토이

19세기 러시아 문학을 대표하는 세계적인 문호로 톨스토이(1828~1910)와 도스토옙스키(1821~1881)가 있습니다. 이들은 동시대를 살아간 작가로 러시아뿐만 아니라 전 세계의 수많은 작가와 독자들에게 큰 영향을 미쳤습니다.

톨스토이는 남러시아 툴라 근처에서 귀족의 아들로 태어났습니다. 1852년 처녀작 〈유년시절〉을 발표하여 문학성을 인정받았습니다. 그 후 러시아 농민의 비참한 현실에 눈을 뜨고 농민 계몽을 위해 야스나야 폴랴나 학교를 세우고 농노해방운동을 하는 한편, 작품 활동도 활발히 하였습니다.

그의 주요 작품으로 〈안나 카레니나〉, 〈전쟁과 평화〉, 〈부활〉이 있는데, 특히 나폴레옹 침략 사건을 러시아의 여러 가정 문제를 통해 그려 낸 〈전쟁과 평화〉는 그에게 세계적인 작가로서의 명성을 안겨 주었습니다. 그 밖에 러시아 민화에 기반을 둔 〈바보 이반〉, 〈사람은 무엇으로 사는가〉, 〈인간에게는 얼마만큼의 땅이 필요한가〉 등과 같은 짧지만 진정한 교훈을 주며 삶의 의미를 반추하게 하는 작품들도 썼습니다.

도스토옙스키는 톨스토이와 함께 19세기 러시아 리얼리즘 문학을 대표합니다. 그는 인간 심성의 가장 깊은 곳까지 꿰뚫어 보는 심리적 통찰력으로, 특히 영혼의 어두운 부분을 드러내 보임으로써 20세기 소설 문학 전반에 심오한 영향을 주었습니다.

도스토옙스키는 모스크바 빈민구제병원 의사의 차남으로 태어나 15살 때까지 생가에서 지냈습니다. 1846년 첫 작품 〈가난한 사람들〉로 격찬을 받으며 화려하게 문단에 데뷔했습니다. 그 후 미하일 페트라셰프스키 주재의 이상적인 사회주의 모임의 일원이 되었다는 이유로 1849년 당국에 의해 체포되었고, 사형 판결을 받았지만 총살형이 집행

되기 직전에 황제의 명으로 특별 사면되어 시베리아에 유형을 가서 유배 생활을 했습니다. 이 시기의 체험을 바탕으로 나중에 〈지하로부터의 수기〉를 펴냈고, 〈백치〉 등의 작품에 사형 집행 직전의 심정을 묘사하는 등 당시의 경험은 그의 작품 색깔에 적잖은 영향을 미쳤습니다.

형을 마치고 군대에서 사병으로 근무한 후 1858년에 페테르부르크로 귀환한 후에 다시 창작에 정열을 쏟아 그를 세계적인 대문호로 만들어준 작품 〈죄와 벌〉을 발표하였습니다. 1878년부터 마지막 작품인 〈카라마조프 가의 형제들〉을 문학잡지에 연재하였고, 1881년에 고질적인 폐질환이 악화되어 60세의 나이로 세상을 떠났습니다.

▲ 도스토옙스키

3 관련 책

1) 〈작가 수업〉 도러시아 브랜디 지음. 공존. 2010

이 책은 1934년 처음 출간된 전 세계 작가 및 작가 지망생의 필독서로, 저자인 브랜디가 1920년대에 했던 창조적 글쓰기 강의의 내용을 담고 있습니다. 지난 약 80년간 전 세계에서 다양한 언어로 번역되어 베스트셀러이자 스테디셀러로 자리매김하였습니다. 전 세계의 여러 중 · 고등학교와 대학교에서 글쓰기 및 창작 교재로도 이용되어 왔으며, 세계의 수많은 현대 작가들에게 유용한 지침과 영감을 주었습니다. 한국어로는 처음으로 번역되었습니다.

책의 주요 내용은 글쓰기 기교에만 치중한 강의와 지침서의 문제점을 지적하면서, '글을 잘 쓰는 독창적인 작가'가 되는 데 필요한 근본적인 요소들을 쉽고 명쾌하게 설명하고 있습니다. 특히 작가의 근본 문제가 심리적 문제임을 깨달은 그는 학생들에게 '순수한 시각'을 되찾는 법, 마음의 평온을 유지하는 법, 내면의 작가성을 이끌어내는 법 등을 가르치고 있습니다. 자신의 생각을 글로 자유롭게 표현하고 싶어 하는 모든 이들을 위한 글쓰기 책의 원조라고 할 수 있으므로 작가가 되고 싶은 청소년이라면 꼭 한 번 읽어 보길 권합니다.

2) 〈문장강화〉 이태준 지음. 창비. 2005

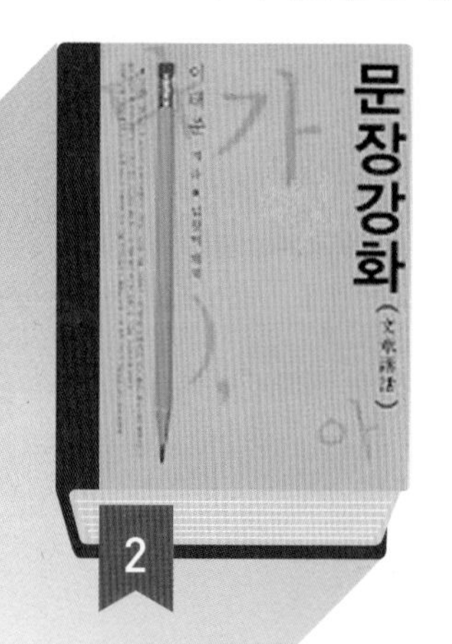

이 책은 일제강점기에 활동하며 〈달밤〉, 〈가마귀〉, 〈돌다리〉, 〈고향길〉 등을 발표하며 시인 정지용과 쌍벽을 이루던 문장가 상허 이태준의 문장론을 수록하였습니다. 50년의 세월 속에서도 빛이 바래지 않은 생생한 문장론을 담은 고전 〈문장강화〉에서 이태준은 글을 아름답게 꾸미려는 태도를 버리고 마음속에 있는 것을 자연스럽게 드러내는 것이 가장 좋은 글쓰기 태도임을 강조하고 있습니다.

주요 내용은 '글을 어떻게 써야 하나?'라는 주제를 내걸고 거기에 관해 진지하게 강론하고 있습니다. 좋은 글쓰기의 모범을 보여주는 발랄하고 풍부한 인용 예문을 통해 신문학의 우수한 성과를 전해주고 있습니다.

작가를 꿈꾸는 청소년이라면 좋은 글이란 어떤 것인지를 알려주는 이 책을 반드시 읽어 봐야 합니다.

3) 〈세상 모든 작가들의 문학 이야기〉 김선희 지음. 꿈소담이. 2007

이 책은 세계적인 작가의 대표작을 선별하여 시대 순서로 정리해 놓은 것으로, 세계문학을 읽기 전 문학에 대한 호기심을 자극하고 상상력을 키워주는 문학 지침서가 될 수 있습니다. 각 장은 작품의 줄거리, 창작 배경, 작가와 관련된 에피소드와 문학사적 의의까지, 작품에 관련된 모든 이야기를 실어서 청소년들이 지루하지 않게 문학 작품을 이해할 수 있도록 구성하였습니다.

이 책에 소개된 세계문학 30편은 전 세계 독자들에게 사랑받는 책으로 선정됐습니다. 또한 세계명작 못지않게 작가에 대한 비중을 높여 풀어냈으며, 학생들 스스로 흥미를 가지고 문학 작품을 읽을 수 있도록 작품에 대한 부가적인 설명을 실었습니다.

또 각 장마다 문학 작품을 읽으면서 가질 만한 궁금증이나 역사적 배경과 문화, 작품 이해에 도움을 주는 문학 사조, 생활에서 많이 쓰이는 관용어의 유래 등을 담아 작가를 꿈꾸는 청소년들에게 도움을 줍니다.

4) 〈작가, 그 세계에 도전한다〉 보디 토엔 외 지음. 예영커뮤니케이션. 2000

이 책은 작가가 되기 위한 기초부터 원고 쓰기의 실제까지 성공하는 작가가 되기 위한 훈련서라고 할 수 있습니다.

책의 내용은 도움을 줄 수 있는 모임을 찾아라, 글쓰기에 관한 정보들을 수집하라, 육하원칙으로 기사를 써라, 글쓰기의 뼈대부터 세워라, 하나의 주제만 골라서 써라, 스크랩한 기사 파일을 철해 두어라, 확실한 아이디어를 선택하라, 아이디어를 가지고 편집장과 대화하라, 마감 시간을 놓치지 말라, 있는 그대로의 모습으로 인터뷰하라, 다양한 시각으로 접근하라, 원고 내용의 편집을 두려워 말라, 성공적인 원고로 포장하라, 완벽한 출판 제안서를 만들라 등 19가지의 지침 내용을 담고 있어서 작가를 꿈꾸는 청소년들에게 실제적인 도움이 될 것입니다.

4 관련 영화

1) 〈파인딩 포레스터〉

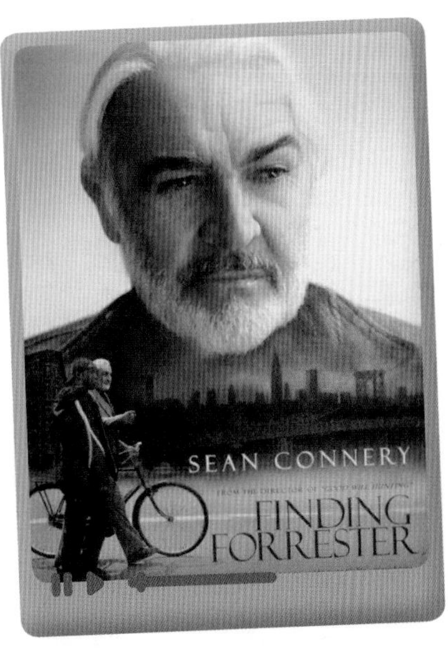

2001년 미국에서 개봉한 영화로 세상을 등진 늙은 작가와 세상으로 막 나오려는 재능 있는 소년의 우정을 담고 있습니다.

길거리 농구를 즐기는 고등학생 자말 월러스와 친구들은 동네 아파트에 거주하고 있는 이상한 남자에게 관심을 갖게 됩니다. 베일에 싸인 인물에 대한 호기심이 극에 달한 자말은 어느 날 밤 그의 아파트에 몰래 침입하지만 실수로 가방을 놓고 나옵니다. 그리고 그 베일 속 주인공 포레스터는 가방 속에서 평범함을 뛰어넘는 자말의 수많은 글들을 읽게 됩니다.

다음 날, 자말은 가방을 찾기 위해 아파트를 찾아가고 주인은 차갑게 대합니다. 그러나 포레스터는 마음속으로 자말의 문학적 재능을 이끌어 주기로 결심한 상태였습니다. 그리하여 포레스터는 지난 수년간 한 번도 문을 열지 않았던 자신만의 세계에 자말을 받아들입니다. 한편, 자말의 문학적 재능이 교내 테스트에서 드러나게 되고, 자말은 맨해튼의 명문대 예비학교에 농구 특기 장학생으로 스카우트됩니다. 그러나 그때까지도 자말은 아파트의 괴팍한 노인이 위대한 작가 포레스터임을 전혀 눈치 채지 못합니다.

자말은 자신의 가족과 삶을 나눈 고향 브롱스에서 나와 새로운 세상을 항해하기 시작합니다. 이제 그에게는 낯설고도 엄격한 지식 공동체에서 나아갈 방향을 제시해주는 스승 포레스터와 마음의 안정을 가져다주는 친구 클레어가 있습니다. 그리고 때묻은 고전 서적들과 정적만이 가득했던 포레스터의 은둔지는 두 작가의 웃음과 논쟁, 학문에의 열정으로 채워집니다. 포레스터는 이 어린 제자를 따라 지난 40여 년 간 닫고 살아온 창 밖의 세상에 조금씩 다가갑니다. 그리고 자말에게 이런 글을 남깁니다.

"친애하는 자말, 한때 난 꿈꾸는 걸 포기했었다. 실패가 두려워서, 심지어는 성공이 두려워서. 네가 꿈을 버리지 않는 아이인 걸 알았을 때, 나 또한 다시 꿈을 꿀 수 있게 되었지. 계절은 변한다. 인생의 겨울에 와서야 삶을 알게 되었구나. 네가 없었다면 영영 몰랐을 거다."

이 영화는 포레스터와 자말이 문학이라는 공통분모를 통해 서로에게 도움을 주고 의지하면서 나이를 뛰어넘어 진정한 우정을 쌓아 간다는 이야기로, 작가를 꿈꾸는 청소년이라면 꼭 한 번 보기를 추천합니다.

2) 〈이보다 더 좋은 순 없다〉

강박 증세를 가진 괴팍한 성격의 로맨스 작가가 억지로 맡겨진 옆집의 개를 키우는 과정에서 주변 사람들에게 마음을 열고 사랑을 이루게 된다는 내용의 영화로 1998년 미국에서 개봉되었습니다.

매사에 뒤틀리고 냉소적인 성격의 로맨스 소설 작가 멜빈은 다른 사람들의 삶을 경멸하며, 신랄하고 비열한 독설로 그들을 비꼬며 강박 증세까지 있습니다. 그의 강박증은 유별나서 길을 걸을 땐 보도블록의 틈을 밟지 않고, 사람들과 부딪히지 않으려고 뒤뚱뒤뚱 걷습니다. 식당에 가면 언제나 똑같은 테이블에 앉고, 가지고 온 플라스틱 나이프와 포크로 식사합니다. 이런 그를 대부분의 사람들은 꺼리지만 단골 식당의 웨이트리스 캐롤만은 그의 비위를 맞춰 줍니다. 캐롤은 천식을 앓는 어린 아들과 혼자 꾸려가야 하는 살림살이로 힘겨운 와중에도 늘 인내심을 갖고 멜빈을 대합니다.

어느 날 옆집에 살던 게이 화가 사이먼이 강도를 당해 병원에 입원하면서 평소 구박했던 사이먼의 애견 버델을 어쩔 수 없이 멜빈이 떠맡게 됩니다. 그리고 버델을 돌보는 과정에서 점차로 멜빈의 닫혔던 마음이 열리기 시작합니다. 그는 버델을 잘 돌볼 뿐만 아니라 사이먼과 캐롤의 개인적인 곤경에 대해서도 관심을 갖게 됩니다. 어느덧 자신 안의 인간미를 느끼게 된 멜빈은 버델의 주인인 사이먼과의 우정을 가꾸고, 캐롤과의 로맨스를 시도합니다. 멜빈은 출판사 사장을 통해 캐롤의 아들을 치료해주고, 캐롤과 함께 차로 사이먼을 고향까지 데려다 주기에 이릅니다.

세 사람이 동행한 여행길에서 캐롤은 사이먼에게 예술적 영감을 불러일으키고, 멜빈은 여행에서 돌아온 후 캐롤에게 서툰 몸짓으로 사랑을 고백합니다.

이 영화는 작품성을 인정받아 1998년 아카데미상 시상식에서 남우주연상과 여우주연상을 수상하였으며, 흥행에도 성공을 거두었습니다.

3) 〈더 스토리: 세상에 숨겨진 사랑〉

2012년 미국에서 개봉한 영화로 작가를 소재로 하고 있습니다.

영화의 시작은 1944년 제2차 세계 대전이 끝난 직후인 프랑스를 배경으로 하고 있습니다. 운명처럼 서로에게 끌린 두 남녀가 만나서 세상 모두가 부러워할 정도로 매혹적인 사랑을 나눕니다. 하지만 행복의 날들도 잠시, 감당할 수 없는 시련이 찾아오고 결국 슬픔을 견디지 못한 여자는 남자를 떠나 버립니다. 홀로 고통의 나날을 보내던 남자는 아름다웠던 사랑 이야기를 소설로 탄생시키고, 용서를 구하고자 여자를 만나러 갑니다.

다시 2012년 미국 뉴욕이 배경을 이루고, 희곡 작가인 한 남자는 훔쳐서라도 갖고 싶은 러브 스토리를 발견했습니다. 앞의 이야기에서 나왔던 주인공이 늙어서 자신의 과거를 회상하며 남자에게 자신의 얘기를 들려줍니다. 남자는 늙은 작가의 미발간 원고를 훔치고, 그 작품으로 부와 명예를 얻게 됩니다. 그렇지만 그는 끝없는 자괴감과 공허함, 양심의 가책에 시달리며 행복하지 못한 쓸쓸한 삶을 살아갑니다.

이 영화는 헤밍웨이의 원고 분실 실화를 응용한 것으로 타인의 짐을 훔치면, 그 고통까지 짊어진다는 오랜 교훈을 잘 표현하고 있습니다.

04 작가는 무슨 일을 할까?

1 문학 작가의 생활

작가 중에는 〈해리 포터〉를 쓴 조앤 롤링처럼 큰 성공을 거둔 사람도 있고, 책이 팔리지 않아 힘들게 생활하는 사람도 있습니다. 또한 다른 직업을 가지고 있으면서 글을 쓰는 작가들도 있습니다.

작가는 작품을 완성하고 나서 자신의 작품을 책으로 출간해 줄 출판사를 찾아야 합니다. 혹은 출판사 쪽에서 어떤 주제나 시리즈를 위한 작품을 써 달라고 요청해서 글을 쓰기도 합니다. 유명 작가에게는 여러 출판사에서 서로 책을 내 주겠다고 많은 제안이 들어오기도 합니다.

중 · 고등학교나 대학에서 학생들을 가르치거나 출판사 일을 하는 작가들은 시간이 나는 대로 틈틈이 글을 씁니다. 그러나 이렇게 하면 집중력이 떨어져 제대로 된 작품을 쓸 수가 없기 때문에 대부분 직장을 그만두고 글쓰기에만 전념하는 경우가 많습니다.

작가들은 작업실이 따로 있기도 하지만 대부분 자신의 집에서 글을 씁니다. 작가들의 일상은 사람마다 천차만별이지만 대부분의 작가들이 집중이 잘 되는 한밤중에 글을 쓰며, 글을 쓰다 보면 밤을 새는 경우도 허다하다고 합니다. 특히 신문이나 잡지에 글을 쓰는 작가들은 마감 시간에 맞추기 위해 밤을 새는 경우가 많습니다.

Tip

작가라고 해서 책상에 앉아서 글만 쓰는 것은 아닙니다. 작품에 필요한 정보를 수집하기 위해 유적지, 도서관, 공연장, 공장, 회사 등 여러 곳을 방문하여 관찰, 조사를 하고, 필요한 경우에는 특별한 인물을 인터뷰해서 자료를 모으기도 합니다.

2 구성 작가의 생활

방송 작가에는 드라마 시나리오를 쓰는 드라마 작가와 드라마 이외의 오락, 시사, 예능, 정보 등의 프로그램 진행 내용을 작성하는 구성 작가가 있습니다. 드라마 작가는 간혹 제작 회의에 참석하기도 하지만 대부분의 시간을 일반 작가들처럼 자료를 조사하고 글을 쓰는 등 혼자서 보내는 시간이 많습니다. 반면 구성 작가는 기획 회의에서부터 방송을 만드는 대부분의 일정에 참여합니다. 구성 작가가 글을 쓰는 일은 많은 업무 중 하나에 불과합니다.

그럼 지금부터 시사 프로그램을 담당한 구성 작가의 일주일을 따라가 보기로 하겠습니다.

방송국에 출근하여 컴퓨터를 켜고 그날 이슈가 되는 시사 정보를 검색하여 프로그램 내용을 무엇으로 할지, 즉 아이템을 궁리합니다. 오후 2시쯤에는 담당 PD들, 동료 작가들과 아이템 회의를 합니다. 하나의 프로그램을 만들려면 메인 PD와 메인 작가를 비롯하여 약 12명의 PD와 구성 작가들이 팀을 이룹니다. 회의에서는 각자 조사한 아이템에 대해 의견을 내고, 결정된 사항은 책임 프로듀서의 승인을 받습니다.

프로그램 내용을 무엇으로 할지 아이템이 정해지면, 관련 기관에 연락해서 취재와 섭외를 합니다. 촬영 및 인터뷰할 내용 등을 적은 촬영 콘티를 작성하여 PD와 리포터에게 넘겨주고 퇴근합니다.

PD와 리포터, 카메라 기자 등이 촬영을 나가는 날이므로 구성 작가는 잠시 숨을 돌릴 수 있습니다. 오전에는 섭외하지 못한 사람이나 기관의 섭외를 마무리하고, 오후에는 촬영해 온 부분을 PD와 함께 살펴보면서 부족한 부분이 없는지 의견을 나눕니다.

촬영 팀이 찍어 온 내용을 PD와 함께 꼼꼼히 체크해 어떤 장면을 이어 붙일지, 인터뷰는 어디쯤에 넣을지 등을 상의합니다. 이럴 땐 밤을 새는 경우도 다반사입니다.

밤을 샌 다음에는 새벽에 집에 들어가 잠깐 눈을 붙인 뒤 오후에 출근하여 어제 작업해 놓은, 원래 분량보다 조금 길게 편집된 내용을 PD와 함께 살펴본 뒤에 마지막으로 정리하여 책임 PD에게 심사를 받습니다. 심사 기준은 처음 기획한 의도대로 나왔는지가 중요합니다. 만약 책임 PD가 맘에 들어 하지 않으면 추가 촬영을 해야 합니다.

드디어 책임 PD의 오케이가 떨어지면 재편집을 하고, PD와 함께 필요한 자막을 뽑고, 마지막으로 종합 편집 작업을 합니다. 이 날 역시 집에 아주 늦게 들어가거나 밤샘 작업을 해야 합니다.

이제부터 대본을 써야 합니다. 그리고 대본이 완성되면 여러 부 인쇄한 다음 리포터와 원고 읽기 연습을 하고, 스튜디오에 출연할 전문가가 있다면 미리 연락도 하면서 방송 시간을 기다립니다. 그리고 드디어 방송 촬영에 들어갑니다. 생방송인 경우에는 시간이 초과되지 않는지, 리포터가 말을 더듬지 않는지 등 방송 시간 내내 마음을 졸입니다.

드디어 프로그램이 끝나면 팀원 전체가 품평회를 합니다. 품평회에서는 어떤 점이 부족하고, 어떤 점을 보완해야 하는지 각자 의견을 내놓습니다.

품평회를 끝으로 모든 일정이 마무리되어 퇴근을 하지만 마음은 부담스럽습니다. 시청률이 어떻게 나올지 걱정이 되기 때문입니다.

05 작가가 되기 위해 필요한 능력

1 책을 많이 읽어야 합니다

작가가 되려면 책, 그 중에서도 문학 작품을 많이 읽어야 합니다. '모방은 창조의 어머니'라는 말이 있습니다. 좋은 책을 많이 읽으면 작품에 포함되어 있는 작가의 가치관이나 사상, 상상력, 문체 등을 배울 수 있습니다. 그리고 그것을 바탕으로 자기만의 세계를 만들어 나갈 수 있고, 문장력과 표현력을 기를 수 있습니다.

2 많이 써 봐야 합니다

일기를 비롯해 주변에서 일어나는 일을 소재로 독후감이나 동시 등 다양한 글을 많이 써 보아야 합니다. 특히 일기를 꾸준히 쓰는 것은 글쓰기 능력을 키우는 데 큰 도움이 됩니다.

그리고 기회가 되면 학교신문이나 교지 등에 작품을 발표해 보는 것도 좋습니다. 사실 자신이 쓴 글을 다른 사람에게 보여 주는 일이 부담스러울 수 있습니다. 그렇지만 그런 경험을 통해 다른 사람의 의견을 들을 수 있고, 자신의 실력을 점검할 수도 있습니다.

또한 문법이나 맞춤법, 띄어쓰기 등 기초적인 글쓰기 방법을 알면 유리합니다.

3 많이 생각하면서 감수성을 기릅니다

책을 읽고 나서 책에 대한 느낌을 정리하거나 주변 사물이나 사람들을 보면서 그냥 지나치지 말고 유심히 관찰하고 생각하는 습관을 들이면 글 쓰는 데 유리합니다.

글을 쓰는 사람은 산만하지 않아야 합니다. 차분하게 생각하고 조용히 관찰하는 자세가 필요합니다. 작가가 되고 싶

다면 끊임없이 생각하는 습관을 길러야 합니다. 그러기 위해 조금은 고독하게 혼자 있는 시간을 갖는 것이 좋습니다.

4 다양한 경험을 합니다

문학이 주는 가장 큰 장점은 자신이 경험하지 못했던 것을 간접 경험할 수 있다는 점입니다. 그런데 작가가 글을 쓸 때는 자신이 경험한 것을 가장 잘 쓸 수 있습니다. 따라서 사람들에게 흥미와 감동을 줄 수 있는 이야기를 쓰기 위해서는 다양한 경험이 필요합니다. 많은 작가들이 여행을 즐기는 것도 이와 같은 다양한 경험을 위해서입니다. 특히 자신이 쓸 작품에 필요한 소재를 개발하기 위해 현장에 직접 가보거나 그곳 사람들과 얘기를 나눠 보는 등 구체적인 경험을 쌓는 것이 좋습니다.

5 세상 일과 사람들에게 관심을 가집니다

작가는 세상 사람들에게 관심을 가지고 있어야 합니다. 평소에 주변에서 일어나는 일에 관심을 가지고 자세히 관찰하는 습관을 가져야 합니다. 그래야만 사람들이 공감할 수 있는 글을 쓸 수 있습니다.

작가에게는 세상을 보는 시선이 대단히 중요합니다. 예민한 촉수를 세상을 향해 뻗고 있어야만 자신의 슬픔과 기쁨뿐만 아니라 다른 사람들의 슬픔과 기쁨까지 깊이 느낄 수 있습니다. 그러면 습관화된 생각을 버리고 새로운 관점을 가질 수 있어서 작품에서 참신한 생각을 표현할 수 있습니다.

6 아이디어를 기록합니다

우물에서 물이 나오듯이, 작가에게는 아이디어가 나와야 합니다. 그런데 아이디어는 저절로 나오는 것이 아닙니다. 평소 무엇이든 생각하는 습관을 들이도록 노력한다면, 아이디어가 떠오르게 될 것입니다. 좋은 생각이 또 다른 생각을 불러와, 꼬리에 꼬리를 물고 아이디어가 샘솟게 되지요. 뜻밖의 장소에서 아이디어가 튀어나오기도 하는데, 이럴 때 반드시 아이디어를 기록해 두어야 합니다. 화장지, 종잇조각 등 손에 잡히는 것이라면 어디에라도 떠오른 아이디어를 기록해 두어야 합니다. 요즘에는 핸드폰 덕분에 아이디어를 쉽게 기록할 수 있습니다. 특별한 장소에서 떠오른 아이디어는 그 장소까지 기록해 두면 좋습니다. 우연한 아이디어의 작은 '씨앗'이 때론 베스트셀러 목록에 오르는 책이 될 수도 있습니다.

06 작가의 장단점

1 장점

1) 좋아하는 일을 하며 살 수 있습니다

대부분의 작가는 책을 읽고, 글을 쓰는 일이 좋아서 이 일을 하는 경우가 많습니다. 어렸을 때 꿈꿔 왔던 일을 직업으로 삼아서 일을 한다는 사실만으로도 너무나 행복합니다. 글을 쓰기 시작할 때는 '내가 이것을 다 쓸 수 있을까?' 하는 두려움을 갖지만, 그런 두려움 속에서도 글을 쓰고 완성시키면 뿌듯합니다. 그리고 자신의 작품이 독자들에게 기쁨을 주고 힘을 줄 때는 작가가 되길 정말 잘했다는 생각이 들 것입니다.

2) 돈과 명예를 얻을 수 있습니다

작가로서 유명해지면 돈을 많이 벌고, 명예도 얻을 수 있습니다. 물론 모든 작가가 돈을 많이 버는 건 아니며, 작가에 따라 돈을 버는 수준이 천차만별입니다. 작가는 인세나 원고료로 돈을 법니다. 인세는 보통 책값을 기준으로 정해지기 때문에 책이 많이 팔리면 그만큼 많은 돈을 벌 수 있습니다. 그리고 잡지나 신문에 글을 쓸 때는 원고지 매수에 따라 돈을 받습니다. 간혹 유명 작가들은 미리 거액의 인세를 받고 글을 쓰는 경우도 있습니다.

3) 역사에 이름을 남길 수 있습니다

셰익스피어부터 조앤 롤링까지 우리가 알고 있는 역사적으로 유명한 작가는 셀 수 없이 많습니다. 이들 작가들은 아름답고 감동적인 글을 써서 사람들의 사랑을 듬뿍 받고, 역사에 이름을 남기고 있거나 앞으로 남길 것입니다.

이처럼 작가로서 성공하면 대중의 사랑도 받고, 명예도 얻고, 많은 돈을 벌고, 역사에 이름을 남길 수 있는 등 좋은 점이 너무 많습니다.

2 단점

1) 많은 노력을 해야 합니다

장편소설 한 편이 써질 때까지 작가는 엄청난 노력을 해야 합니다. 소설의 배경이 되는 현장을 찾아 자료를 모으고, 관련된 모든 사람들을 직접 만나 얘기를 나눠보는 등 많은 자료를 가지고 써야 제대로 된 작품이 나올 수 있습니다. 그리고 자료가 확보되면 그때부터 의자에 붙어 앉아 거의 종일 글을 써 나갑니다. 특히 소설가는 재능도 중요하지만 발과 궁둥이로 쓴다는 말이 있을 정도로 노력과 성실성을 요하는 직업입니다.

글이 잘 안 써질 때 마감 날짜가 다가오면 속이 타고 앞이 깜깜할 때가 많습니다. 그러나 이렇게 힘들게 만든 작품이 독자들의 사랑을 받으면 그동안의 고생이 모두 사라집니다.

2) 생활이 불규칙합니다

작가들은 대부분 프리랜서로 일하며 혼자서 글을 쓰는 경우가 많습니다. 글 쓰는 일은 주로 조용한 밤중에 이루어지며, 글을 쓰는 데 집중하다 보면 밤을 꼴딱 새우는 경우도 허다합니다. 그야말로 올빼미 생활이지요.

또한 글을 쓴다는 것은 남의 도움을 받아서 할 수 있는 일이 아닙니다. 평생을 혼자서, 어떤 사회 구조에도 들지 않고 일하기 때문에 고독감이 큽니다. 그렇게 고생한다고 누구나 좋은 작품을 쓸 수 있는 것도 아니고, 쓴다 해도 독자에게 알려지기까지 시간이 많이 걸립니다. 문학에 대한 자기 확신이 없으면 중간에 그만두는 경우도 많습니다.

3) 수입이 일정하지 않습니다

작가들은 글을 써서 받은 돈으로 생활하기 때문에 수입이 불규칙합니다. 유명한 작가들이야 출판사들이 줄을 서지만, 아직 이름이 널리 알려지지 않은 작가들은 누군가에게 의뢰를 받아야 일을 할 수 있기 때문에 일이 들쭉날쭉하고 수입 역시 들쭉날쭉하여 안정된 생활을 하기가 힘듭니다. 또 책상 앞에 앉아서 오로지 글만 쓰고 싶은데 경제적인 이유 때문에 청탁받은 원고를 의무적으로 쓰는 경우도 있습니다. 많은 작가들이 경제적인 면 때문에 기본 수익을 얻을 수 있는 일을 하면서 작가 일을 병행하는 경우가 많습니다.

4) 독자들의 반응이 좋지 않을 때는 속상합니다

작품은 분명 작가가 쓰지만 작가의 손에서 완성되는 것은 아닙니다. 책을 내는 순간 그것은 작가의 책이 아니라 독자의 책이 됩니다. 그런데 작품에 대해 작가가 가졌던 애정과 사람들의 반응이 일치하지 않을 때가 종종 있습니다. 그때 작가는 속이 상하고 외로움을 느끼게 됩니다. 자신이 쓴 작품이 좋은 작품이 아닐지도 모른다는 두려움도 있습니다. 그래서 책을 낼 때마다 뿌듯함과 함께 두려움을 느낍니다.

07 작가가 되기 위한 과정

1 중 · 고등학교 시절

무엇보다 책을 많이 읽어야 합니다. 책 중에서도 특히 문학 작품을 많이 읽어야 합니다. 그리고 특히 일기를 꾸준히 쓰는 것이 많은 도움이 됩니다. 일기를 꾸준히 쓰다 보면 글쓰기 능력을 키울 수 있고, 생각도 키울 수 있습니다. 골치 아픈 문제에 대해 고민할 시간을 갖고 해결책을 찾을 수도 있으며, 재미있는 농담이나 흥미로운 글을 기록할 수도 있습니다.

기회가 되면 좋아하는 작가를 만나보는 것도 필요합니다. 대형 서점에서는 정기적으로 작가의 사인회나 강연이 열리고 있으니 서점 홈페이지에 들어가 일정을 확인할 수 있습니다. 아니면 큰 도서관에서 특별행사로 작가를 초대하여 강연하는 경우도 있습니다. 강연이 끝나고 질문 시간이 있으므로 이때 궁금한 점을 물어볼 수도 있습니다. 인터넷을 통해서도 작가를 만날 수 있습니다. 좋아하는 작가의 팬클럽에 가입하여 글을 남길 수도 있고, 팬클럽 모임에 나가 그 작가를 좋아하는 사람들과 얘기를 나눌 수도 있습니다. 작가를 좋아하는 사람들은 대부분 작가 지망생이므로 그런 사람들과 만나 대화를 나눈다면 글 쓰는 데 자극도 되고 도움이 될 것입니다. 그리고 가능성이 낮긴 하지만, 작가에게 편지를 보내는 것도 한 방법입니다. 운이 좋으면 작가와 편지를 주고받을 수도 있으니까요. 편지를 통해 책에 대한 감상을 얘기하기도 하고, 자신의 고민을 털어놓고 조언도 들으면서 작가와 가까워질 수 있으며, 자신의 꿈에 한 발 더 다가설 수 있습니다.

마지막으로 글쓰기 대회에 많이 참가해 봐야 합니다. 학교에서 하는 행사든 학교 밖에서 하는 행사든 많이 참가하여 글쓰기를 하다 보면 글쓰기 훈련이 되고, 수상을 하게 되면 자신감이 생깁니다. 그리고 대학 입학에도 도움이 됩니다.

2 대학교 시절

대학에서는 국문과나 문예창작과, 기타 어문 계열에 입학하면 유리합니다. 글쓰기나 문학에 대한 이론과 실기를 배울 수 있기 때문입니다. 또한 다양한 작품과 작가를 분석하고, 습작 훈련을 통해 문장력과 표현력 등을 기를 수 있습니다. 무엇보다도 문학을 좋아하는 친구들과 함께 스스럼없이 작품에 대해 이야기하면서 생활할 수 있다는 점이 좋습니다.

하지만 꼭 문학을 전공한 사람만이 글을 쓸 수 있는 것은 아닙니다. 작품 창작은 개인의 창의력을 바탕으로 이루어지는 것이므로 제도적 교육을 일정하게 따라가면서도 그 틀 속에 얽매이지 않고 작가적 자질을 키워 나가는 것이 필요합니다. 이를 위해서는 평상시 독서와 사색을 즐기고, 글쓰기 연습을 하고, 여러 현상을 주관적이고 자신만의 독특한 시각으로 보며, 다양한 경험을 쌓는 것이 중요합니다. 시나리오 작가는 연극영화학을 전공하는 경우도 많으며, 문화센터나 평생교육원 등에서 글쓰기 훈련을 통해 작가가 되는 경우도 있습니다.

대학 시절은 인생에서 가장 자유롭고 여유로운 시간을 가질 수 있습니다. 그러므로 인생에 대해 깊이 고민하고, 가치관을 정립할 수 있는 시간입니다. 이럴 때 책을 많이 읽고, 여행도 많이 다니고, 다양한 사람을 만나 얘기도 많이 나누어 봐야 합니다. 멋지고 아름다운 곳만 여행할 게 아니라, 재래시장이나 달동네 등 힘들고 어렵게 사는 사람들과도 만나 얘기를 나누어 보는 것이 좋습니다. 그러자면 사람들에 대한 믿음과 애정이 있어야 합니다. 그리고 평소에도 자신의 주변을 잘 관찰하는

Tip

작가가 되기 위한 유일한 방법은 글을 많이 써 보는 것입니다. 창작 교실에서 수업을 받아도 좋고, 일기를 쓰면서 글쓰기 훈련을 쌓아도 좋습니다. 학교신문과 교지는 작품을 발표할 수 있는 좋은 매체입니다. 모두 작가로서의 능력을 키우는 데 도움이 됩니다.

습관을 들여야 합니다. 자연과 사람들을 관찰하고 그것을 바탕으로 자신만의 글을 써 보아야 합니다.

3 문단에 데뷔

작가로 데뷔하려면 신춘문예에 당선되거나 선배 작가들의 추천을 통해 문학잡지에 글을 써서 데뷔할 수 있습니다. 신춘문예는 해마다 1월 1일에 신문사나 잡지사에서 유능한 신인 작가를 뽑는 행사를 말합니다. 시, 소설, 시나리오, 아동문학, 문학평론 등 문학 작가를 뽑는 행사로 여기서 상을 받으면 작가로 인정받으며 활동합니다. 하지만 신춘문예에 당선되지 않아도 출판사를 통해 책을 출판해 작가로 활동할 수 있으며, 출판사나 각종 기관에서 주최하는 신인문학상이나 문학 대회를 통해 작가가 될 수도 있습니다.

4 작가로서 생활

문단에 데뷔했다고 해서 바로 작가로 인정받을 수 있는 것은 아닙니다. 출판사에 책을 펴내고 독자를 확보하려면 많은 노력을 해야 하고, 때로는 좌절을 맛보기도 합니다. 책을 내려면 자신의 책을 펴내줄 출판사를 찾아야 합니다. 그런데 단번에 책을 펴내주는 출판사는 거의 없습니다. 이름도 알려지지 않은 신인 작가의 책을 펴내는 건 위험 부담이 따르기 때문에 찾아가는 출판사마다 거절을 당할 수 있습니다. 그것은 받아들이기 힘든 고통입니다. 그러나 많은 작가가 경험하는 과정입니다. 특히 편집자 중에 초보 작가의 기를 꺾는 사람이 있을 수 있습니다. 그러나 초보 작가의 참신함과 재능을 알아봐 주는 사람들이 더 많은 것도 사실입니다. 자신의 꿈을 이루기 위해 몇 번의 좌절을 겪을 수 있다는 점을 마음에 새겨 두어야 합니다.

자신의 책이 출판되어 사람들이 많이 읽고 이름 있는 작가가 되었더라도 끊임없이 노력해야 합니다. 흔히 작가는 영감이 떠오르면 바로 글을 쓸 수 있을 거라고 생각합니다. 그러나 번뜩이는 영감으로 글을 쓸 수 있는 건 한두 차례면 끝입니다. 평생을 작가로 남기 위해서는 끊임없이 글을 쓰고 노력해야 합니다. 작가라는 직업을 떠올리면 낭만적이지만 실제는 절제와 노력, 그리고 끊임없는 자기반성이 필요한 직업입니다.

08 작가의 마인드맵

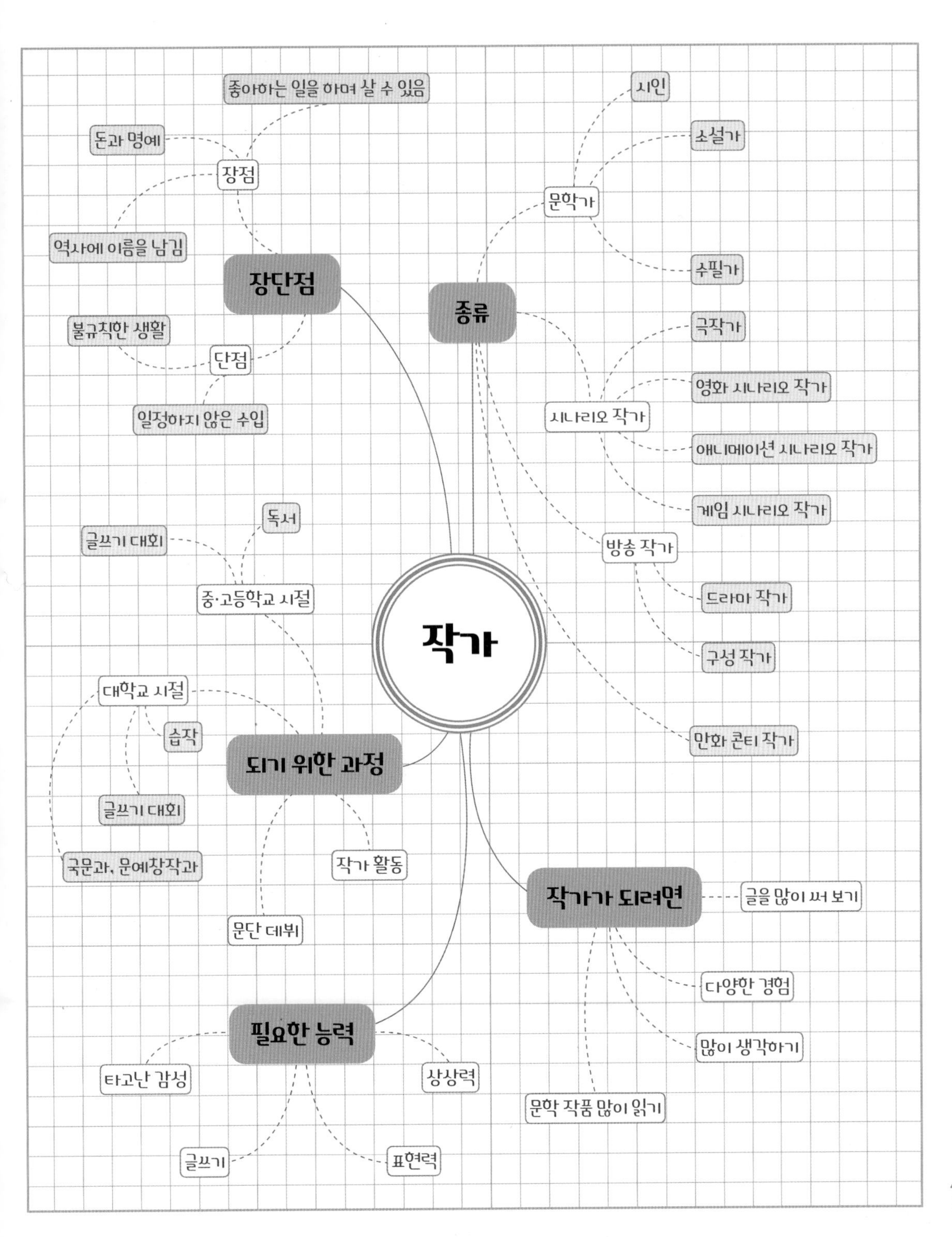

작가
장단점
장점
좋아하는 일을 하며 살 수 있음
돈과 명예
역사에 이름을 남김
단점
불규칙한 생활
일정하지 않은 수입
종류
문학가
시인
소설가
수필가
시나리오 작가
극작가
영화 시나리오 작가
애니메이션 시나리오 작가
게임 시나리오 작가
방송 작가
드라마 작가
구성 작가
만화 콘티 작가
되기 위한 과정
중·고등학교 시절
독서
글쓰기 대회
대학교 시절
습작
글쓰기 대회
국문과, 문예창작과
작가 활동
문단 데뷔
작가가 되려면
글을 많이 써 보기
다양한 경험
많이 생각하기
문학 작품 많이 읽기
필요한 능력
타고난 감성
상상력
글쓰기
표현력

09 작가와 관련하여 도움받을 곳

1 직업 정보를 얻을 수 있는 기관

● 교보문고(http://www.kyobobook.co.kr) 교보문고를 직접 방문하거나 홈페이지에 들어가면 베스트셀러가 무엇인지 알 수 있고, 무슨 책이 새로 나왔는지도 알 수 있습니다. 또한 유명 작가의 사인회가 열리거나 강연회가 열리기도 합니다. 그리고 작가와 함께 떠나는 문학 여행이 준비되어 있고, 각종 소설이나 시, 독후감 등의 공모전을 열기도 하므로 참석해 보면 좋습니다.

특히 2014년부터 진행되는 '광화문 목요 낭독 공감'이 사람들의 큰 호응을 얻고 있습니다. 문인협회 등 문학단체와 함께 작가와 독자가 소통하는 낭독회로서 매주 목요일에 열립니다.

조세희, 황석영, 이문열과 같은 국내 작가뿐만 아니라 노벨문학상 수상자인 오르한 파묵, 르 클레지오, 헤르타 뮐러를 초청하는 등 유명 해외 작가를 정기적으로 초청하여 국내 문학계에서 독자성을 확보한 문화행사로 자리매김하고 있습니다. 일정 확인은 대산문화재단 홈페이지(http://www.daesan.or.kr)를 통해 할 수 있습니다.

● 인터넷 서점 예스 24(http://www.yes24.com) 인터넷 서점 중에서는 가장 다양한 프로그램을 준비해 놓고 있습니다. 유홍준이나 공지영, 신경숙 같은 작가들을 초대하여 독자와의 만남을 주선하고 있고, 인문학 콘서트를 열기도 하며, 공연에 초대하기도 합니다. 또한 시, 소설, 수필, 독후감, 사행시 짓기 등 각종 공모전을 통해 당첨되면 상품을 주기도 하므로 관심 있는 청소년이라면 홈페이지에 들어가 신청하고 참가해 보기를 권합니다.

● **고용노동부 워크넷**(https://www.work.go.kr) 한국고용정보원에서 운영하는 사이트로 무료로 직업 심리 검사를 이용할 수 있습니다. 직업 정보 검색, 직업 · 진로 자료실, 학과 정보 검색 등의 정보를 제공하며 직업 · 학과 동영상, 이색 직업, 테마별 직업 여행, 직업인 인터뷰 자료를 볼 수 있습니다. 온라인 진로 상담 서비스도 제공합니다.

● **진로정보망 커리어넷**(https://www.career.go.kr) 한국직업능력개발원이 운영하는 사이트로 초등학생부터 성인, 교사에 이르기까지 대상별로 진로 및 직업 정보를 제공하며 온라인 상담도 할 수 있습니다. 심리 검사를 무료로 이용할 수 있으며, 학생들이 만든 UCC 자료도 무료로 볼 수 있습니다.

2 직업 체험 프로그램

● **연희 문학 창작촌**(http://www.seoulartspace.or.kr) 서울시 서대문구 연희동에 위치해 있습니다. 개인 주택 형태로 네 개의 동으로 이루어져 있고, 꽃과 나무로 둘러싸인 아름다운 공간입니다. 서울문화재단에서 운영하는 이곳은 작가들에게 창작의 공간을 제공함과 동시에 관심 있는 사람이면 누구나 참여할 수 있는 연희 목요낭독극장, 연희문화학교, 각종 국제교류 프로그램 등의 문학행사도 진행하고 있습니다. 또한 미리 신청하면 친절한 안내와 함께 창작촌 곳곳을 둘러볼 수 있습니다. 그리고 주중 낮 시간에는 문학촌 내부에 마련된 작은 도서관(미디어랩)도 일반인에게 개방하여 누구나 이곳에서 책을 읽거나 DVD를 관람할 수도 있습니다.

● **파주출판도시**(http://www.pajubookcity.org) 경기도 파주에 위치한 출판인들이 모여 있는 공간으로, 약 1만여 명의 종사자들이 250여 개 출판 관련 업체에서 일하고 있습니다. 책을 기획하는 단계부터 활자로 인쇄하고 소비자에게 유통하는 과정까지 모두 이곳에서 이루어집니다. 출판사뿐만 아니라 갤러리, 북 카페, 헌책방, 레스토랑 등도 자리해 있습니다. 북 카페에서 차를 마시면서 저렴한 가격에 책을 구입할 수도 있고,

고서적이나 헌책을 파는 서점에 들어서면 대형서점에서 느낄 수 없는 묘한 향수를 느낄 수 있습니다. 여러 가지 책과 관련된 문화 행사도 열리고 있으므로 홈페이지에 들어가 확인하고, 시간이 되면 참여해 보길 추천합니다. 하지만 주말이나 공휴일에는 휴무인 곳이 많으므로 운영 시간을 미리 알아 두는 것이 좋습니다.

● **교육부 어린이 홈페이지**(http://kids.moe.go.kr) 아이들이 궁금해 할 만한 다양한 직업에 대해 가나다순으로 알기 쉽게 설명되어 있습니다. 직업에 대한 기본 정보를 알고 나서 교육부에서 주관하는 창의적 체험 활동에 참여하면 효과가 더욱 클 것입니다.

● **코리아잡스쿨**(http://www.kojobs.co.kr) 학생들이 직업 체험 프로그램에 참가하여 접하기 어려운 직업을 미리 탐색할 수 있고, 직업 세계에 대한 이해를 넓힐 수 있습니다. 또한 특정 직업에 대한 편견을 버리고 건전한 직업관을 형성할 수 있으며, 사회에 첫발을 내딛는 것에 대한 막연한 두려움에서 벗어나 자신감을 가질 수 있습니다.

특히 진로특화프로그램에서는 진로진학교실, 직업체험교실, 현장테마체험, 자유학기제 등 청소년들에게 현장 체험 중심의 실질적인 도움이 되는 프로그램과 캠프를 운영하고 있으므로 각 체험 프로그램 정보를 확인하여 참여할 수 있습니다.

● **서울시립 청소년 직업 체험 센터**(http://www.haja.net) 서울시 영등포구에 있습니다. 일명 '하자센터'라고 부르며 연세대학교가 서울시로부터 수탁 운영하고 있습니다. 현재의 배움이 일을 통해 어떻게 구현되

는가에 대해 고민하는 기회를 가짐으로써 청소년들이 미래 자신의 일자리에 대한 관심을 발견하게 하고, 자신이 일하려는 분야를 위해 어떤 배움의 과정을 거쳐 진입할 수 있을지에 대해 흥미를 가지며 임할 수 있도록 일, 놀이, 학습이 하나로 통합되는 과정으로 행사를 진행합니다.

일일직업체험 프로젝트 등 일반 청소년 대상의 프로그램 역시 단순한 진로체험이나 설계를 넘어서 '생애설계'의 과정으로 전환, 삶의 지속가능성을 추구하고 청소년 스스로 자활과 자립을 모색하는 교육 생태계로 조성하고 있습니다.

10 유명한 작가

1 셰익스피어(1564~1616)

영국의 작가이자 시인으로 희극, 비극을 포함하여 희곡 37편과 장편서사시 2편, 소네트 154편을 쓴 세계 문학사에서 가장 위대한 작가입니다. 셰익스피어는 400년 전의 관객들이 좋아하는 방식으로 극을 썼지만, 그 극들은 오늘날의 관객들에게도 변함없이 감동을 주고 있습니다.

셰익스피어는 1564년 영국 스트랫퍼드어폰에이번(Stratford-upon-Avon)이라는 작은 상업도시의 중산층 가정에서 8남매 중 셋째로 태어났습니다. 비교적 부유한 어린 시절을 보냈고, 7세 때부터 마을의 문법학교에 다니며 라틴어를 배웠습니다. 그러나 13세 때부터 가세가 기울어 대학에 진학하지 못했습니다.

1582년 18세에 8세 연상의 앤 해서웨이와 결혼하였고, 런던으로 와서 배우 겸 극작가로 활동하며 큰 인기를 끌었습니다. 셰익스피어는 〈로미오와 줄리엣〉, 〈베니스의 상인〉, 〈한여름밤의 꿈〉, 〈12야〉, 〈헨리 8세〉, 〈안토니오와 클레오파트라〉 등을 비롯한 수많은 작품을 썼습니다. 그 중에서 셰익스피어의 진면목은 〈햄릿〉, 〈오셀로〉, 〈리어 왕〉, 〈맥베스〉의 4대 비극에 가장 잘 나타나 있습니다.

작품 면에서나 인생 면에서나 크게 성공을 거둔 셰익스피어는 노년에는 고향으로 돌아와 부유한 생활을 하다가 1616년 4월 23일에 세상을 떠났습니다.

2 괴테(1749~1832)

독일의 시인이자 소설가이자 극작가로 근대 유럽 문학에서 가장 영향력 있는 작가로 평가받고 있습니다. 괴테는 선구적인 사상가이자 과학자이기도 했고, 작품에 나타나 있는 정신적 깊이와 독창성, 지적 추구의 다양성으로 인해 독일 고전주의와 낭만주의 문학의 중심 인물이 되었습니다.

괴테는 프랑크푸르트의 유복한 가정에서 태어나 외국어와 문학, 예술을 중심으로 최고의 교육을 받았습니다. 대학에서는 법학을 공부하는 한편 시도 써서 발표했습니다. 그 후 철학자 헤르더를 만나 자연에 대한 열정과 역사에 대한 이해, 그리고 문학에 있어서 합리주의, 인위성에 대한 거부 등에 깊은 감명을 받았습니다. 또한 그리스의 시인 호메로스와 영국의 극작가 셰익스피어를 알게 되었고, 자연스러움, 진지함, 단순성을 모든 예술의 최고 덕목으로 여기게 되었습니다.

1774년 편지 형식으로 된 〈젊은 베르테르의 슬픔〉을 발표하여 전 유럽에 이름을 떨치게 되었습니다. 이 작품은 억제할 수 없는 열정 때문에 괴로워하다가 결국 자살하는 예민하고도 고집스런 한 청년의 이야기를 담고 있습니다. 당시 유럽의 많은 젊은이들이 이 책을 읽고 베르테르처럼 자살을 하여 충격을 주었습니다. 이로 인해 '베르테르의 효과'라는 말이 생겨났습니다.

1786년부터 2년 동안 이탈리아에 살면서 〈이탈리아 여행기〉를 출판하였고, 〈에그몬트〉를 완성했습니다. 그 후로도 젊은 예술가의 성장 과정을 그린 〈빌헬름 마이스터의 수업 시대〉를 발표하여 큰 인기를 끌었는데, 이 소설은 지금까지도 독일 소설에서 매우 중요한 위치를 차지하며, 다른 작가들이 많이 모방하고 있습니다.

그 후로도 〈헤르만과 도로테아〉, 〈친화력〉, 〈빌헬름 마이스터의 편력 시대〉 등을 발표하였고, 죽기 몇 달 전에는 〈파우스트〉를 완성했습니다. 운문으로 된 〈파우스트〉는 괴테의 최고 걸작으로 뽑힙니다.

3 조앤 K. 롤링(1965~)

영국에서 태어난 조앤 롤링은 어렸을 때부터 글쓰기와 이야기 꾸며 내기를 좋아했습니다. 대학에서는 문학을 전공했습니다.

대학 졸업 후 포르투갈로 가서 영어 교사를 하다가 그곳에서 3살 연하의 방송사 기자와 결혼했으나 헤어지고 혼자서 딸을 데리고 영국으로 돌아왔습니다. 그 당시 그녀의 나이 28세로, 이때부터 정부보조금을 받으며 혼자서 어린 딸을 키우며 힘든 생활을 하였습니다. 그럼에도 불구하고 작가의 꿈을 버리지 않고 글을 써서 서른 살에 첫 번째 작품인 〈해리 포터와 불의 잔〉을 써서 큰 인기를 얻었습니다. 이후 경제적으로 안정된 생활 속에서 해리 포터 시리즈를 완성하였습니다.

해리 포터 이야기는 작가 자신의 삶에서 영감을 얻은 것입니다. 어렸을 적 이웃에 포터라는 성을 가진 가족이 살았고, 론은 가장 친한 친구와 비슷하고, 작가도 해리처럼 어렸을 때부터 어머니를 여의였지요.

해리 포터 시리즈는 전 세계에 3억 부 이상 팔렸고, 조앤 롤링은 책을 팔아서 억만장자가 된 최초의 작가가 되었습니다. 그녀는 〈해리 포터〉로 벌어들인 수익으로 모국인 영국에 엄청난 세금을 낼 뿐만 아니라 전 세계에 영국을 홍보하고 있습니다.

4 박완서(1931~2011)

박완서는 개성 부근에 있는 개풍이라는 곳에서 태어나 어린 시절을 보냈고, 서울에서 학창 시절을 보냈습니다. 박완서에게 6 · 25전쟁은 평생 잊을 수 없는 기억으로 남았습니다. 의용군으로 나갔다가 부상을 입고 거의 폐인이 되어 돌아온 '똑똑했던' 오빠가 '이제는 배부른 돼지로 살겠다.'던 다짐을 뒤로 하고 여덟 달 만에 죽음을 맞이하고, 그녀의 가족은 심각한 가난을 겪습니다. 그 후 미군 부대의 초상화부에 취직하여 일하다가 그곳에서 박수근 화백을 만나기도 합니다.

1953년 결혼하고 살림에 묻혀 지내다가 1970년 40세 되던 해에 〈여성동아〉 장편소설 공모에 〈나목(裸木)〉이 당선되어 등단했습니다. 그 이후 〈엄마의 말뚝〉, 자전소설 시리즈로 청소년층에게까지 널리 읽혔던 〈그 많던 싱아는 누가 다 먹었을까〉, 〈그 산이 정말 거기 있었을까〉 연작은 작가 본인이 6 · 25전쟁 와중에 사랑했던 오빠를 잃었던 과거와 연관이 있습니다.

그리고 작가의 대표작이라 할 수 있는 대하소설 〈미망〉과 우리의 일상을 세심하게 관찰하여 그 이면에 숨겨진 진실까지 뼈아프게 드러내는 〈도시의 흉년〉, 〈그해 겨울은 따뜻했네〉, 〈휘청거리는 오후〉, 〈그대 아직도 꿈꾸고 있는가〉, 〈아주 오래된 농담〉 등을 비롯하여 수십 편의 소설을 발표하며 한국 문학사에 한 획을 그었습니다. 그 밖에 〈도둑

맞은 가난〉, 〈자전거 도둑〉, 〈꼴찌에게 보내는 박수〉, 〈옥상의 민들레꽃〉, 〈달걀은 달걀로 갚으렴〉 등의 단편을 발표했습니다.

5 공지영(1963~)

오늘날 우리나라에서 가장 두각을 나타내고 있는 여성 작가의 한 사람으로, 한글을 깨친 후 처음 읽은 건 화장실 벽에 써 있던 소월의 시였으며, 어릴 때의 꿈은 고아원 원장이었다고 합니다. 시와 소설을 써서 혼자서 문집을 만들면서 사춘기를 보냈을 만큼 문학적으로도 조숙했습니다.

민주화 운동이 한창이던 1980년대에 노동 운동에 가담하고 1987년 부정 개표 반대 시위에 참가했다가 구치소에 수감되기도 했습니다. 이때 자신이 진정으로 원하는 것은 소설 작가임을 깨닫게 되고 1988년 구치소에서의 경험을 토대로 쓴 〈동트는 새벽〉을 내놓아 〈창작과비평〉에 실리며 등단했습니다.

1994년에는 〈고등어〉, 〈인간에 대한 예의〉, 〈무소의 뿔처럼 혼자서 가라〉 세 권이 동시에 베스트셀러 10위권에 오르면서 대한민국 최고의 베스트셀러 작가로 등극했고, '공지영 신드롬'이라는 용어가 생겨나기도 했습니다. 이후 자전적 성장소설 〈봉순이 언니〉가 큰 인기를 끌었고, 7년간의 공백 끝에 사형제 존폐 문제를 다룬 소설 〈우리들의 행복한 시간〉은 영화로도 제작되어 400만 관객을 돌파하면서 성공했습니다. 2009년 출판한 〈도가니〉 역시 영화로 제작되어 누적 관객 100만 명을 돌파했습니다. 본인의 경험담을 승화하여 실제 가족을 모델로 한 〈즐거운 나의 집〉에서 사생활을 당당하게 공개하면서 젊은 여성들에게 지지를 받아 '닮고 싶은 여성 4위'에 오르기도 했습니다. 2011년 이상문학상 대상을 수상했고, 현재까지 내놓은 작품들 모두 합해 900만 부 이상이 팔렸습니다.

11 이 직업을 가진 사람에게 듣는다

소설가 김현경

세계 최초로 '실용 심리학 소설'이라는 새로운 장르를 개척하고
기획, 집필, 편집까지 담당하는 '1인 창조기업'의 독자적인 길을 걷는
신개념 작가, 김현경이 세상과 소통하는 방법

Q1 소설가가 된 계기가 궁금합니다.

어렸을 때부터 글 쓰고, 그림 그리는 걸 좋아했습니다. 어머니도 국문학과를 졸업하시고 한때 소설가가 꿈이셨기 때문에 제가 소설가가 되겠다고 말씀드렸을 때 반대하지 않으셨습니다.

원래는 만화가가 꿈이었습니다. 하지만 제가 만화가가 될 정도로 그림을 잘 그리는 것은 아니라는 걸 알고 진로를 바꿨습니다. 대학 졸업 후에 방송 작가를 잠시 했는데 적성에 잘 안 맞아서, 그때부터 본격적으로 소설 쓰기를 결심하고 준비하게 되었습니다.

Q2 어떻게 해서 책을 출판하게 되었나요?

저는 문학상 공모에 당선이 돼서 책을 출판한 건 아닙니다. 제가 직접 소설을 들고 출판사를 찾아가서 작가가 된 경우입니다. 2,500페이지 분량의 소설을 써서 여기저기 알아보다가 지금의 출판사에서 책을 내게 되었지요. 사실 첫 소설인 〈신데렐라를 위하여〉가 썩 잘된 작품은 아니었지만, 사장님을 비롯한 주변 사람들이 가능성이 있는 작가라고 말씀을 많이 해 주셔서 2년 후에 또 다른 책을 출간하게 되었습니다. 다행히 〈넌 어느 별에서 왔니?〉는 반응이 좋아서 사장님이 또 기회를 주실 거라고 기대하고 있습니다.

Q3 소설가의 하루 일과가 궁금합니다. 규칙적으로 글을 쓰나요?

작가마다 다르겠지만 저는 집필할 때와 자료를 조사할 때의 일정이 다릅니다. 집필에 들어가면 당연히 규칙적으로 써야 합니다. 잘 풀릴 때만 쓰면 답이 없고, 분량을 정해놓고 써야 합니다. 저는 계약서 기한을 어긴 적이 한 번도 없습니다. 일주일 분량을 정해서 계획을 세워 채우려고 노력합니다. 보통 주 4일 동안 일하고 3일은 쉬거나 다른 일을 하는데, 하루에 많을 때는 10~12시간 정도 쓸 때도 있습니다.

집필을 안 할 때는 여행을 떠나거나 그 동안 못 읽었던 책을 읽기도 합니다. 신간이 나오면 기록해 두었다가 사서 읽고, 아직 못 읽은 고전도 미리 사뒀다가 틈틈이 읽습니다. 일간지와 주간지도 보고, 극장이나 콘서트에도 가고, 직업군에 대한 인터뷰를 하러 다니기도 합니다.

Q4 좋아하는 소설가나 부러운 작가가 있나요? 본인의 소설에 영향을 준 소설도 말씀해 주세요.

제가 쓰고 싶어하는 장르의 소설가가 우리나라에는 별로 없습니다. 저는 개인의 심리에 근거한 소설을 쓰기 때문에 현존 작가 중에서는 알랭 드 보통을 좋아합니다. 고전 작가 중에선 제인 오스틴을 좋아하는데, 제 소설과 비슷하다고 생각합니다. 고전 중에는 〈작은 아씨들〉이란 작품의 영향을 많이 받았는데, 이 작품에 대한 오마주 소설을 쓸 정도로 감명 깊게 읽었습니다.

솔직히 저는 소설보다는 만화책에서 영향을 더 많이 받습니다. 특히 〈슬램덩크〉처럼 다양한 캐릭터가 그 안에서 부딪히며 일어나는 이야기를 좋아합니다.

Q5 소설가로서 유명한 작가들을 보거나 재미있는 소설을 읽으면 어떤 기분이 드나요?

저는 유명하거나 잘나가는 작가는 다 부럽습니다. 그렇다고 그분들의 부와 명예가 부러운 것은 아닙니다. 많은 분들이 제 소설을 읽으면 좋겠지만, 저는 너무 유명해지는 건 좀 두렵거든요. 그분들이 부러운 이유는 유명 작가가 되면 자료 조사를 위한 섭외나 인터뷰가 쉽기 때문입니다. 저처럼 이름이 알려지지 않은 작가는 자료 조사를 위해 직업군 인터뷰하는 일이 쉽지 않아서 그 점이 부럽습니다.

그리고 순수한 글이나 재미있는 소설을 읽으면 기분이 좋습니다. 좋은 글을 읽는 건 제 인생의 큰 행복이고, 너무나 감사한 일입니다. 행복하고 풍요로운 인생을 살게 해주는 분들에게 감사하고, 저도 누군가에게 그런 사람이 되고 싶어서 작가 생활을 하고 있습니다.

Q6 어떤 소설이 좋은 소설이라고 생각하세요? 좋은 책과 재미있는 책은 다를까요?

어떤 소설이 좋은 소설이라고 답하기는 어렵습니다. 소설을 읽는 목적은 여러 가지이기 때문에, 자신이 읽는 목적에 부합하면 좋은 소설이라고 생각합니다. 예를 들어 머리를 식히기 위해서 읽은 소설이 재미있다면 좋은 소설인 것이지 절대적인 기준은 없습니다.

그러나 제가 생각하는 정말 좋은 소설은 진실성 있는 소설입니다. 요즘은 소설뿐만 아니라 많은 예술 작품들이 그저 팔리기 위해 만들어지는 경우가 많습니다. 작가의 개성이 담겨 있는 것도 아니고, 오로지 팔리기 위해 쓰여진 소설들은 질이 나쁜 군것질이라고 생각합니다.

모든 예술 작품은 소통하기 위해서 존재합니다. '내 생각은 이런데, 네 생각은 어떠니? 우리 같이 생각해 보자.'의 목적을 갖는 거지요. 그런데 '네가 듣고 싶은 소설을 들려줄 테니 나한테 돈을 다오.'라는 식으로 쓰여진 소설들은 이음새가 정교해도 진실성이 없습니다. 반면에 이음새가 거칠어도 진실성이 있는 소설이 있습니다. 이런 소설들이 좋은 소설입니다.

저도 소설은 재미가 있어야 한다고 생각합니다. 하지만 재미있는 책 중에도 분명 나쁜 책이 있습니다. 책은 독자들로 하여금 새로운 세상을 보게 하는 데 가장 큰 의미가 있습니다. 따라서 자신의 고정관념을 강화시키거나, 오히려 나쁜 고정관념을 심어주는 책은 아무리 재미있어도 좋은 책이 아니라고 생각합니다.

Q7 소설을 쓸 때 구성력과 문장력 중 어떤 것이 더 중요한가요?

두 가지 다 중요하지만, 저는 구성이라고 말하고 싶습니다. 문장이 정말 훌륭하고, 예술적인 소설들이 있습니다. 하지만 문장이 좋다고 좋은 소설은 아닙니다. 반면에 문장력이 좀 부족해도 좋은 소설을 쓸 수 있습니다. 이건 만화에서 그림의 관계와 같습니다. 아무리 그림이 좋아도 구성력이 부족한 만화는 그림 교본에 불과합니다.

구성력을 키우기 위해서는 책을 많이 읽고 영화도 많이 봐서, 본능적으로 몸에 배게 하는 수밖에 없습니다. 자꾸 쓰려고 하는 사람이 많은데 무조건 먼저 읽어야 합니다. 그래야 구성력이 좋은 소설을 쓸 수 있습니다.

Q8 흔히들 작가를 '타고난 이야기꾼'이라고 말하는데, 작가는 타고나는 건가요? 아니면 노력으로 가능할까요?

구성력이 뛰어난 소설가는 타고나는 거라고 생각합니다. 물론 노력도 필요합니다. 재능도 있고 아이디어가 많은 사람도 있지만, 이런 사람도 노력이 없으면 좋은 소설을 쓸 수 없습니다. 머릿속에 떠오르는 아이디어를 그대로 옮기면 소설이 된다고 오해하는 사람들이 많은데, 그렇게 옮긴다고 해서 소설이 되는 건 아닙니다. 아이디어를 소설로 옮기려면 기술이 필요합니다. 그림 실력이 좋은 화가가 그림을 잘 그리는 것처럼, 소설가 역시 화가처럼 기술적인 면이 필요합니다.

저는 아이디어가 풍부한 사람은 아닙니다. 주변 사람들의 아이디어를 끈질기게 다듬어서 소설로 완성시키는 편이지요. 그래서 재능이 많은데도 불구하고 노력을 안 하는 사람들을 보면 안타깝습니다.

Q9 소설을 쓸 때 캐릭터와 스토리의 영감은 어디에서 얻나요?

제 주변의 모든 이야기에서 영감을 얻습니다. 아는 사람에게 들은 말이나 신문 방송을 통해 듣는 이야기 등 제가 접할 수 있는 모든 이야기들이 소재가 됩니다. 그 중에서 딱 꽂히는 게 있습니다. '이런 직업군에 대한 이야기를 써보면 재미있겠다.' 혹은 '이 사람과 이 사람의 관계를 써보면 재미있겠다.' 같은 생각을 머릿속에 담아 놓았다가 머릿속에서 무르익어서 이야기가 되면 자료 조사를 거쳐서 이야기를 풀어놓게 됩니다.

Q10 아이돌을 좋아한다고 하셨는데 그들의 음악이나 가사에서도 영감을 받나요?

제 블로그에 아이돌의 노래 가사를 따로 모아 놓은 폴더가 있을 정도로 아이돌 음악을 좋아합니다.

제가 감정적인 면이 좀 부족한데, 음악은 가장 감정적이고 운문인 장르라서 좋습니다. 하지만 자신의 이야기를 노래로 만드는 아이돌은 많지 않으므로 아이돌보다는 자신들의 이야기를 하는 싱어송 라이터의 노래에 영향을 많이 받습니다. 아이돌은 캐릭터적인 부분에서 영향을 받는 편입니다.

Q11 소설로 옮기고 싶은 노래나 소설에 출연시키고 싶은 아이돌이나 연예인이 있나요?

소설가들은 글을 쓰면서 '이 배역은 이 사람에게 어울리겠다.'라고 생각할 때가 많습니다. 하지만 이미지가 어울리는 것과 연기를 잘하는 것은 별개의 문제이므로 특별히 아이돌이 출연했으면 좋겠다는 생각은 없습니다. 대신 소설로 옮기고 싶은 노래는 있습니다. 빅뱅의 노래 중에 '썸바디 투 러브'라는 노래를 너무 좋아해서, 처음으로 이 노래에 헌정소설을 써야겠다는 생각을 했지요. 결국 헌정소설을 쓰지는 못했지만, '썸바디 투 러브'는 각 장마다 ost가 있는 '넌 어느 별에서 왔니'의 한 장을 장식했습니다.

요즘은 위너의 노래를 좋아하고, 그 중 강승윤 씨를 좋아합니다. 강승윤 씨는 연기도 잘하니까 나중에 제 소설이 드라마나 영화화되면 한 번 나오셨으면 좋겠습니다.

Q12 독서를 안 하는 시대인데, 어떻게 하면 청소년들이 책을 읽을 수 있을까요?

책을 안 읽는다고 걱정을 많이 하시는데, 안 읽는 게 너무 당연하다고 생각합니다. 책 아니어도 재미있는 것들이 너무 많거든요. 저는 스마트폰을 굉장히 늦게 사용했는데, 그때부터 긴 책을 잘 못 읽게 되었습니다.

학생들 경우엔 재미있는 책부터 읽었으면 좋겠습니다. 가뜩이나 책을 읽기 싫은데 어려운 권장도서부터 읽으라고 하면 정말 싫거든요. 읽어도 잘 이해할 수 없는데, 무슨 소용이 있겠습니까. 저도 청소년 시절에 권장도서를 많이 읽었지만, 읽을 때 이해가 안 가는 책들도 많았습니다. 그래서 저는 청소년들이 우선 짧고 재미있는 책부터 읽기를 바랍니다. 만화책도 좋고, 만화와 소설의 중간 책인 라이트 노블도 좋습니다. 이렇게 가벼운 책부터 읽기 시작하면 긴 내용의 책도 읽을 수 있게 됩니다.

독서를 위해 핸드폰은 멀리 해야 합니다. 핸드폰 한두 시간 안 한다고 큰일 나지 않습니다. 핸드폰을 일부러라도 끄고 책을 읽으면 재미를 느끼게 되고, 그러면 강요하지 않아도 스스로 읽을 수 있게 됩니다.

Q13 청소년들이 왜 책을 읽어야 하냐고 묻는다면 뭐라고 말씀하시겠어요?

첫째, 책을 읽으면 세상을 알 수 있습니다. 옛날에 살았거나 특별하게 살았던 사람, 또는 나와는 멀리 떨어진 곳에서 사는 사람들의 삶을 통해 세상을 알게 됩니다. 또한 인간은 다양하지만, 그들도 나와 비슷한 욕구와 고민이 있다는 것을 알게 되어 인간에 대한 이해의 폭이 넓어집니다.

저는 고등학교 때 입시에 대한 스트레스가 심해서 어두운 소설을 많이 읽었습니다. 2차 세계대전 당시 나치에 의해 고통받은 사람들의 이야기를 읽고, 나의 고민이 얼마나 하찮은지 깨닫게 되면서 마음이 자유로워졌습니다.

둘째, 생각을 깊게 하기 위해서 반드시 책을 읽어야 합니다. 핸드폰으로 뉴스를 보면 단편적인 사실만 알 수 있습니다. 하지만 책을 읽으면 사람이 왜 그런 선택을 했고, 이런 일이 다시 일어나지 않으려면 어떤 조치가 행해져야 하는지에 대해 깊게 분석할 수 있습니다. 독서를 통해 여러 각도에서 그 사건을 바라보고 분석할 수 있는 사고력을 키울 수 있습니다.

Q14 최근 블로그를 통해 소설을 올리는 사람이 많아졌습니다. 앞으로 블로그 소설들이 점점 많아질까요?

저도 처음에는 블로그에 소설을 올렸습니다. 혼자 쓰다 보면 게을러질 것 같아서 블로그에 올렸지요. 그런데 지인들뿐만 아니라 전혀 알지 못하는 사람들이 블로그를 방문해 소설을 읽고 피드백을 해주셔서 깜짝 놀랐습니다. 블로그 연재가 호응도 좋고, 그런 고마운 분들 덕분에 소설을 완성하고 출판까지 할 수 있었습니다.

블로그에 소설을 올리는 사람들은 점점 많아질 것이고 긍정적인 현상이라고 생각합니다. 작가의 꿈을 가진 사람이 혼자 소설을 완성하고 피드백 받는 것이 쉽지 않은데, 블로그에 소설을 올리면 이것이 가능합니다. 더 많은 사람에게 작가의 기회가 주어지고, 읽는 사람 입장에서도 공짜로 소설을 접할 수 있다는 점에서 좋다고 생각합니다.

그런데 블로그 소설은 종이책과는 쓰는 방식이 좀 달라야 합니다. 블로그는 연재이기 때문에 어디에서 호흡을 끊느냐가 중요합니다. 드라마처럼 궁금한 곳에서 끊어야 다음 회차에서 조회 수가 높아집니다. 따라서 물 흐르듯이 쓰는 분들은 블로그 연재와 안 맞을 수도 있습니다.

Q15 블로그와 페이스북을 운영하는 이유를 말씀해 주세요.

제 책의 홍보와 독자와의 소통을 위해서 블로그와 페이스북을 열심히 운영합니다. 책이 나오면 광고를 해야 하는데, 광고비를 많이 들여도 효과가 별로 없는 경우가 있습니다. 출판사에서는 많은 책들이 나오므로 제 책만 홍보해 달라고 할 수는 없습니다. 그래서 저는 블로그와 페이스북을 통해 제 책을 설명하고, 독자들과 소통도 하고, 다음 연재 계획 등을 알리기도 합니다. 제 작업실을 공개하는 것과 마찬가지입니다.

Q16 좋은 작가가 되기 위해 어떤 노력을 하고 있나요?

무엇보다 끊임없이 읽으려고 노력합니다. 저는 시간이 나면 신간이나 아직 안 읽은 고전들을 읽습니다. 세상의 변화를 알기 위해 시사 주간지도 꼭 챙겨 읽고, 새로 나온 영화나 드라마도 챙겨 보려고 노력합니다.

또 사람들에게 관심을 가지려고 애를 씁니다. 작가가 본인에게만 빠져 있으면 감동을 주는 글을 쓸 수 없습니다. 저는 친구들을 좋아하고, 친구들도 제게 고민 상담을 많이 하는 편입니다. 제가 다양한 삶의 방식에 열려 있고, 어떤 일이든 다 이해해주고 받아들이기 때문에 다른 사람들에게는 이야기하지 못하는 고민을 제게 털어놓는 친구들이 많습니다. 저는 친구들이 만나자고 하면 언제든지 달려갑니다. 작가는 사람을 사랑해야 하므로 이런 시간들이 전혀 아깝지 않습니다.

마지막으로 자기 관리를 철저히 하려고 노력합니다. 시간 관리는 물론 건강 관리도 꼼꼼하게 하고 있습니다.

Q17 글이 안 풀릴 때는 어떻게 하세요?

저는 정면 돌파하는 성격이기 때문에 글이 풀릴 때까지 계속 앉아 있습니다. 앉아서 생각을 하다 보면 결국 풀립니다. 한 문장을 쓰는 데 30분이 걸린 적도 있지만, 이렇게 반복하다 보면 자신감이 생깁니다. 이성적으로는 안 될 것 같지만, 물고 늘어지면 된다는 것을 경험으로 알게 되었습니다.

영감은 늘 떠오르는 것이 아니므로 생각이 잘 떠오르지 않을 때도 무조건 써야 합니다. 그리고 실제로 쉽게 써진 부분보다는 끙끙대고 억지로 쓴 부분의 반응이 더 좋을 때가 많다는 건 작가들 사이의 공공연한 비밀이기도 합니다. 무슨 일이든 노력한 만큼 좋은 결과가 오는 법입니다.

Q18 소설가의 가장 큰 매력과 소설가로서 희열을 느낄 때는 언제인가요?

소설가의 가장 큰 매력은 정년이 없다는 것입니다. 대부분의 직업이 정년이 있는데, 소설가는 자기 하기 나름입니다. 나이 들어서 힘이 빠져도 생각하고 자판만 칠 수 있다면 글을 쓸 수 있습니다. 게다가 소설가는 연륜이 필요한 직업이라서, 나이 들어도 작가로서의 능력이 쇠하기보다는 더욱 빛을 발하는 경우가 많은 것이 매력적입니다.

소설가로서 가장 희열을 느낄 때는 제 소설이 인기를 끌 때보다는 제가 의도한 반응과 독자들의 반응이 일치할 때입니다. 소설가는 소통을 위해서 글을 쓰기 때문에 독자들과 마음이 통했을 때가 가장 행복합니다.

Q19 소설가를 꿈꾸는 학생들은 어떤 것을 준비해야 할까요?

책을 많이 읽어야 합니다. 이상하게 작가가 꿈이라는 사람들 중에서 책은 안 읽고 자기 이야기만 쓰려고 하는 경우가 많은데, 옳지 않다고 생각합니다. 좋은 가수가 되기 위해서는 음악을 많이 듣고, 미술가가 되기 위해서는 미술 작품을 많이 접해야 하는 것처럼, 좋은 작가가 되려면 무조건 책을 많이 읽어야 합니다.

두 번째는 생계를 위한 방법을 찾아야 합니다. 현실적인 이야기지만, 작가 생활을 통해 경제적인 안정을 찾기까지는 오랜 시간이 걸립니다. 아무도 나를 알아주지 않아도, 작품이 인정받을 때까지 자기 관리를 하면서 살아야 합니다. 그래서 저는 여러 가지 이유로 사범대를 선택했습니다. 경제생활을 하면서 방학 때는 소설을 쓸 수 있고, 많은 학생을 통해서 다양한 인간군을 만날 수 있다고 생각했거든요.

물론 교사가 되지는 않았지만, 졸업 후에 학원 강사나 과외를 하면서 생활을 유지하고 있습니다. 육체적인 노동을 하면서 소설을 쓰기는 힘들기 때문에 공부를 열심히 하라고 말하고 싶습니다.

Q20 소설가를 꿈꾸는 학생들에게 조언 한 마디 해주세요.

청소년은 물론 어른 중에도 소설가를 꿈꾸는 사람이 많습니다. 소설가는 정년이 없는 좋은 직업이지만, 소설을 쓰는 것은 힘이 듭니다. 작가가 되면 우아하게 영감이 떠오를 때만 쓰는 것이 아니라 무조건 써야 합니다. 하루에 10~12시간씩 쓰다 보면 몸이 아프고, 매일 앉아 있으니 살이 찌는 건 기본입니다. 사람 만날 시간도 없는 외로운 직업이기 때문에 직접적인 교류를 좋아하거나 바로 반응이 오는 것을 좋아하는 사람들에게는 어울리지 않는 직업입니다. 소설가는 혼자 있는 시간을 견딜 줄 알아야 하고, 자기 관리도 잘해야 하고, 끈기도 필요합니다. 물론 힘든 만큼 즐거움도 큽니다. 책을 읽은 사람들에게서 반응이 올 때는 정말 뿌듯하지요.

저는 원래 어둡고 내성적인 성격이라서 사람들과 대화를 통해 소통하는 것이 힘들었습니다. 나의 진심을 글로 전하고 싶은 바람으로 소설을 쓰기 시작했습니다. 그리고 이제 글쓰기는 제게 숨 쉬는 것만큼이나 자연스러운 일이 되었고, 사람들과 소통하는 매개체가 되었습니다.

Q21 앞으로의 계획과 독자들에게 어떤 작가로 기억되고 싶은지 말씀해 주세요.

저는 지금까지 소설 두 편을 쓰고 자기 계발서 한 권을 썼습니다. 현재는 다음 소설을 준비 중인데, 1년 동안 열심히 작업하면 내년 말쯤에 나올 것 같습니다. 저는 하고 싶은 이야기가 많기 때문에 평생 소설을 쓰고 싶습니다. 지치지 않고 하나하나씩 세상에 내놓아서 독자들과 교감하고 싶습니다.

저는 잘 나가거나 영향력이 있는 작가가 되기보다는 독특하고 개성이 있으며, 존재 가치가 있는 작가로 기억되고 싶습니다.

저는 소설을 통해서 세상엔 정말 다양한 사람이 있고, 서로의 삶이나 생활 방식은 존중하고 존중받아야 한다는 것을 말하고 싶습니다. 사람들이 똑같은 기준으로 살지 않고, 서로의 기준을 인정하면서 조화롭게 살아가기를 바랍니다. 그리고 제 소설이 그런 세상이 되는 데 조금이라도 보탬이 되었으면 하는 바람입니다.

A
만화가
예술형

COMICS ARTIST

만화가(예술형)

청소년들이 가장 좋아하는 것 중 하나가 바로 만화와 애니메이션입니다. 여러분은 어떤 만화를 좋아하나요? 요즘엔 인터넷을 통해 웹툰으로 더 쉽게 접할 수 있어서 누구나 손쉽게 만화를 볼 수 있습니다. 텔레비전에서도 공중파 채널뿐만 아니라 만화 전문 채널도 있을 만큼 만화를 볼 수 있는 기회가 많습니다.

01 만화가 이야기

1 만화가란?

만화 속에서는 현실에서 이뤄지기 어려운 일들도 척척 일어나곤 합니다. 이렇듯 사람들의 머릿속에서 상상으로만 가능한 일들을 재미있는 이야기를 바탕으로 그림으로 생생하게 그려내는 사람들을 만화가라고 합니다. 만화가는 만화를 통해서 자신의 생각이나 하고 싶은 이야기를 전달합니다. 만화를 그려서 책으로 엮어 출판하거나 잡지나 신문 등에 연재합니다.

이제는 만화도 예술의 한 종류로 불립니다. 창의적인 생각과 아이디어로 우리 주변에서 일어나는 평범한 일들에 상상력을 덧붙여 이야기를 만들어내기 때문입니다. 만화가들은 무엇을 만화 주제로 하면 좋을지, 늘 열심히 궁리하고 상상의 나래를 펼칩니다. 소재를 하나의 이야기로 확장시켜 만화 내용을 만든 다음, 거기에 맞게 그림을 그리고 다양한 작업을 통해 완성합니다.

Tip

만화가는 소설가와 마찬가지로 이야기를 만들어내는 예술가지만, 이야기를 눈에 보이도록 시각화한다는 점에서 소설가와 차이가 있습니다.

2 만화의 종류

만화는 형식과 장르에 따라 종류가 다양합니다.

먼저 형식면에서 살펴보면 코믹스, 카툰, 캐리커처, 일러스트레이션, 애니메이션으로 나눕니다. 만화책처럼 출판물인 경우도 있고, 요즘엔 웹툰과 같은 디지털 만화도 널리 보급되어 있습니다. 그리고 만화를 기반으로 한 애니메이션도 어린이부터 어른들까지 많이 좋아합니다.

만화를 장르에 따라 나누면 코믹만화, 순정만화, 액션만화, 추리만화, 시사만화, 학습만화 등으로 나눌 수 있습니다. 만화라는 형식 아래 각 장르마다 두드러진 특징이 있습니다. 유머를 통해 쾌활함을 전달하는 코믹만화와 여린 감수성을 자극해 사랑을 이야기하는 순정만화, 그밖에 화려한 액션을 선보이거나, 높은 지능을 이용해 범죄를 해결해 나가는 추리만화, 사회에 대한 날카로운 통찰이 필요한 시사만화와 어린이, 청소년의 공부를 돕는 학습만화까지 각각의 특징이 있습니다.

Tip

만화가들은 만화를 통해 독자들에게 새롭고 창의적인 세계를 전달하고 공감을 이끌어 내려고 노력합니다.

시대가 변화하면서 인기 있는 만화의 형식이나 장르도 달라지고, 하나의 장르보다는 여러 장르가 혼합된 만화가 늘어나는 추세입니다.

3 만화가가 되려면?

보기만 해도 웃음이 나는 재미있는 만화를 그린다면 얼마나 좋을까요? 그림만 잘 그리면 만화가가 될 수 있지 않을까 생각하겠지만, 그림 실력만으로는 만화가로서 성공하기 어렵습니다. 늘 주변에 대한 관심과 호기심, 그리고 끊임없이 상상하는 습관이 몸에 배어야 합니다. 또한 남들과는 다른 시선으로 세상을 바라볼 줄 아는 창의성이 필요합니다.

유명한 만화가 강풀은 그림을 배운 적도 없고 또 잘 그리지도 못했지만 인터넷에 만화를 직접 올리기 시작하면서 만화가로서 유명해졌습니다. 그림에 대한 자신이 없어도 세상에 대한 관심을 갖고 특별한 이야기를 만들어낼 줄 안다면 미래의 직업으로 만화가에 도전해 볼 수 있습니다.

4 직업 전망

만화 출판 시장이 침체되면서 만화 잡지들도 연달아 없어지고 단행본 판매도 주춤한 상황입니다. 이렇게 어려운 상황이지만 웹툰 시장이 확대되고 산업의 여러 분야에서 만화가 활용되고 있어 만화 시장은 점점 늘어나고 있습니다.

만화를 원작으로 한 드라마나 영화도 속속 제작되고 있으며, '뽀로로'와 '타요', '라바'처럼 국내 캐릭터들이 큰 인기를 얻으면서 해외에 수출도 하고 있습니다. 또한 만화 시장이 넓어지다 보니 연관 직업들도 생겨나고 있습니다.

일본, 미국, 프랑스 등 만화 강국이라 불리는 나라들은 정부 차원에서 만화 산업을 지원하고 있습니다. 그래서 국내 만화가 중 미국이나 일본, 프랑스 등지로 진출하여 활동하는 사람도 많습니다.

5 국내 웹툰 시장의 확대

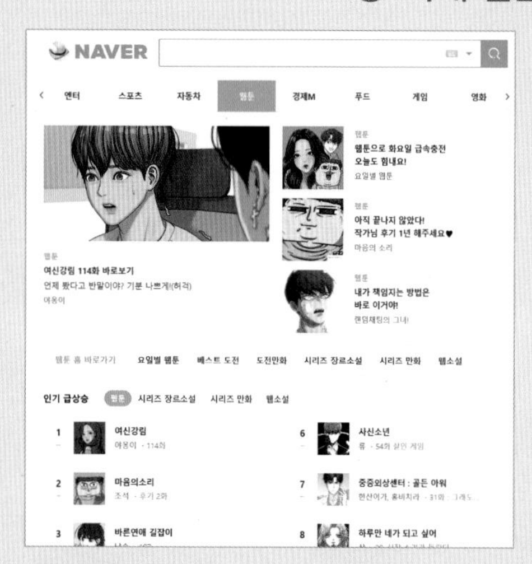

스마트폰이 보급되고 모바일 시장이 확산되면서 '웹툰'이라는 또 다른 만화 시장이 생겼고, 그 규모가 급속도로 확대되었습니다.

네이버, 다음과 같은 포털 사이트에서는 웹툰 코너를 마련해 놓고 일주일에 2~3차례 정기적으로 웹툰을 연재하고 있습니다. 그리고 신인작가 발굴도 끊임없이 이루어지고 있습니다.

2015년 기준 다음 웹툰은 13주년, 네이버 웹툰은 11주년을 맞았습니다. 특히 네이버 웹툰은 우리나라 만화계에 큰 변화를 몰고 왔습니다. 네이버에 연재된 웹툰은 542편, 작가만 무려 381명에 달합니다. 최근에는 모바일 메신저를 통해 영어와 중국어 작품도 연재하고 있습니다.

> **Tip**
>
> 2013년 기준 우리나라 만화의 수출 규모는 1,700만 달러로, 최근 5년 동안 4배 넘게 늘었다고 합니다. 그만큼 국내 만화 원작의 힘이 커졌다고 볼 수 있고, 해외로까지 진출하는 기회 역시 늘어났습니다.

이렇듯 웹툰 시장의 확대로 만화가로 데뷔할 수 있는 장벽이 낮아져 신인 작가들에겐 열린 기회로 작용했지만, 그만큼 부작용도 생겨났습니다. 웹툰을 쉽게 접하고 선호하는 젊은 세대들에게 인기를 얻는 만화가 제작되다 보니 비슷한 소재의 만화들이 주류를 이룬다는 점, 거기다 만화는 공짜로 볼 수 있는 것이라는 인식을 심어줬다는 비판을 듣고 있어 개선해야 할 것입니다.

이런 단점들에도 불구하고 웹툰을 통해 만화의 영역이 확장됐다는 점은 매우 긍정적입니다. 어린이와 청소년은 물론 성인들까지 모바일을 통해 만화를 쉽게 접할 수 있어서 파급 효과가 커졌고, 웹툰을 원작으로 하는 영화와 드라마들이 크게 늘어났습니다. 아무래도 웹툰을 통해 미리 인기를 얻은 작품은 실패의 위험성이 적고, 웹툰을 미리 본 사람들은 그 드라마에 친근감을 가질 수 있기 때문입니다. 또한 웹툰 캐릭터 시장도 생겨나서 단순히 만화로만 수입을 창출하는 것이 아니라 각종 캐릭터 팬시와 문구, 다이어리 제작도 가능해지고, 심지어 만화가들의 강연과 CF 출연까지 이뤄지고 있습니다. 그만큼 만화의 부가가치가 높다는 것을 보여주는 계기가 되었습니다.

02 만화의 종류

1 형식별 종류

만화는 형식에 따라 코믹스, 카툰, 캐리커처, 일러스트레이션, 애니메이션으로 나눠집니다.

1) 코믹스

우리가 흔히 보는 일반 만화로, 책으로 출간되거나 잡지 · 신문 등에 연재됩니다. 주인공과 줄거리가 있으며, 짧게는 한 페이지부터 길게는 몇십 권에 이르는 시리즈까지 있습니다.

2) 카툰

정치나 사회, 풍속 등에 대해 재치 있고 간결하면서도 유머러스하게 표현하여 메시지를 전달하는 한 컷짜리 만화입니다. 그런데 유럽에서는 카툰이 일반적인 만화를 가리키는 말이라고 합니다.

3) 캐리커처

사람이나 동물의 모습 중 개성을 살려 특징적으로 그린 그림을 말합니다. 즉 과장되게 한 인물의 특징적인 면을 강조해 그린 그림입니다. 주로 정치인이나 연예인을 표현할 때 사용해 왔지만 최근에는 일반인들도 자신의 캐리커처를 가지고 싶어 합니다.

4) 일러스트레이션

책이 글자만으로 빽빽하게 채워져 있다면 읽고 싶은 생각이 들지 않을 것입니다. 책의 이해를 돕기 위해 그려진 그림이 바로 일러스트레이션입니다. 어린이들을 대상으로 하는 동화책에 그려진 그림도 일러스트레이션입니다.

5) 애니메이션

만화영화로 불리기도 하는 애니메이션은 대부분 만화를 원작으로 하지만 소설이나 게임을 바탕으로 제작되기도 합니다. 만화가 정지된 화면이라면 애니메이션은 움직이는 그림입니다. 애니메이션을 그리는 만화가를 '애니메이터'라고 따로 지칭하기도 합니다.

Tip

애니메이션에는 만화로 만든 것 외에도 클레이 애니메이션, 인형 애니메이션, 모래 애니메이션 등이 있습니다.

우리나라에서는 1990년대엔 〈아기공룡 둘리〉, 〈달려라 하니〉, 〈배추도사 무도사〉 등의 국내 애니메이션이 인기를 끌었으며, 최근 국내 애니메이션 중 주목을 받은 작품으로 〈마당을 나온 암탉〉이 있습니다.

그렇지만 우리나라에서 상영되는 대부분의 애니메이션은 일본과 미국에서 들여온 것입니다. 지난 5년 동안 우리나라에서 개봉된 애니메이션은 90여 편 이상인데, 이 중 국내에서 제작된 애니메이션은 19편 정도밖에 되지 않습니다. 애니메이션은 캐릭터 상품을 비롯해 여러 분야로 확장이 가능해서 부가가치가 높은 분야이므로 선진국들은 이를 적극적으로 지원하고 있습니다. 최근 들어 우리나라도 만화에 대한 중요성을 인식하면서 만화가와 애니메이션 인재들을 육성, 지원하고 있습니다.

2 장르별 종류

만화를 장르에 따라 나누면 코믹만화, 순정만화, 액션만화, 추리 · 탐정만화, 판타지 만화, 시사만화, 학습만화 등으로 나눌 수 있습니다.

1) 코믹만화

말 그대로 웃음을 자아내는 익살스런 내용의 만화로 코믹한 요소가 많습니다. 명랑만화라고도 합니다. 1970~1980년대에는 코믹만화가 주를 이뤘는데, 최근 들어 그 비중이 좀 줄어든 편입니다.

코믹만화는 만화의 원초적인 재미를 주는 특징이 있는데, 이는 독창적인 캐릭터를 강조하기 때문입니다. 개성 넘치는 주인공 캐릭터를 통해 각종 사건이 일어나고, 어려움을 헤쳐 나가는 내용으로 이야기가 전개됩니다.

대표적인 코믹만화로 김수정의 〈아기공룡 둘리〉, 홍승우의 〈비빔툰〉, 박수동의 〈고인돌〉 등이 있으며, 일본 만화로는 우스이 요시토의 〈짱구는 못 말려〉가 유명합니다.

2) 순정만화

'순정'의 사전적 의미는 '순진한 마음, 참되고 맑은 사랑'을 뜻합니다. 따라서 순정만화는 '사랑'을 주제로 하여 여성의 섬세한 감성을 표현하는 작품이 많습니다. 작가와 독자가 주로 여성이지만, 최근에는 남성 독자층도 늘고 있습니다. 여성만화 또는 로맨스 만화로 불리기도 합니다.

널리 알려진 작품으로 황미나의 〈레드문〉, 원수연의 〈풀하우스〉, 강경옥의 〈별빛 속에〉, 김진의 〈바람의 나라〉, 나예리의 〈네 멋대로 해라〉, 천계영의 〈오디션〉, 이은혜의 〈BLUE〉, 이진경의 〈사춘기〉 등이 있습니다.

3) 액션만화

주로 격투와 무술과 같이 육체적인 움직임을 통해 정의와 자유, 우정을 지키는 권선징악의 내용을 다루는 만화입니다. 대부분 선과 악의 대결이 펼쳐지는 내용을 담고 있습니다.

액션만화를 좀 더 세분화하면 무협만화와 스포츠 만화로 나 눌 수 있습니다. 무협만화는 무술의 고수들이 사회 정의를 구현해 나가기 위해 착한 백성들을 괴롭히는 탐관오리들을 응징하거나 맞서 싸우는 내용을 담고 있습니다. 유명 작품으로 김혜린의 〈비천무〉, 고우영의 〈일지매〉, 방학기의 〈다모〉, 이두호의 〈임꺽정〉 등이 있습니다.

스포츠 만화는 축구, 야구, 농구 등과 같이 스포츠를 주제로 각종 시합과 경쟁 심리를 통해 스포츠 세계의 우정과 시련을 다룹니다. 이현세의 〈공포의 외인구단〉, 이우정의 〈야구 왕〉, 전세훈의 〈슈팅〉 등이 인기가 있었고, 일본 만화 〈슬램덩크〉도 유명합니다.

4) 추리 · 탐정만화

주로 범죄를 주제로 다루며, 미궁에 빠진 사건을 풀어나가는 방식으로 범인을 밝혀내는 내용을 담고 있습니다. 다른 장르에 비해 논리적 사고와 고도의 집중력, 구성력이 필요합니다. 따라서 추리 · 탐정만화를 읽다 보면 전체적으로 무섭고 긴장감이 넘치는 특징을 찾아볼 수 있습니다.

범인을 밝혀내기 위해 주로 형사나 탐정 등 뛰어난 관찰력과 통찰력을 지닌 주인공이 등장하는데, 독자들이 미처 생각하지 못했던 지점에서 탁월하게 사건을 해결해 나가는 모습을 보면서 쾌감을 느끼게 됩니다.

주로 일본 작품들이 많은데 〈명탐정 코난〉, 〈소년탐정 김전일〉 등이 있으며, 우리나라 작품으로는 방영진의 〈명탐정 약동이〉, 황경택의 〈식물 탐정 완두〉, 이종범의 웹툰 〈닥터 프로스트〉가 잘 알려져 있습니다.

5) 판타지 만화

"만약 타임머신이 있다면 가장 먼저 뭘 하고 싶나요? 아니면 투명 망토가 있다면?"

이렇듯 현실에서 이뤄질 수 없는 초능력과 신비의 능력을 주요 내용으로 다룬 만화를 판타지 만화라고 합니다. 과거와 현재, 미래를 마음대로 넘나들 수 있고, 현실 세계에서는 찾아볼 수 없는 기이한 능력을 가진 주인공이 아주 거대하고 기괴한 악당과 맞서 싸우는 내용이 주를 이룹니다. 판타지 만화가들은 주로 사회의 정의와 자신의 꿈을 이뤄 가려는 내용을 담는다고 합니다. 최근에는 판타지적 요소들이 다른 장르에도 혼합되어 나타나는 경향이 있습니다.

주요 작품으로 김산호의 〈라이파이〉, 이두호의 〈머털 도사〉, 김형배의 〈로보트 태권V〉, 허영만의 〈날아라 슈퍼보드〉 등이 판타지 만화에 해당합니다.

6) 시사만화

주로 정치적인 사안이나 사회 현상에 대해 통찰력 있고 비판적인 대사와 그림을 통해 주제의식을 전달합니다. 정치 현실이나 사회 모순 등

을 풍자하여 비판하는 만화로 주로 신문이나 잡지에 한 칸 또는 네 칸 만화로 실리며, 만평도 여기에 해당합니다. 간혹 1~2페이지나 단편 정도의 분량으로 그려지기도 합니다. 그러나 대부분의 시사만화는 한 칸, 네 칸, 또는 10칸 이내로 그려지므로 카툰의 장르와 연관하여 '시사 카툰'이라고도 합니다.

한국의 시사만화는 주로 신문과 잡지를 통해 발전해 왔는데, 정치적 상황을 빗대어 풍자하는 속성 때문에 일제 강점기와 독재정권 치하에서 탄압을 받기도 했습니다.

대표적인 시사만화가로 박재동이 있습니다. 한겨레신문 창간 당시 한겨레 만평의 한 컷짜리 만화를 맡아 그리면서 유명해졌습니다. 그 밖에 김용환의 〈코주부 시사만화집〉, 김성환의 〈고바우 전집〉 등이 있습니다.

Tip

2014년 9월 27일부터 10월 5일까지 열린 프랑스 세계시사만화페스티벌에 한국 대표 시사만화가 33명이 참가해 일제 강점기의 만행을 고발하는 작품을 냈습니다. 단순히 재미와 오락을 전달하는 것이 아니라 사회에 메시지를 던지고 행동한다는 점에서 시사만화가는 시대를 이끌어 가는 멋진 사람들이라 할 수 있습니다.

7) 학습만화

학생들이 역사, 정치, 인물, 과학, 수학 등의 교과를 이해하기 쉽도록 만화로 전달하는 것입니다. 주로 공부를 재미있게 할 수 있도록 도와주는 역할을 합니다.

1980년에 출간된 〈만화 한국사〉가 우리나라의 첫 학습만화입니다. 2000년대 이후에는 학습만화도 다양화되었고 인기도 높아지면서 현재 학습만화의 열풍이 일고 있다고 해도 과언이 아닙니다.

대표적인 학습만화로 〈먼나라 이웃나라〉, 〈마법 천자문〉, 〈만화로 보는 그리스 로마신화〉, 〈WHY〉, 〈메이플 스토리〉 시리즈 등이 있습니다.

03 만화를 만드는 사람들

만화를 만들려면 만화가뿐만 아니라 스토리 작가와 출판사 편집자의 역할도 중요합니다.

1 스토리 작가

만화 시장이 전문화되면서 각 과정에 집중된 인력들이 생겨났는데, 스토리(이야기)와 그림을 다른 사람이 따로 작업하는 경우도 늘고 있습니다. 만화의 이야기를 지어내는 사람과 직접 그림을 그리는 사람이 다른 것이지요.

1990년대 후반에 들어와 스토리 위주의 만화가 인기를 끌면서 스토리 작가의 필요성이 대두되었습니다.

스토리 작가의 작업 방식은 작가마다 다른데, 글로만 적어서 넘겨주는가 하면, 만화의 뼈대와 스토리를 작성하고 콘티로 만들어 만화가에게 넘겨주기도 합니다. 콘티를 짤 줄 아는 스토리 작가가 더 우대를 받으므로 콘티를 짜는 능력을 길러야 합니다.

만화와 스토리를 분담해서 하면 만화가는 이야기를 만들어내야 한다는 스트레스를 안 받고 만화를 그리는 데만 집중할 수 있어서 효율적으로 일할 수 있습니다. 그래서 요즘엔 만화가와 스토리 작가가 각자 역할을 맡아 공동 작업을 하는 경우가 많습니다.

2 만화 편집자

만화 편집자는 작품을 기획하고 출판(웹툰은 온라인상에 연재)하는 전 과정을 맡는 사람입니다. 우선 어떤 만화를 만들 것인지 '작품 기획'부터 출판(마감)을 위해 작가를 관리하는 일까지 맡아서 합니다. 마감 시간이 다가올수록 원고를 받아내려는 편집자와 만화를 완성하지 못한 만화가 간에 보이지 않는 신경전도 있습니다.

만화 편집자는 독자들에게 선보이기 전에 제일 먼저 작품을 읽어볼 수 있기 때문에 작가에게 적당한 코멘트를 할 수도 있습니다. 좀 더 질 높은 작품을 만들기 위해 만화가에게 충고를 해주기도 합니다.

04 역사, 책, 영화 속에서 만나는 만화가

1 우리나라 만화의 역사

우리나라 만화는 100년이 넘는 역사를 자랑합니다. 2009년도엔 '한국만화 100년전'이 열리기도 했습니다. 1909년 대한민보 창간호에 실린 이도영의 한 칸짜리 만화를 근대만화의 첫 시작으로 봅니다.

1950년대 중후반에 만화방이 등장했는데, 이때부터 1960년대 초중반까지 여러 장르의 다양한 만화가 쏟아져서 한국 만화의 첫 황금기를 이루었습니다.

지금은 전 세계적으로 만화를 예술작품으로 인정해주고 있지만, 우리나라는 만화에 대한 선입견이 심한 편이었습니다. 1961년 5 · 16 군사정변 이후에 만화를 비롯한 예술계에 대한 탄압이 시작됐습니다. 특히 만화는 밀수와 탈세, 폭력 등과 함께 사회에 물의를 일으키는 '6대 악'으로 규정되기도 했습니다. 만화책에 대한 '사전 검열 제도'가 있었기 때문에 만화가들이 마음 놓고 그릴 수가 없었습니다. '표현의 자유'가 없었던 것이지요. 만화를 사전

에 검열하는 제도는 1970년대까지 이어졌습니다.

1980년대가 되면서 어린이 · 성인 · 순정 만화 잡지들이 쏟아져 나오면서 한국 만화는 전성기를 맞게 됩니다. 1982년에 우리나라 최초로 어린이 만화 월간지 〈보물섬〉이 창간됩니다. 이 잡지에 허영만, 이현세, 김수정 등 인기 작가들의 작품이 대거 연재됩니다. 훗날 텔레비전 애니메이션으로 제작된 〈아기공룡 둘리〉 역시 보물섬에서 첫 선을 보였습니다. 1988년에는 순정만화 월간지 〈르네상스〉가 창간되면서 황미나, 강경옥, 김진, 신일숙 등의 작가들이 순정만화를 연재했습니다.

하지만 1997년 청소년보호법이 제정되면서 성인 만화 잡지 시장이 붕괴되었고, 만화 대여점으로 인해 만화책과 만화 잡지 판매가 줄어들면서 만화계는 어려움을 겪게 됩니다. 거기다 IMF 외환위기로 우리나라 만화계는 위기를 맞게 됩니다.

오늘날에는 웹툰 등 다양한 매체를 통해 만화가들이 활발하게 활동하고 있습니다.

2 관련 책

1) 〈만화가가 말하는 만화가〉 나예리 외 지음. 부키. 2006

이 책은 17명의 만화가들이 자신들이 체험한 만화가가 되기까지의 일들을 고백한 책입니다. 각 장르별 만화는 물론, 웹툰과 시사만화 등 다양한 분야에서 활동하는 만화가들이 만화가로서 생활하면서 느낀 일들을 흥미진진하고 친절하게 소개해 줍니다.

마감을 앞두고 매번 어떤 풍경이 펼쳐지는지, 또한 문하생들이 프로 만화가의 작업실에서 어떤 애환을 겪는지, 만화가와 편집자들 사이의 미묘한 신경전과 갖가지 일화들을 전하면서 만화가의 생활 전반에 대해 낱낱이 보여 줍니다.

또한 구체적으로 어떻게 일하고, 힘들지는 않은지, 만화를 그리면 수입이 얼마나 되는지 등 구체적으로 만화가라는 직업에 대한 설명이 담겨 있습니다. 만화가를 꿈꾸는 지망생들이 궁금해 하고 알고 싶어하는 것들을 선배 만화가들의 입을 통해 직접 정리했기 때문에 많은 도움이 될 것입니다.

2) 〈굶어 죽을 각오 없이 일본에서 만화가 되기〉 배준걸 지음, 작은씨앗, 2007

만화가가 지녀야 할 패기와 끈기, 그리고 도전정신을 배울 수 있는 책입니다.

마땅한 준비도 없이 일어사전 하나 달랑 들고, 일본으로 향한 주인공(저자 배준걸)이 한국인 최초로 일본에서 만화가로 데뷔하게 된 일련의 과정을 소개하고 있습니다.

'굶어 죽을 각오 아니면 만화 하지 마라!'라는 만화계에서 전해 내려오는 유명한 말에 반대되는 제목을 붙인 저자는 실제로 2005년 일본 만화계에 정식 데뷔했습니다. 만화가로 데뷔하기까지 타국에서 겪어야 했던 눈물 나는 이야기가 코믹한 만화로 그려졌는데, 본인이 직접 체험한 일들을 바탕으로 책을 썼기 때문에 더욱 가슴에 와 닿습니다.

'자기 자신과의 싸움이 가장 큰 자산이 될 수 있다.'고 말하는 코믹한 주인공의 결코 코믹하지만은 않은 치열한 만화가 데뷔 스토리라서 만화가를 지망하는 청소년들에게 큰 용기를 줄 수 있습니다.

3 만화를 원작으로 한 영화와 드라마들

우리 주변엔 만화를 원작으로 한 영화와 드라마들이 셀 수도 없이 많습니다. 특히 최근 들어 웹툰을 원작으로 한 영상물들의 제작이 늘고 있습니다. 다음은 만화를 원작으로 하여 제작된 영화나 드라마들입니다.

1) 〈미생〉

윤태호 작가의 웹툰으로 2012~2013년까지 다음 포털에 연재됐고, 9권의 단행본으로 출판되었습니다. 그 후 2014년 10월부터 텔레비전 드라마로 제작되어 방영되었습니다.

주요 내용은 바둑이 전부였던 스물여섯 살 주인공 '장그래'가 바둑기사 입단에 실패한 뒤, 무역회사에 취직하면서 겪게 되는 일을 다뤘습니다. 바둑을 소재로 하여 냉혹한 현실과 직장인들의 애환을 다룬 이야기라서 많은 사람들의 공감을 얻었습니다. 그만큼 현실을 잘 담고 있어서 '직장인의 교과서'라는 평가까지 받고 있습니다. 덕분에 드라마가 방영된 이후, 원작 만화 판매량도 크게 늘었습니다.

특히 주인공 장그래 역을 맡은 임시완이 원작 웹툰 캐릭터를 능가하는 매력을 보여줘서 더 큰 재미를 선사했습니다. 미생이란 바둑에서 '아직 집을 만들지 못해 살아 있지 못한 돌'을 뜻하는 말로 직장에서 존재감 없는 주인공 장그래를 뜻하기도 합니다. 청소년들은 〈미생〉을 통해 미래의 회사생활, 또는 나의 부모님은 사회에서 어떤 생활을 하고 계신지 간접 체험해 볼 수 있습니다.

2) 〈패션왕〉

'기안84' 작가가 포털 사이트 네이버에 2011~2013년까지 연재한 웹툰인데 영화로 만들어져 2014년 11월에 개봉되었습니다. 웹툰이 연재될 당시 각종 신조어와 패러디가 만들어질 만큼 폭발적인 인기를 끌었습니다.

주인공 소년 '우기명'은 무기명이라 불릴 정도로 이른바 빵 셔틀을 당하는 존재감 없는 아이입니다. 촌스러운 패션을 고수하던 우기명은 우연히 패션에 눈을 뜨고, 세상에서 가장 멋진 남자가 되기로 결심합니다. 그러던 중 기안고의 황태자 원호는 자신이 늘 우습게 여기던 우기명이 거슬리기 시작합니다. 그리고 둘은 숙명의 대결을 펼치게 됩니다.

학교를 배경으로 펼쳐지는 독특한 이야기가 학교생활에 답답함을 느끼는 청소년들에게 큰 반향을 불러일으켰습니다. 특히 청소년 시절에는 패션뿐만 아니라 나만의 특별한 뭔가를 통해 남에게 돋보이고 싶은 마음이 있습니다. 모든 사람에게 특히, 평소에 나를 무시하고 얕보던 친구들에게 우러러보는 대상이 된다는 건 생각만 해도 짜릿할 것입니다.

3) 〈식객〉

허영만 작가의 요리 만화로 드라마와 영화로 모두 제작됐습니다.

만화 〈식객〉은 2002~2010년까지 총 27권으로 출판됐는데, 모두 합해서 135개의 에피소드가 담겨 있습니다. 또한 2013년 3월부터는 〈식객 2〉가 카카오 페이지에서 연재되어 총 3권으로 완간됐습니다.

허영만 작가는 〈식객〉을 쓰기 위해 전국 각지의 맛집을 돌아다니며 일일이 먹어보고 철저히 자료 조사를 했는데, 작가의 취재력이 돋보이는 작품으로 평가받습니다.

〈식객〉의 내용은 동양 최고의 음식 맛을 자랑하는 운암정의 후계자를 선정하기 위한 경연을 담고 있는데, 천재 요리사 '성찬'과 승리를 위해 물불 안 가리는 '봉주'의 불꽃 튀는 대결이 중심이 됩니다.

〈식객〉은 요리 만화라는 특수성과 함께 영상화가 많이 시도된 작품이기도 합니다. 2007년과 2009년 각각 영화 〈식객〉과 〈식객: 김치 전쟁〉으로 제작됐고, 2008년엔 SBS 드라마 〈식객〉이 만들어졌습니다. 영화 〈식객〉에서는 주인공 성찬 역을 김강우가, 라이벌 봉주 역은 임원희가 맡았습니다. 드라마 〈식객〉의 성찬 역은 김래원이, 봉주 역은 권오중이 열연했습니다. 같은 역할을 놓고 서로 다른 배우들이 연기하는 모습을 비교하면서 감상해도 재미있을 것입니다.

4) 〈내일도 칸타빌레〉

일본 여성 만화잡지 〈키스〉에 연재되었던 니노미야 도모코의 〈내일도 칸타빌레〉 만화를 원작으로 한 드라마입니다. 일본에서도 〈노다메 칸타빌레〉라는 드라마로 만들어져 큰 인기를 끌었습니다. 클래식 음악을 주제로 음대 학생들의 이야기를 다룬 작품으로, 우리나라에서는 2014년 10월에 드라마로 방영되었습니다.

남자 주인공 차유진은 뛰어난 음악 실력을 가졌지만 마음 한 켠이 비어 있는 인물입니다. 차유진은 에너지가 넘쳐나는 여자 주인공 설내일과 서로 사랑하면서 상처를 극복해 갑니다.

〈베토벤 바이러스〉 이후에 오랜만에 음악을 주제로 한 드라마가 방영되었는데, 드라마 줄거리뿐만 아니라 드라마에 등장하는 음악들을 챙겨듣는 것도 쏠쏠한 재미를 줍니다. 이 드라마를 통해 클래식과 좀 더 가까워지는 기회가 될 것입니다.

05 만화는 어떻게 만들어질까?

Tip

색다른 이야기를 만들어내기 위해 만화가들은 자신만의 방식으로 준비를 하는데, 영감을 얻기 위해 여행을 떠나거나 특정 직업의 사람들을 만나 취재를 하고 그들의 일상을 사진으로 찍기도 합니다. 나중에 만화를 그리기 위한 사전 취재입니다.

한 편의 만화가 완성되기까지는 많은 노력이 필요합니다. 요즘엔 만화 시장이 확대되면서 만화가가 전부 맡아서 하는 게 아니라, 스토리 작가와 공동 작업으로 이뤄지는 경우가 많습니다. 지금부터 만화 한 편이 만들어지려면 어떤 과정을 거쳐야 하는지 알아봅니다.

1 스토리 작성

먼저 어떤 만화를 그릴지 주제를 정합니다. 아이디어나 소재를 찾기 위해 사전 자료 조사나 취재가 이루어집니다. 그런 다음 구체적인 만화의 스토리를 만들어 갑니다.

아이디어가 모아지고 구체적인 이야기가 정해지면, 어떤 만화를 만들 것인지 큰 토대의 이야기를 만듭니다. 앞서 얘기한 것처럼 요즘엔 스토리 작가가 따로 있는 경우도 있고, 아니면 만화가가 직접 이야기를 구성하기도 합니다. 그런 다음에 어떤 주인공을 만들지 캐릭터를 설정하고, 배경은 어떻게 할지 구상합니다.

2 콘티 구성

만화의 큰 이야기 뼈대가 완성되면, 거기에 맞는 콘티를 구성합니다. 콘티란 본격적으로 만화를 그리기 전에 칸을 나눈 후, 대사를 비롯해 인물이나 동작 등 표시할 부분을 기록하는 것을 말합니다. 일종의 밑그림이라고 할 수 있지요. 때로는 그림이 아닌 글로 콘티를 작성하기도 합니다.

만화가는 콘티를 통해 대략적인 내용을 검토합니다. 콘티는 만화뿐만 아니라 영화나 드라마에서도 쓰이고 있습니다.

3 데생 및 펜 터치

콘티를 그린 다음 데생과 펜 터치를 합니다. 종이 만화는 연필 등의 필기구로 스케치를 완성한 다음, 등장인물과 배경을 비롯해 만화의 내용을 정리합니다. 그리고 상황마다 알맞은 대사를 적어 넣습니다. 그런 다음, 연필로 그려진 그림 위에 진한 펜으로 명확하게 선을 그립니다.

4 스크린 톤 붙이기 및 채색

만화에 쓰이는 톤을 알맞게 붙여 완성시킵니다. 스크린 톤을 줄여 톤이라 부르는데, 흑백으로 표현되는 만화에 '음영 효과'를 줘서 좀 더 생동감 있게 표현해 주는 역할을 합니다.

웹툰의 경우 이와 같은 방식으로 작업하기도 하지만 요즘엔 컴퓨터로 작업하는 경우가 많습니다. 태블릿으로 포토샵이나 페인터 등의 프로그램을 통해 그림을 그리고, 그 위에 채색을 하는 것입니다.

5 대사 검토(리터치)

말풍선 안에 쓰여진 대사들을 전체적으로 검토합니다. 인물과 상황에 적절한 대사인지 꼼꼼하게 전체적으로 훑어보는 것입니다. 똑같은 내용이더라도 캐릭터에 맞는 맛깔 나는 대사를 쓸 줄 아는 작가가 독자들의 사랑을 받습니다. 좀 과장된 표현이라도 만화에서는 허용되므로 어느 부분을 강조하고 약화시킬 것인지 강약 조절을 하는 것도 중요합니다.

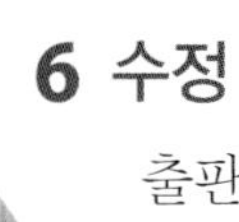

6 수정

출판사나 연재를 담당하는 편집자에게 우선 원고를 보냅니다. 원고를 받아본 편집자가 1차적으로 만화를 읽어보는 것이지요. 그런 다음 편집자의 의견을 만화가에게 전달해 내용이 수정되거나 삭제, 첨부되기도 합니다.

7 출판(연재)

모든 과정을 거치고 나면 이제 단행본으로 출판하거나 신문 또는 인터넷 사이트에 연재를 합니다. 그런데 단행본으로 출판되기 위해서는 좀 더 세밀한 과정이 필요합니다. 인터넷에 올리는 건 칸 수 제한이 없기 때문에 비교적 자유롭지만, 단행본은 책 크기에 맞게 일정 분량 내에서 만화를 그려야 하기 때문입니다. 출판할 경우 그림이 잘리지 않도록 레이아웃도 신경 써야 하고, 수정이 어렵기 때문에 만화 원고도 틀린 부분이 없는지 다시 확인해야 합니다.

06 만화가가 되기 위해 필요한 능력

1 창의력 및 상상력

만화는 상상력의 보고라 할 수 있습니다. 만화에서 그려진 일들이 몇 십 년이 지난 지금, 현실에서 일어나고 있는 경우가 많습니다. 그만큼 세상을 보는 새로운 눈, 풍부한 상상력과 창의력은 만화가에게 없어서는 안 될 필수 능력입니다.

같은 사물과 현상을 보더라도 남들과는 다른 시각으로 생각하고 상상의 나래를 펼칠 수 있는 창의적인 사고가 있어야 흥미롭고 재미있는 만화를 그릴 수 있습니다. 우리 주변에서 일어날 법한 평범한 일들을 그려내는 것도 필요하지만, 그런 이야기에도 상상력이 더해지면 더 풍부한 만화가 될 수 있습니다. 100년 후, 200년 후의 미래에는 어떤 세계가 펼쳐질지 머릿속으로 상상해 보고, 현재에는 불가능한 일들을 가능하게 하는 것, 그게 바로 만화의 매력입니다.

2 그림에 대한 소질

만화가는 무엇보다 만화를 좋아해야 합니다. 그리고 기본적으로 그림에 대한 소질 및 재능이 필요합니다. 남들이 보기에 예쁘장하고 멋지게 잘 그리는 그림이 중요한 게 아니라, 자신만의 특징이 살아 있는 그림을 그릴 수 있어야 합니다. 그래서 꾸준히 그림을 그리는 연습이 필요합니다. 요즘에는 프로 만화가가 아니라 일반인 중에도 상당 수준의 그림 실력을 갖고 있는 경우가 많습니다. 그만큼 경쟁이 치열하다는 것을 뜻합니다. 좋아하는 만화책을 보면서 따라 그려도 좋고, 순수 미술인 동양화와 서양화 그림을 보고 그려봐도 도움이 됩니다. 단순히 스케치만 할 게 아니라 색채에 대한 감각도 기르려면 일반 미술 공부도 필요합니다.

3 끈기와 인내심

한 유명 만화가는 '만화는 엉덩이로 그린다.'고 말했습니다. 소설이나 다른 예술 작품도 마찬가지겠지만, 만화는 글이 아닌 그림으로 표현해야 하기 때문에 의자에 앉은 채로 며칠 밤낮을 새면서 작업하는 경우가 많습니다. 그러니 엉덩이로 그린다는 표현이 맞겠지요?

또한 만화를 마감해야 할 날이 코앞에 닥쳤는데 막상 어떤 이야기를 써야 할지 생각나지 않아 어려움을 많이 겪는다고 합니다. 그럴 때 스스로를 다독이고, 새로운 이야기를 만들어내고 그림을 그릴 수 있을 때까지 기다릴 줄 아는 인내심과 끈기가 필요합니다. 그만큼 하나의 만화를 완성하기까지는 고도의 집중력과 엄청난 끈기가 필요합니다.

4 관찰력

여러분이 봤던 만화 중에서 가장 기억에 남는 캐릭터는 누구인가요? 마치 살아 있는 듯한 만화의 주인공들, 내 주변에서 진짜 일어날 것만 같은 이야기들을 만화가들은 어떻게 표현해 낼까요? 개성 있는 캐릭터들만으로도 만화가 재밌게 느껴질 때가 많은데, 이런 캐릭터를 만들어 내려면 평소에 주변 사람에 대한 관심을 갖고 세심하게 관찰할 수 있는 능력이 필요합니다. 이런 능력이 뒷받침됐을 때 생생한 캐릭터를 만들어 낼 수 있습니다.

시사만화를 그리고 싶다면 사회와 정치 문제에 관심을 갖고 있어야 합니다. '왜 이런 일이 일어났을까?' 라는 세상에 대한 궁금증을 갖고, 관찰하고 생각하는 습관을 기를 때 만화에서 단 몇 마디로 압축해서 표현할 줄 아는 시사만화 작가가 될 수 있습니다.

5 감수성 및 예술성

떨어지는 낙엽을 보아도 아무런 느낌이 없고, 세월호 참사 같은 비극을 보아도 슬퍼할 줄 모르는 무감각한 사람이 훌륭한 만화가가 될 수 있을까요? 일상에서 느껴지는 일들에 대해 남들처럼 무심하게 넘어가는 사람이라면 많은 이들이 공감할 수 있는 만화를 만들 수 없습니다. 다른 사람의 마음을 이해하는 능력과 풍부한 감수성을 갖추어야 따뜻한 만화를 그릴 수 있습니다. 또한 보이는 그대로 밋밋하고 건조하게 표현하는 게 아니라, 감동을 줄 수 있어야 만화도 예술작품의 하나로 인정받을 수 있습니다.

따라서 평소에 만화뿐만 아니라 다양한 예술을 접하도록 노력해야 합니다. 미술, 음악, 사진, 영화 등 분야를 가리지 않고 많은 작품을 보고 듣고 느끼는 연습을 하다 보면 자신이 표현하고자 하는 걸 멋진 만화로 완성할 수 있게 될 것입니다.

6 이야기 구성 능력(스토리텔링)

만화의 그림이 아무리 화려하고 멋져도 줄거리가 탄탄하지 않으면 만화를 보는 재미가 없습니다. 만화가는 '이야기꾼'이어야 합니다. 상상한 내용을 그림과 함께 인물들의 대사로 구현할 수 있어야 합니다. 따라서 전체적인 이야기 구성 능력과 함께 캐릭터에 맞는 대사를 쓸 줄 아는 문장력을 갖추어야 합니다.

따라서 만화가는 단순히 그림만 잘 그리도록 연습할 게 아니라, 다양한 분야의 책도 읽어 글을 쓰는 능력을 키우는 것이 중요합니다. 평소에 신문이나 책을 많이 접하도록 노력하고, 소설책을 많이 읽고 상상력을 키울 수 있어야 합니다.

책을 읽은 다음에는 감상문을 정리하는 습관을 들이고, 생활 속에서 떠오르는 아이디어를 기록해 놓는다면 더욱 좋습니다. 또한 아이디어를 바탕으로 만화를 습작해 보면 실력이 늘 것입니다.

또한 교육기관을 통하거나 관련 책들을 읽고 스토리 구성 방법을 익힌 다음 유명한 만화 작품의 스토리를 분석하고, 자신의 이야기를 어떻게 구성할지 고민하면서 반복하여 써보는 것도 실력을 키우는 비결입니다.

Tip

책을 읽고 난 다음 독후감을 쓰기 어렵다면, 나만을 위한 일기를 써 보기를 추천합니다. 나만 보는 비밀 일기를 꾸준히 쓰다 보면 자연스럽게 자신에게 귀를 기울일 수 있고, 글 쓰는 능력도 향상될 것입니다.

7 컴퓨터 프로그램 이용 능력

과거에는 만화를 그리기 위해서 연필로 밑그림을 그리는 데생 작업을 하고, 다시 펜으로 그림을 그린 후 색칠을 했습니다. 이렇게 만화의 한 장면을 위해서 많은 작업이 필요했습니다.

아직도 종이에 그림을 그리고 완성시키는 작가들도 있지만 웹툰 시장이 확대되고 인터넷 문화가 발달하면서 컴퓨터를 이용해 작업하는 만화가들이 많습니다. 태블릿을 이용해 그림을 그리고, 포토샵으로 채색을 할 줄 안다면 작업을 쉽게 할 수 있습니다. 따라서 만화가는 만화 작업에 필요한 컴퓨터 프로그램을 능숙하게 다룰 줄 알아야 합니다.

8 책임감

웹툰은 정해진 요일마다 연재되고 있습니다. 만약 정해진 요일이 지났는데도 만화가 올라오지 않으면 독자들은 매우 실망할 것입니다. 만화가는 새로운 이야기를 만들어내느라 진땀을 빼지만, 독자와 약속한 시간 안에 반드시 완성해야 합니다. 간혹 제때에 만화가 연재되지 못해 사과글이 올라오기도 하는데 이런 일이 자주 반복되면 독자들은 그 만화가에 대해 불신감을 갖게 됩니다.

웹툰뿐만 아니라 만화책이나 다른 분야의 만화 작업을 할 때도 기한에 대한 약속을 지키는 건 신뢰를 쌓는 일입니다. 그리고 약속을 지키기 위해서는 성실함과 책임감이 필수입니다.

07 만화가의 장단점

1 장점

1) 시간이 자유롭습니다

대부분의 만화가는 회사에 일정하게 출퇴근하지 않는 프리랜서로 활동하기 때문에 시간적으로 여유로운 편입니다. 일정한 마감 시간이 있긴 하지만 주어진 시간을 자유롭게 원하는 대로 보낼 수가 있어서 시간에 구애받지 않는다는 게 큰 장점입니다.

2) 성취감이 큽니다

만화가는 다른 예술가들과 마찬가지로 상상하는 미지의 세계를 잘 모르는 사람에게 전달하고 서로 느낌을 나눌 수 있습니다. 자신이 상상한 것들을 만화를 통해 표현할 수 있고, 또 그 만화를 보는 사람들과 공유할 수 있다는 건 정말 짜릿한 일입니다. 한 사람이 다수의 사람에게 영향을 줄 수 있다는 건 참으로 가슴 벅차고 행복한 일입니다.

3) 만화 시장이 다양화되어 기회가 많습니다

최근 웹툰 시장이 활성화되면서 만화가들에 대한 사회적 인식과 대우가 많이 올라갔습니다. 프로 만화가로 어느 정도 자리가 잡히면 경제적으로도 안정적인 생활을 할 수 있습니다. 또한 만화 외에도 만화와 관련된 다양한 콘텐츠와 강연, 인세 등 여러 방면에서 수익을 올릴 수 있습니다. 만화 캐릭터가 인형이나 학용품, 다이어리 등으로 개발돼서 판매되면 캐릭터를 개발한 만화가는 로열티를 받을 수 있습니다.

Tip

최근엔 '원 소스 멀티 유스(one source multi use, 하나의 소재를 여러 장르에 활용하는 것)'라고 해서 만화 원작 하나로 영화와 드라마를 만들기도 하고, 그 밖에 다양한 장르와의 접목이 가능합니다. 따라서 만화 시장의 확대는 만화가가 더 다양한 분야에서 일할 수 있는 기회가 되고 있습니다.

2 단점

1) 늘 새로운 아이디어를 생각해 내야 합니다

만화가는 늘 새로운 아이디어를 얻기 위해 끊임없이 노력해야 합니다. 한 마디로 아이디어와 전쟁을 한다고 해도 과언이 아닙니다. 아무리 노력해도 아이디어가 떠오르지 않을 땐 정말 힘듭니다. 그러니 평소에 새로운 소재를 찾기 위해 많이 보고 듣고 경험해야 합니다.

2) 자기 관리에 신경써야 합니다.

만화가는 프리랜서로 활동하므로 시간을 자유롭게 쓸 수 있지만 자신을 통제하기가 어렵다는 단점이 있습니다. 자기 관리를 하지 않고 무작정 놀고, 만화 그리는 걸 게을리한다면 마감 시간을 앞두고 스트레스를 많이 받게 될 것입니다.

3) 노동 강도가 센 편입니다

만화가라는 직업이 겉으로 보면 화려하고 멋져 보일지 몰라도 실제로는 힘이 드는 직업입니다. 웹툰 만화가들의 경우 만화 한 편을 연재하기 위해 일주일의 시간을 보냅니다. 만화는 엉덩이로 그린다는 말처럼 만화를 그리는 작업은 고된 노동을 수반합니다. 따라서 규칙적인 생활과 적절한 운동을 통해 육체적인 피로감을 없애야 합니다.

4) 마음의 상처를 받을 수 있습니다

만화가는 작품을 통해 독자들과 교감할 수 있는 장점이 있는 반면, 비판을 받는 경우도 있습니다. 그래서 늘 독자의 반응이 신경 쓰일 수밖에 없고, 예기치 않은 독자의 비판이나 악플에 마음의 상처도 받을 수 있습니다. 이럴 때 만화가는 비판을 겸허하게 받아들이는 한편 '모든 사람이 내 만화를 좋아할 순 없다'라는 마음을 가져야 합니다.

08 만화가가 되기 위한 과정

1 중 · 고등학교 시절

만화가가 되기를 꿈꾸는 학생들 중에 공부는 할 필요가 없다고 생각하는 경우가 있습니다. 그렇지만 단순히 그림만 잘 그린다고 해서 만화가가 될 수는 없습니다. 만화를 볼 때 아무리 그림을 잘 그렸더라도 내용이 재미없으면 읽기가 싫습니다. 재미있는 만화를 그리기 위해서는 상상력과 창의력만큼이나 역사나 과학, 예술 등 다방면의 지식이 필요합니다. 그러므로 책을 많이 읽고 공부도 열심히 해야 합니다. 그리고 기회가 된다면 만화 관련 동아리 활동을 하고, 각 대학의 만화 관련 학과에서 개최하는 공모전에 참가해 보는 것도 좋습니다.

또는 '한국애니메이션 고등학교'와 같은 만화 관련 전문 고등학교에 진학하는 것도 한 방법입니다. 전국적으로 만화 관련 중 · 고등학교들이 있으니 그곳에 입학하여 자신의 꿈을 착실히 준비하는 것도 좋습니다.

Tip

반드시 만화 관련 고등학교를 나와야만 만화가가 될 수 있는 건 아닙니다. 현재 활발히 활동하고 있는 만화계의 거장들 역시 고등학교와 대학에서 만화 관련 공부를 한 것은 아닙니다. 그들은 30~40년 동안 오직 만화를 그리는 데 땀과 열정을 쏟았기 때문에 실력을 인정받을 수 있었습니다.

2 대학교 시절

대학의 만화 관련 학과나 만화 전문 학원 등에서 만화가가 되기 위한 공부를 할 수 있습니다. 대학교에서는 그림 그리는 방법(드로잉), 색채학, 만화제작, 스토리작법 등 전반적인 만화 제작 과정을 이론과 실습을 통해 배울 수 있습니다.

만화 관련 학과에 입학하지 못했다면 만화 · 애니메이션 전문 학원에서 공부할 수도 있습니다. 꼭 만화 관련 학과를 전공해야만 만화가가 될 수 있는 건 아니니, 학력에 연연해 할 필요는 없지만 만화 관련 대학을 졸업하는 것이 보다 유리합니다.

만화와 관련된 학과가 있는 대학교

학교명	모집단위 및 세부전공
한양대학교(에리카)	영상디자인학과(엔터테인먼트디자인)
한국예술종합학교	영상원(애니메이션과)
건국대학교	영상영화학과
세종대학교	창의소프트학부(만화애니메이션텍 전공)
한성대학교	ICT디자인학부(영상애니메이션 전공)
인덕대학교	방송문화콘텐츠학부(만화 · 애니메이션과)
청강문화산업대학교	애니메이션스쿨, 만화콘텐츠스쿨
순천대학교	만화애니메이션학과
목원대학교	만화애니메이션과
상명대학교	애니메이션 전공
계명대학교	영상애니메이션과
예원예술대학교	애니메이션 전공
인제대학교	디자인대학 영상디자인 전공
동서대학교	영상애니메이션학과

현재 우리나라의 만화 관련 대학과 학과를 살펴보면 위와 같습니다. 이 중 인덕대학교의 만화 · 애니메이션과는 '웹툰 작가' 양성소로 유명합니다.

3 프로 만화가 도전

1) 공모전 응시 및 입상

만화가로 데뷔하는 방법은 여러 가지가 있습니다. 예전엔 주로 만화 잡지사나 출판사에서 여는 '신인 공모전'에 참가해 데뷔하는 게 가장 일반적이었습니다. 지금도 만화 관련 공모전은 대학교의 만화 관련 학과를 중심으로 다양하게 이뤄지고 있습니다.

2) 기획사나 출판사에 작품 제출

그야말로 용기가 필요한 방법이긴 하지만 가장 빠르고 정확하게 자신의 실력을 검증받을 수 있는 방법입니다. 신인작가들이 이런 방법을 통해 데뷔하기는 쉽지 않지만 '용기 있는 자만이 기회를 얻는다.'라는 말처럼 자신의 작품을 들고 출판사의 문을 두드리는 것도 꿈을 향해 한 걸음 나아가는 방법입니다.

3) 유명 만화가의 문하생으로 들어가기

유명한 만화가의 문하생으로 들어가 보조 역할을 하면서 실력을 쌓

는 방법입니다. 펜선 연습과 스크린톤(반복되는 망점 문양의 스티커)과 배경작업, 펜 터치와 밑그림 과정인 데생 등 기초부터 고난도의 작업까지 배울 수 있습니다. 프로 만화가 옆에서 직접 만화 작업을 배우기 때문에 작품의 제작 과정과 노하우를 그대로 전수받을 수 있다는 장점은 있지만, 일하는 만큼 보수를 받지 못하는 경우가 많습니다. 짧게는 1~2년 동안, 길게는 7~8년이 넘는 시간을 문하생으로 보내는 경우도 있기 때문에 그야말로 끈기가 필요합니다.

어느 정도 실력을 쌓으면 스승의 추천을 받아 데뷔하게 됩니다.

Tip

유명 만화가의 문하생으로 들어가 보조자 역할을 통해 데뷔하는 길은 만화가뿐만 아니라 작가나 사진가의 경우도 있습니다. 대부분 아는 사람을 통해 들어가는 경우가 많지요. 보수가 적고 힘든 만큼 끈기를 갖고 버틸 수 있는 힘이 필요합니다.

4) 인터넷 만화 제작 및 웹툰 신인작가 도전

최근에 웹툰 시장이 활성화되면서 능력만 있다면 네이버와 다음 등의 포털 사이트에 웹툰 신인작가에 응모해 웹툰 만화가로 활동할 수 있습니다.

포털 사이트 웹툰 작가에 당선되지 못했다고 하더라도 직접 인터넷에 만화를 올리는 방법도 있습니다. 실제로 초기 웹툰 작가들은 개인 홈페이지에 만화를 그려서 올렸다가 독자들의 입소문을 타고 인기를 얻는 경우가 많았습니다.

Tip

훌륭한 만화가가 되려면 늘 사람들에게 관심을 갖고 따뜻한 마음으로 세상을 바라볼 줄 알아야 합니다. 어려운 상황에 처해 있는 사람들이 만화를 보고 난 뒤 희망과 용기를 가질 수 있는 작품을 쓴다는 목표로 노력해야 하지요. 작가정신을 가지고 탄탄한 이야기를 바탕으로 하나의 예술 작품으로 완성하고자 하는 마음으로 노력한다면 자기도 모르는 사이에 훌륭한 만화가로 우뚝 서 있을 것입니다.

4 해외에서 활동

우리나라 만화가들의 해외 진출은 일찍부터 이루어졌습니다.

1970년대 이후 만화가들이 정권의 탄압을 받으면서 만화 강국인 일본에 많이 진출했습니다.

미국으로 진출한 작가로는 김산호와 김재형이 있습니다. 1960년대 한국 최초의 SF 시리즈물 만화인 〈라이파이〉 시리즈로 인기를 누렸던 김산호는 1966년 미국 찰튼코믹스 전속작가로 〈샤이언 키드〉 등의 작품을 발표했습니다. 그 후 발표한 〈뱀파이렐라〉는 17개 언어로 번역 출판되었습니다.

김재형은 미국 최고의 애니메이션 창작집단인 픽사(Pixar)에서 애니메이터로 활약하고 있습니다. 김재형은 서른이 넘을 때까지 의사로 활동하다가 만화가로 입문했습니다. 그가 안정된 삶을 버리고 만화가의 길을 택한 것은 '하고 싶은 일을 하며 살고 싶다.'는 열망 때문이었습니다. 김재형은 픽사에서 게임인 〈스타크래프트2〉를 비롯해 〈업〉, 〈토이

스토리 3〉, 〈카 2〉, 〈메리다와 마법의 숲〉 등의 작품 제작에 참여했습니다.

우리 만화가들의 해외 진출은 앞으로도 꾸준히 증가할 전망입니다.

5 우리나라 만화의 해외 수출

윤인완, 양경일의 〈신암행어사〉와 임달영, 박성우의 〈흑신〉 등이 일본에서 인기를 얻었고, 1985년 방학기의 〈임꺽정〉이 〈이조수호전〉이란 제목으로 일본에 수출됐습니다. 그 후 이현세의 〈활〉도 수출되었으며, 1993년에는 〈모닝〉이라는 잡지에 황미나의 〈윤희〉와 오세호의 〈낚시〉 등이 연재되었습니다. 2001년에는 우리나라의 대명종 출판사가 일본에 타이거북스라는 현지 법인을 설립해 허영만의 〈세일즈맨〉, 김혜린의 〈비천무〉 등을 발행했습니다. 그 밖에 박무직, 고진호, 박중기, 김병진, 이태행, 고진호, 유현, 권가야, 이유정 등 다수의 만화가들이 일본 시장에 진출했습니다.

미국에서는 이재학의 〈추더리퍼〉가 발행되었고, 1997년에는 〈이미지코믹스〉에서 장태산, 김재환, 김태형 등이 작품을 연재했습니다.

Tip

일본은 세계적인 만화 강국으로 유명합니다. 전 세계 만화시장의 절반 가까이를 일본의 만화시장이 차지하고 있을 정도입니다. 우리나라에 알려진 일본 만화에는 〈원피스〉, 〈짱구는 못 말려〉, 〈드래곤볼〉, 〈도라에몽〉, 〈은하철도 999〉, 〈카트캡터 체리〉, 〈노다메 칸타빌레〉, 〈피아노의 숲〉, 〈에반게리온〉, 〈토토로〉 등 헤아릴 수 없이 많습니다.

09 만화가의 마인드맵

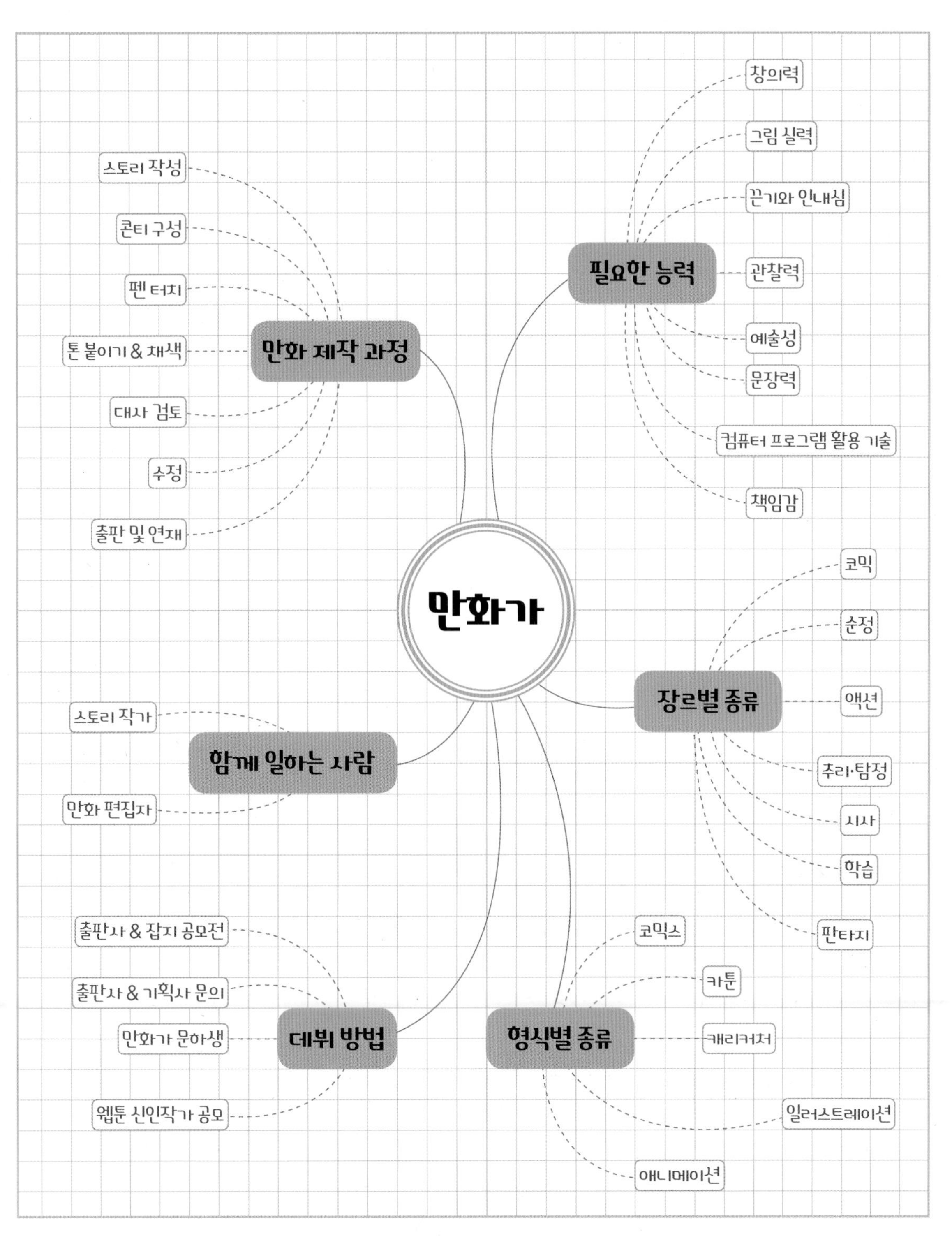
만화가
만화 제작 과정
스토리 작성
콘티 구성
펜 터치
톤 붙이기 & 채색
대사 검토
수정
출판 및 연재
필요한 능력
창의력
그림 실력
끈기와 인내심
관찰력
예술성
문장력
컴퓨터 프로그램 활용 기술
책임감
장르별 종류
코믹
순정
액션
추리·탐정
시사
학습
판타지
함께 일하는 사람
스토리 작가
만화 편집자
데뷔 방법
출판사 & 잡지 공모전
출판사 & 기획사 문의
만화가 문하생
웹툰 신인작가 공모
형식별 종류
코믹스
카툰
캐리커처
일러스트레이션
애니메이션

10 만화가와 관련하여 도움받을 곳

1 직업 정보를 얻을 수 있는 기관

● **우리만화연대(http://www.urimana.co.kr)** 우리나라 만화의 발전을 위해 구체적이고 체계적인 대안을 제시하고 실천을 위해 만화와 관련한 사람들이 힘을 모아 만든 단체입니다. 누드크로키, 드로잉을 위한 미술해부학, 색채 연출의 비법, 전진석 작가의 스토리텔링 입문, 코믹 스튜디오 등 각 기간마다 만화를 그리기 위한 맞춤형 교육을 정기적으로 실시하고 있습니다. 또한 한겨레 문화센터나 서울 애니메이션 센터 등의 협조를 얻어 1년의 만화가 전문과정인 만화아카데미도 운영하고 있습니다.

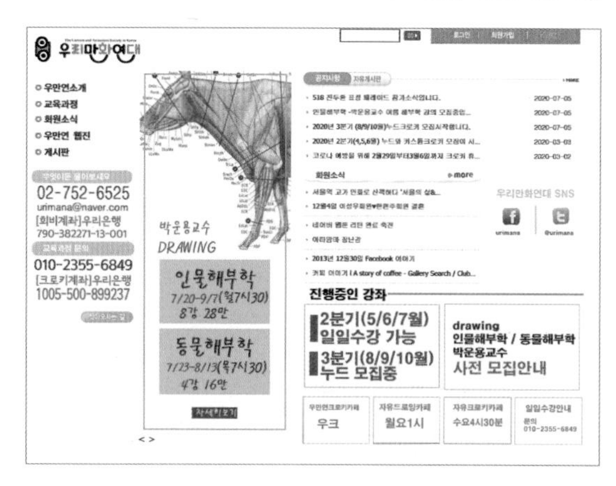

● **고용노동부 워크넷(https://www.work.go.kr)** 한국고용정보원에서 운영하는 사이트로 무료로 직업 심리 검사를 이용할 수 있습니다. 직업 정보 검색, 직업 · 진로 자료실, 학과 정보 검색 등의 정보를 제공하며 직업 · 학과 동영상, 이색 직업, 테마별 직업 여행, 직업인 인터뷰 자료를 볼 수 있습니다. 온라인 진로 상담 서비스도 제공합니다.

● **진로정보망 커리어넷(https://www.career.go.kr)** 한국직업능력개발원이 운영하는 사이트로 초등학생부터 성인, 교사에 이르기까지 대상별로 진로 및 직업 정보를 제공하며 온라인 상담도 할 수 있습니다. 심리 검사를 무료로 이용할 수 있으며, 학생들이 만든 UCC 자료도 볼 수 있습니다.

2 만화 체험 기관

● **한국만화영상진흥원(http://www.komacon.kr)** 우리나라의 만화산업을 확대시키기 위해 1998년 설립된 부천시청 산하 재단법인입니다. 국내외 만화 관련 자료를 수집 관리하고 데이터베이스를 구축하고 있습

니다. 그리고 만화 교육과 전시, 출판까지 다양한 사업을 진행하고 있습니다.

만화박물관에서 운영하는 교육 프로그램으로는 '만화상상 체험교실', '만화상상 아카데미'가 있고, 상설 교육 프로그램도 운영함으로써 유아부터 청소년, 성인까지 만화로 즐기고 배울 수 있습니다. 그리고 만화영화 상영관을 통해 애니메이션을 정기적으로 상영하고, 만화 도서관에서는 다양한 만화책을 볼 수 있습니다. 2014년 10월에는 만화 잡지 〈마가나(MANAGA)〉를 창간하여 만화가들의 일상과 작품을 공유할 수 있도록 하였습니다.

● **서울애니메이션센터(http://www.ani.seoul.kr)** 서울시가 국내 만화와 애니메이션을 지원하기 위해 1999년에 설립한 공간으로 각종 만화 캐릭터를 만나 볼 수 있습니다. 서울애니시네마, 전시 공간, 체험 공간 등이 마련돼 있으며, 만화의 집 건물에 들어가면 만화책은 물론 다양한 애니메이션 DVD를 마음껏 감상할 수 있습니다. 또한 곳곳에 로보트 태권V, 아기공룡 둘리, 날아라 슈퍼보드, 뽀롱뽀롱 뽀로로의 주인공 캐릭터들이 설치돼 있어 기념사진도 찍을 수 있습니다.

3 각종 만화 축제

● **부천국제만화축제(http://www.bicof.com)** 한국만화영상진흥원이 주최하는 부천국제만화축제(BICOF)는 1998년부터 시작해 매년 부천에서 열리며 2019년 기준으로 22회를 맞았습니다. 만화산업의 활성화를 위해 국내외 만화산업을 위한 비즈니스 행사가 열리는데, 세계 각국의 만화 출판 제작업체와 만화가들이 참가하는 국제 만화 축제로 인정받고 있습니다.

주로 국내외 주제 만화 전시와 학술 세미나 등이 열리고, 해외 만화가들의 작품 전시도 이루어집니다.

또한 해외의 유명 만화 출판사 관계자들이나 만화가들을 초청해 그들의 노하우를 전해 듣는 기회도 갖고 있습니다.

● **서울국제 애니메이션 페스티벌(http://www.sicaf.org)** 매년 서울 명동과 남산 일대에서 열리는 만화와 애니메이션 축제입니다.

서울국제 애니메이션 페스티벌(SICAF)은 2019년에 23회째 열렸는데, 국내의 유명 만화가들이 많이 참여했으며, '해피니스 로드'의 감독 성신잉도 참가하여 대만 애니메이션의 제작과 환경에 대한 이야기를 들려주었습니다.

앞으로 이곳에 만화의 거리를 조성하여 서울 시민, 관광객, 직장인들이 모두 참여하고 즐기는 문화 공간을 만든다고 합니다. 이 축제는 앞으로도 계속 남산이 만화와 애니메이션을 상징하는 장소가 되는 데 큰 역할을 하게 될 것입니다.

서울국제 애니메이션 페스티벌을 통해 다양하고 수준 높은 문화 콘텐츠의 교류가 이루어지고, 우리 만화와 애니메이션의 문화적 · 산업적 가치를 세계 속에 드높일 수 있는 소중한 기회가 될 것으로 기대합니다.

● **부천국제 애니메이션 페스티벌(https://www.biaf.or.kr)** 1999년부터 시작되어 2019년 기준 21회를 맞는 부천국제 애니메이션 페스티벌(BIAF)은 매년 한국만화박물관과 부천시청 일대에서 열리고 있습니다. 이 축제는 국내외 애니메이션 작품을 중심으로 시작한 애니메이션 영화제로 학생들은 물론 각종 애니메이션 관계자들이 참여하고 있습니다. 다양한 애니메이션 관련 프로그램은 물론 애니메이터를 꿈꾸는 사람들을 위해 일자리와 관련된 정보를 교환하는 자리도 마련되어 있습니다. 영화제는 물론이고 각종 전시와 이벤트 등을 통해 인재를 발굴하고 양성합니다.

11 유명한 만화가

1 허영만(1947~)

〈타짜〉, 〈사랑해〉, 〈식객〉, 〈비트〉, 〈각시탈〉 등 이름만 들어도 친숙한 작품들을 그린 한국 만화계의 거장입니다.

허영만은 고등학교를 졸업한 직후인 1966년 서울에 올라와 문하생 시절을 거쳐 1974년 〈소년한국일보〉 신인공모에 〈집을 찾아서〉가 당선되면서 만화가로 입문했습니다. 그의 많은 작품들이 영화와 드라마로 제작될 만큼 원작의 우수성을 인정받아 왔습니다. 특히 영화 〈타짜〉는 2006년 684만 명의 관객을 동원하는 등 흥행 돌풍을 일으키기도 했습니다.

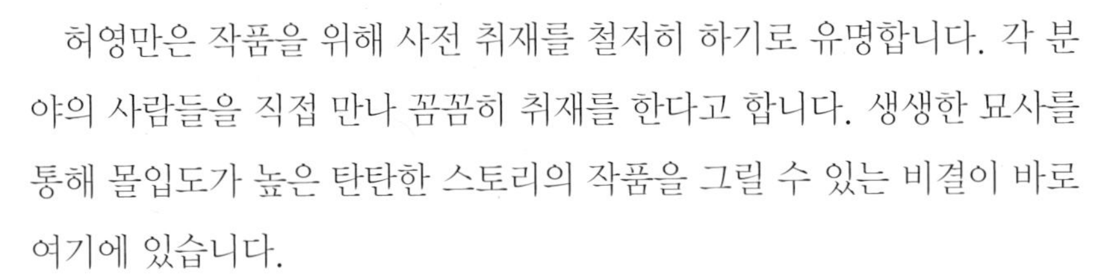

허영만은 작품을 위해 사전 취재를 철저히 하기로 유명합니다. 각 분야의 사람들을 직접 만나 꼼꼼히 취재를 한다고 합니다. 생생한 묘사를 통해 몰입도가 높은 탄탄한 스토리의 작품을 그릴 수 있는 비결이 바로 여기에 있습니다.

평소에도 소재나 아이디어가 떠오를 때마다 꼼꼼히 기록하기 위해 메모장과 스케치북을 빼놓지 않고 들고 다닌다고 합니다. 또한 그의 작업실에는 아이디어를 적은 메모장들이 가득 붙어 있을 만큼 늘 어떤 만화를 그릴지에 대한 고민을 게을리하지 않습니다. 성실하고 우직한 이런 노력들이 있었기에 한국 만화계의 거장으로 우뚝 설 수 있었습니다.

2 이현세(1954~)

〈까치〉, 〈공포의 외인구단〉, 〈아마게돈〉 등 수많은 작품을 그린 한국의 대표적인 만화가입니다.

경주에서 학창시절을 보낸 이현세는 어렸을 때부터 그림에 재주가 있는 걸 알았지만, 만화에 대한 부정적인 인식 때문에 미대 진학을 결심합니다. 그런데 미대 입시를 준비하던 중 '색약(색을 구분하지 못함)' 판정을 받게 됐고, 이런 콤플렉스가 오히려 만화가로 성공하는 데 도움이 됐습니다.

이현세는 1978년 월남전을 다룬 〈저 강은 알고 있다〉로 만화가로 데뷔했습니다. 그가 만화를 시작할 당시만 해도 만화를 그려서 생계를 유지할 수 있을지 직업에 대한 고민이 많았습니다. 그럴 때마다 '나는 무조건 될 것'이라는 강한 믿음을 갖고, 작품을 시작하면 며칠 동안 꼼짝하지 않을 만큼 집중력을 발휘했습니다.

만화가로 자리 잡게 된 건 1982년 〈공포의 외인구단〉을 발표한 이후입니다. 그는 만화의 스토리보다는 매력적인 캐릭터를 만드는 데 집중했습니다. 유명한 '까치'와 '마동탁' 캐릭터가 탄생한 것을 봐도 알 수 있습니다. 우리에게 경찰 캐릭터로 잘 알려진 '포돌이와 포순이'도 이현세의 작품입니다.

이현세는 지난 10년 동안 위암으로 투병 생활을 하는 와중에도 학습 만화인 한국사, 세계사, 삼국지 등을 펴냈습니다. 현재 세종대학교 만화애니메이션학과 교수를 맡고 있는 그는 최근에 수필집 〈인생이란 나를 믿고 가는 것이다〉를 출간했습니다. 그리고 2014년 9월부터는 우리나라 최초의 세계적인 복서 서정권의 이야기를 다룬 〈코리안 조〉라는 작품을 웹툰에 연재하고 있습니다.

3 강풀(본명 강도영, 1974~)

웹툰 만화가의 선두주자라 할 수 있습니다. 강풀 만화는 영화화된 작품이 상당히 많은데 〈아파트〉, 〈바보〉, 〈순정만화〉, 〈그대를 사랑합니다〉, 〈통증〉, 〈이웃사람〉, 〈26년〉, 〈조명가게〉 등이 있습니다.

강풀은 상지대 국문과 시절, 학생회 일을 하면서 만화를 그리기 시작했고 친구들에게 인기를 얻었습니다. 그런데 만화 전문학과도 아니고 문하생도 거치지 않았기에 프로 만화가로 데뷔하기란 쉽지 않았습니다. 그래서 2002년 인터넷에 홈페이지를 개설해 직접 만화를 연재하기 시작했습니다. 조회 수가 늘어나면서 포털 사이트 '다음'에서 연재할 수 있게 되었습니다.

강풀의 작품은 일상적인 이야기부터 사회적 · 정치적 사안까지 폭넓게 다루고 있습니다. 이런 다양성이 영상화하는 데 큰 장점으로 작용했습니다.

12 이 직업을 가진 사람에게 듣는다

만화가 김인호

만 스물한 살의 나이에 데뷔해서
13년 동안 스포츠 만화에서부터 연애 만화까지 다양한 장르를 통해
독자들에게 진심을 전하고 있는 김인호 작가의 꿈과 만화 이야기

Q1 어렸을 때는 어떤 학생이었나요?

어렸을 때부터 그림뿐만 아니라 조립하기 등의 만들기에 관심이 많았습니다. 그림 그리기를 좋아했고, 잘 그렸기 때문에 주변 반응이 좋아서 더 신나게 그림을 그렸던 것 같습니다. 초등학생 때 만화를 접하면서 자연스럽게 만화가를 꿈꾸게 되었고, 6학년 무렵에 공모전을 준비하기도 했습니다. 비교적 어릴 때 꿈을 선택한 편이지요.

Q2 대학에서 만화를 전공한 것이 실제로 만화를 그릴 때 도움이 되나요?

도움이 되는 부분이 분명히 있습니다. 좋은 스승과 선후배를 통해 만화 시장에 대한 정보를 얻을 수 있었고, 같은 꿈을 꾸는 선후배들에게 도전도 많이 받았습니다. 저는 과 친구들과 동아리 활동을 했는데, 그림 그리는 연습뿐만 아니라 마감이라는 정해진 기간 안에 작품을 완성하는 훈련도 할 수 있어서 도움이 많이 됐습니다.

하지만 다시 신입생으로 돌아간다면 인문학, 철학, 심리학, 역사학 등 만화 스토리에 도움이 되는 분야를 공부하고 싶습니다. 만화는 그림도 중요하지만 스토리가 훨씬 중요하기 때문에 다른 분야를 전공하고 싶습니다.

Q3 아내와의 연애 스토리를 엮은 만화도 출간했고 부부 만화가로도 유명한데, 만남부터 결혼까지의 스토리가 궁금합니다.

아내와는 세종대 만화학과 99학번 동기로 만났습니다. 아내는 재수를 해서 한 살 많았지만, 누나라고 부른 적은 한 번도 없습니다. 학기 초에는 서로 좋아하는 스타일이 아니었고 어울리는 친구들도 달랐기에 친하게 지내지 않았습니다.

가을에 1학년 동기들 5명과 애니메이션 동아리를 만들었는데, 그 멤버에 아내가 끼어 있었습니다. 다른 멤버들이 알려주지 않아서 둘 다 그 사실을 몰랐다가 첫 모임 때에 알게 되었습니다. 미리 알았다면 동아리에 가입하지 않았을 겁니다. 당시 아내가 빨간 머리로 염색을 하고 다녀서 아내에 대한 인상이 좋지 않았거든요.

하지만 동아리 활동을 하면서 학교에서 함께 밤을 새워 만화를 그리고, 밥도 같이 먹고, 당시 유행하던 컴퓨터 게임도 함께 하면서 아내와 친해졌습니다. 빨간 머리에 날라리인 줄 알았던 아내가 의외로 순수하고 유쾌한 성격이었고, 서로 맞는 부분이 많았습니다.

이런 식으로 서로 호감을 갖다가, 그 해 겨울부터 교제를 시작해서 5년 동안 열애 후 결혼했습니다. 아내는 제가 입대했을 때, 수백 통의 편지를 보내면서 저를 기다렸습니다. 서로 주고받은 편지와 저희들의 연애 스토리를 엮어서 〈군곰〉이라는 작품으로 출간하기도 했습니다.

지금은 결혼 10년차 부부로 4명의 아이들을 둔 아줌마 아저씨가 되어서 함께 만화를 그리고 있는데, 아내를 만나게 된 건 개인적으로도 만화가로서도 운명이라고 생각합니다.

Q4 부부 만화가이고 공동 작업도 많이 했는데, 혼자 할 때와 공동 작업할 때 각각 어떤 장단점이 있을까요?

결혼 초기에는 각자 연재를 했습니다. 그런데 아내가 첫째아이를 임신했을 때부터 입덧으로 그림을 그릴 수 없게 되었습니다. 하루 한 시간 정도 스토리 작업만 가능했기 때문에 아내가 글을 쓰고 제가 그림을 그렸습니다. 지금은 공동 작업을 통해 좋은 작품을 만들 수 있어 만족합니다. 아내는 어려서부터 글쓰기에 재능이 있었고 그림보다 글 작업을 더 효과적으로 풀어내고, 저는 반대로 그림 작업을 더 효과적으로 풀어내는 편입니다. 공동 작업이 시너지 효과를 일으키는 거지요.

작업과 육아를 병행해야 하는 부부 만화가

로서 아이들이 클 때까지는 공동 작업이 계속 될 것 같습니다. 공동 작업은 서로 보완도 되고 의지되는 부분이 있어서 이상적인 작업이라고 생각합니다. 서로를 믿기에 누구보다 좋은 파트너라서 장점은 많지만 아직까지 단점은 발견하지 못했습니다.

Q5 하루 일과와 작업 시간을 규칙적으로 정해놓고 하시는지 궁금합니다.

아침에 일어나서 아이들과 식사를 하고 셋째까지 어린이집에 등원시키고 나서 아내는 넷째를 돌보고, 저는 작업을 합니다. 점심을 같이 먹고, 3~4시쯤에 아이들이 집에 돌아오면 함께 놀아주고 저녁을 먹습니다. 저녁식사 후 7시~8시까지 한 시간 동안 작업을 하고, 아이들을 씻기고 재우지요. 그리고 9시부터 2시간 정도 더 작업을 한 다음 잠을 잡니다.

제가 하루에 작업할 수 있는 시간은 5~6시간 정도밖에 안되고 아내는 하루에 1시간도 스토리 쓸 시간이 없습니다. 제가 막내를 대신 돌봐줄 때 짬을 내어 일주일에 1시간 정도 원고를 쓰는 게 전부지요.

현재 세 작품을 연재하고 있기 때문에 일주일에 30페이지 정도를 그려야 하는데, 시간에 비해 엄청난 작업량을 감당하고 있습니다. 저희도 어떻게 감당하고 있는지 이해가 안 갈 정도입니다.

공동 작업이 아닌 개인 작업을 하거나 연재 작품 수에 따라 작업량은 달라집니다. 저도 육아와 병행하지 않고 개인 작업을 할 때는 더 많은 시간을 작품에 할애했습니다. 단, 작업 시간 못지않게 집중력도 중요하다는 것을 말씀드리고 싶습니다.

Q6 에피소드와 캐릭터에 대한 아이디어는 어디서 얻나요?

아이디어를 얻는 곳은 매우 다양합니다. 영화, 책, 각종 뉴스를 통해서도 얻고 일상에서도 많이 얻지요. 아내와 대화를 하거나 아이들과 놀아주면서도 아이디어를 얻습니다.

아이디어를 얻기 위해서 특별한 노력을 하기보다는 일상에서의 경험이나 주변 관찰이 도움이 될 때가 더 많습니다. 이런 식으로 얻은 아이디어가 현실적인 스토리 구성에 도움이 됩니다.

Q7 에피소드가 안 풀릴 때는 어떻게 하나요?

만화가마다 다르겠지만 저는 책상에 앉아서 씨름하기보다는 잠을 잡니다. 잠을 자거나 다른 활동으로 기분 전환을 한 후에, 컨디션이 좋을 때 다시 생각하는 편입니다. 하지만 마감에 쫓길 때는 에피소드가 풀릴 때까지 계속 생각해야지요. 그 대신 한 작품이 끝나서 여유가 있을 때는 시간을 넉넉히 갖고 생각하는 편입니다.

Q8 그림과 스토리 모두 중요한데, 그림과 스토리 구성은 투자하고 노력한 만큼 실력이 늘 수 있는지 궁금합니다.

그림은 어느 정도 타고나야 잘 그릴 수 있다고 생각합니다. 하지만 꾸준히 연습하면 노력한 만큼의 결실을 얻을 수 있습니다. 매일 성실히 크로키 연습이나 스케치 연습을 한다면 그림 실력은 분명히 늡니다.

스토리 역시 매일 일기나 메모 등을 통해서 꾸준히 쓰는 훈련을 하는 편이 좋습니다. 책이나 영화 관람 등의 문화생활을 통해 간접 경험을 하는 것도 중요하고, 가능하다면 여행 등의 직접적인 경험을 쌓는 것도 스토리 구성에 도움이 된다고 생각합니다.

그림과 스토리 모두 약간의 차이는 있지만 어느 정도 타고나는 건 사실입니다. 하지만 가장 중요한 것은 성실함입니다. 매일 성실하게 노력한다면 그림과 스토리 모두 발전할 수 있습니다. 저는 스토리와 그림의 비중을 따진다면, 7대 3으로 스토리가 중요하다고 생각합니다. 그래서 만화가를 꿈꾸는 학생이라면 스토리 구성 능력 향상에 많은 노력을 기울이길 바랍니다. 스토리가 재미없으면 그림이 아무리 좋아도 독자들은 읽지 않습니다.

Q9 자신만의 그림체를 갖기 위해 어떤 노력과 과정을 거쳤는지 말씀해 주세요.

제 경우엔 어렸을 때부터 꾸준히 크로키나 스케치 연습을 했습니다. 생각보다 크로키가 그림 실력을 늘리는 데 많은 도움이 됩니다.

저는 일본식 캐릭터를 따라 그리는 청소년들을 보면 안타까운 마음이 듭니다. 일본 만화 시장이 우리나라의 규모와 비교할 수 없을 정도로 크고, 우리나라 청소년들도 일본 만화에 많이 노출되어 있어서 일본 만화 캐릭터를 그리는 경우가 많거든요.

하지만 이런 식으로 만화 캐릭터를 따라 그리면 개성을 잃고 자신의 그림체를 갖기 어렵습니다. 일본 만화를 보고 따라 그리기보다는 잡지를 보고 그리거나 실사를 따라 그리는 것을 권하고 싶습니다.

Q10 만화가로 데뷔하려면 어떤 방법이 있나요?

예전에는 공모전이나 문하생으로 데뷔했지만 요즘은 웹툰이 있어서 웹상에서 데뷔하는 것이 가능합니다. 공모전에 도전하거나 원하는 연재처에 무작정 원고를 보내서 데뷔할 수도 있고, 자신의 블로그나 카페에 지속적으로 좋은 작품을 올려서 데뷔할 수도 있습니다.

요즘은 작품을 노출시킬 수 있는 경로가 많아져서 작품이 좋다면 데뷔할 수 있는 기회가 얼마든지 있습니다. 중요한 건 데뷔가 아니라 지속적으로 좋은 작품을 내는 것입니다.

Q11 어떤 만화를 좋은 만화라고 생각하세요? 그리고 좋은 만화를 그리기 위해 어떤 노력을 하고 있나요?

좋은 만화는 '재미와 감동' 이 두 가지를 반드시 담고 있어야 합니다. 스토리를 구성하는 아내는 좋은 이야기를 만들기 위해 생각하고 또 생각합니다. 저 역시 새 작품을 시작하기 전에 늘 새로운 그림, 새로운 캐릭터, 새로운 연출, 새로운 채색 등에 대해 고민하지요. 다른 작가와 차별되는 자기만의 색깔로 빛을 내기 위해 최선을 다하고 있습니다. 만화가라면 그림을 연구하고, 그림 그리는 것을 쉬지 말아야 합니다.

좋은 만화는 글과 그림이 모두 훌륭해야 하므로 더더욱 쉽지 않은 직업인 것 같습니다. 그래서 요즘은 개인이 아니라 팀을 꾸려서 공동으로 작품을 만드는 만화가들도 있습니다. 양질의 작품을 만들기 위한 좋은 방법이라고 생각합니다.

Q12 요즘 웹툰 연재가 많은데, 웹상으로 연재할 때와 잡지 연재의 차이점은 뭘까요?

잡지와 웹툰은 연출의 차이가 있습니다. 책은 보통 양면 연출, 옆 칸으로 흐르는 연출, 즉 옆 페이지로 흐르는 연출을 고려하며 작업합니다. 하지만 웹툰은 독자들이 스크롤을 아래로 내리며 보기 때문에 그 시선을 생각하면서 작업해야 합니다. 또 웹툰은 대부분이 컬러이기 때문에 채색도 신경 써야 하고, 마감이 잡지 마감보다 훨씬 자주 오기 때문에 마감을 잘 해나갈 수 있는 연재력도 필요합니다.

그림 그리는 방식은 작가마다 다릅니다. 많은 작가들은 웹상의 연출로 그림 작업을 하는데 저는 출판 형식으로 작업합니다. 그런 다음 한 컷씩 잘라내서 아래로 붙여서 새로 웹상의 연출로 만들어서 마무리합니다. 이런 식으로 작업해야 나중에 단행본으로 나왔을 때 보기에도 좋고 그림이 예뻐서 계속 이 방식을 고집하고 있습니다.

Q13 좋아하는 만화와 작가는 누구입니까?

〈슬램덩크〉의 작가 이노우에를 좋아합니다. 제가 농구를 굉장히 좋아하기도 하고, 그의 그림체와 필력을 존경합니다. 좋아하는 만화는 일반적으로 말하는 남자만화, 액션 만화나 스포츠 만화를 좋아합니다. 지금은 아내와 공동 작업을 하므로 로맨스나 드라마를 주로 연재하지만 항상 마음속에는 액션물을 그리고 싶은 갈망이 있습니다.

우리나라 작가 중에선 이두호 작가를 존경합니다. 그림을 굉장히 잘 그리고, 만화가로서 개성이 뚜렷한 분입니다. '저고리 만화'라는 한 분야를 고집하며 외길을 걸어오신 것도 훌륭하고, 만화 스토리도 정말 재미있습니다. 이두호 작가에게는 닮고 싶은 부분이 너무 많지만, 가장 닮고 싶은 부분은 아직까지도 현역 작가로 남아서 좋은 작품을 계속 내시는 모습입니다. 제가 꼭 닮고 싶은 부분입니다.

Q14 작업하지 않을 때는 어떻게 시간을 보내나요? 취미가 따로 있나요?

아이가 넷이라서 아이들과 놀아주면 하루가 눈 깜짝할 사이에 지나갑니다. 남자아이가 셋이라서 토요일엔 아이들과 축구를 하고, 평소에도 아이들과 여기저기 다니면서 스포츠 활동을 즐깁니다. 최근에 막내딸이 태어나면서 여행은 자제하고 있지만, 막내가 좀 더 크면 여섯 식구가 함께 다시 여행을 다닐 계획입니다.

취미는 농구지만, 셋째가 태어난 이후로는 거의 못하고 있습니다. 아이들 때문에 취미 시간은 따로 가지기 힘들고, 아이들을 재운 다음 심야영화를 보러 가는 정도입니다. 육아와 작업을 함께 하기 때문에 시간적 여유는 없지만 아이들 때문에 행복합니다.

Q15 우리나라에서 만화만 그려서 생활이 가능한지 궁금합니다.

직업 만화가로서 수입은 아주 중요한 부분입니다. 지금도 신인 만화가의 고료가 형편없이 측정되는 곳이 많고, 만화가들끼리도 고료를 공개하지 않기 때문에 정확한 원고료의 기준을 잡거나 수입을 측정하기는 어렵습니다.

극소수의 작가를 제외하고는 작품으로 생계를 꾸려가기가 힘든 것이 사실입니다. 제 경우엔 만화 연재뿐만 아니라 광고, 홍보 등의 외주 작업을 꾸준히 하는 편이고, 다른 작가들도 비슷한 상황인 것으로 알고 있습니다.

다행히 요즘엔 만화를 원작으로 영화, 드라마, 연극, 뮤지컬 등이 제작되어 판권 판매 등의 수익이 생기기도 합니다. 연재처에서도 작품을 유료화하는 등 변화를 줘서 만화가들이 연재를 쉬는 중에도 수입이 발생하도록 애쓰고 있지만, 현재로서는 순수하게 만화만 그려서 생활하기가 쉽지 않습니다.

하지만 작품이 인기를 끌면 당연히 고료도 오릅니다. 처음부터 어렵다고 생각하지 말고 계속해서 좋은 작품을 만들기 위해 노력한다면 수입은 보장되니 너무 걱정하지 않아도 됩니다.

Q16 본인의 작품 중 가장 맘에 드는 작품과 그 이유를 말씀해 주세요.

〈지랄발광〉이라는 농구 만화를 가장 좋아합니다. 제가 농구를 무척 좋아하는 편이고, 오래 연재한 작품이어서 개인적으로 애착이 갑니다. 기회가 되면 다시 농구 만화를 그릴 생각입니다.

Q17 일상 이야기를 많이 그리고 있는데, 앞으로 어떤 만화를 그리고 싶나요?

현재 네이버 웹툰에 〈패밀리 사이즈〉, 올레마켓 웹툰에 〈헤어진 다음날〉, 코미코 웹툰에 〈절친〉, 레진 코믹스에 〈컬러〉를 연재중입니다. 〈컬러〉는 재연재고, 세 작품은 현재 마감을 하면서 만들어 가고 있는 중입니다.

지금 가장 열심히 해야 할 일은 연재중인 세 작품을 내 자식이라 생각하고 잘 키워가는 겁니다. 개인적으로 〈패밀리 사이즈〉는 오랫동안 꾸준히 연재하고 싶고, 〈헤어진 다음날〉이나 〈절친〉은 연재가 끝나면 잠시 쉬는 시간을 갖고 싶습니다. 이후에는 일상 이야기가 아닌 스포츠 만화나 액션 만화를 작업하고 싶습니다.

Q18 만화를 그리면서 힘들 때와 기쁠 때는 언제인가요?

만화를 그리면서 힘들 때는 배경 인물이 너무 많이 나오거나 배경 작업이 어려울 때입니다. 아무래도 고난도 작업을 할 때나 작업량이 많을 때 힘이 들지요. 체력적으로는 감기 등으로 몸이 아플 때가 힘들고, 저는 네 아이의 아버지라서 아이들이 아파서 병원에 다니고, 돌봐주느라 마감 시간이 부족할 때도 힘듭니다.

기쁠 때는 역시 독자들에게 긍정적인 반응이 올 때지요. 예상한 부분에서 독자들이 감동을 하고 댓글을 올릴 때도 기쁘지만, 생각지도 못한 부분에서 독자들의 애정과 관심, 격려를 받게 되면 더더욱 감사하고 기쁩니다. 또 작품이 끝나고 단행본으로 나올 때도 뿌듯합니다.

Q19 만화가의 가장 큰 매력을 말씀해 주세요.

만화가의 매력은 정말 많습니다. 무엇보다 사람들에게 재미와 감동을 선사할 수 있다는 점이 가장 큰 매력이지요. 그리고 때로는 대사 없이 그림만으로 멋진 내용을 담을 수 있다는 점, 그러다가 대사 한 마디 툭 내뱉듯이 써 놓았을 때 독자들의 마음에 감동과 재미를 선사할 수 있다는 것이 만화의 매력이라고 생각합니다.

Q20 만화가를 꿈꾸는 청소년들이 어떤 것을 준비하면 좋을까요?

독서와 메모 등 흔적을 남기는 연습을 하고 다양한 경험을 했으면 좋겠습니다. 다양한 경험을 통해 시야가 넓어지면 열린 사고가 가능해지는데, 열린 사고는 다양한 소재와 주제의 만화 작업을 하는 데 도움이 됩니다.

다양한 경험을 통해 더 현실적인 만화가 나올 수 있고, 많은 사람을 만나면 생생하게 살아 있는 캐릭터를 그릴 수 있습니다. 좋은 만화가가 되고 싶다면 무조건 많은 경험을 하라고 말해주고 싶습니다.

Q21 만화가를 꿈꾸는 학생들에게 조언 한 마디 해주세요.

만화를 보는 것이 좋은 사람이 있고, 만화를 그리는 것이 좋은 사람이 있습니다. 자신이 후자에 속한다면 만화가를 꿈꿔도 좋다고 생각합니다.

만화가에게 가장 기본이 되는 능력은 그림 실력과 스토리 구성 능력이지만, 실질적으로 가장 중요한 것은 주어진 시간 안에 마감을 감당하는 능력입니다. 만화가가 되고 싶다면 주 1회, 또는 주 2회씩 마감할 수 있는 연재력을 꼭 키우길 바랍니다.

예술형 출처

공통 출처

- 〈한 권으로 보는 그림 직업 백과〉: 유수정 · 조은주 글. 진선아이. 2009
- 〈직업 옆에 직업 옆에 직업〉: 파트리시아 올 지음. 미세기. 2009
- 〈21세기 웅진학습백과사전〉
- 고용노동부 워크넷(www.work.go.kr)
- 진로정보망 커리어넷(www.career.go.kr)

방송연출가

- 〈13살, 내 꿈을 잡아라〉: 한선정 글. 조선북스. 2009
- 〈PD스쿨〉: 이흥우 지음. 동아일보사. 2008
- 〈행복을 연출하는 방송 PD〉: 노지영 글. 주니어RHK. 2009
- 〈채널고정! 시끌벅적 PD 삼총사가 떴다!〉: 태미라 글. 한겨레 아이들. 2010
- 〈소심한 미호 방송 PD 되다〉: 신승철 글. 주니어김영사. 2012

건축가

- 〈미래 탐험 꿈 발전소–건축사 사무소〉: 배경희 글. 국일아이. 2012
- 〈건축가 · 애널리스트〉: 와이즈멘토 글. 주니어김영사. 2013
- 〈13살, 내 꿈을 잡아라〉: 한선정 글. 조선북스. 2009

음악가

- 〈13살, 내 꿈을 잡아라〉: 한선정 글. 조선북스. 2009
- 〈음악, 아름다운 소리의 세계〉: 호세루이스 코르테스 지음. 을파소. 2003
- 〈정신세계를 살찌우는 예술가〉: 김세원 지음. 다산교육. 2008

작가

- 〈13살, 내 꿈을 잡아라〉: 한선정 글. 조선북스. 2009
- 〈만화로 보는 직업의 세계〉: 와이즈멘토 지음. 동아일보사. 2006
- 〈나도 멋진 프로가 될 거야〉: 다이안 린드시 리브즈 외 엮음. 을파소. 2002

만화가

- 〈나의 직업 만화가〉: 동천기획연구실 지음. 동천출판. 2013
- 〈만화가가 말하는 만화가〉: 나예리 외 지음. 부키. 2006
- 〈만화에 살다〉: 최을영. 인물과사상사. 2002
- 〈한국 대표 만화가 18명의 감동적인 이야기 1· 2〉: 장상용 지음. 2004
- 〈만화애니메이션사전〉: 김일태 외 지음. 허브(HERB). 2008

직업의 세계

03 예술형(A)

초판 1쇄 발행 2015년 5월 20일
6쇄 발행 2024년 1월 5일

저 자 | 스토리텔링연구소
발 행 인 | 신재석
발 행 처 | (주)삼양미디어
등록번호 | 제10-2285호
주 소 | 서울시 마포구 양화로 6길 9-28
전 화 | 02 335 3030
팩 스 | 02 335 2070
홈페이지 | www.samyangM.com

I S B N | 978-89-5897-300-3 (44370)
978-89-5897-297-6 (6권 세트)